家书、家文化与生活智慧

殷 实 编著

天 津

图书在版编目(CIP)数据

家书、家文化与生活智慧 / 殷实编著. -- 天津：南开大学出版社，2025.7
ISBN 978-7-310-06572-1

Ⅰ.①家… Ⅱ.①殷… Ⅲ.①家庭教育 Ⅳ.①G78

中国国家版本馆CIP数据核字(2024)第018487号

版权所有　侵权必究

家书、家文化与生活智慧
JIASHU JIAWENHUA YU SHENGHUO ZHIHUI

南开大学出版社出版发行
出版人：王　康
地址：天津市南开区卫津路94号　　邮政编码：300071
营销部电话：(022)23508539　　营销部传真：(022)23508542
https://nkup.nankai.edu.cn

天津泰宇印务有限公司印刷　全国各地新华书店经销
2025年7月第1版　2025年7月第1次印刷
240×170毫米　16开本　14印张　2插页　220千字
定价：88.00元

如遇图书印装质量问题，请与本社营销部联系调换，电话：(022)23508339

前言

"我能给子女留些什么,能给孙辈留些什么?"是许多父母、长辈常常思考的问题。

积蓄、房产……

对家庭传承而言,物质财富固然重要,精神财富也很重要。俗语常言,"富不过三代"。物质财富对后人的效用,很可能随着时间的推移而较快地消退。而精神财富,却能让后人们代代"享用",可以让家业经久不衰、兴盛常青。

家书,是父母、长辈们留下的精神财富的重要载体。家书,既是父母、长辈向孩子、后人们表示关心的一种方式,也是向他们传授知识经验、总结教训的一种关键途径。家书,小则可以扶助后人、兴旺家族,大则可以助力于传承优秀文化、孕育优秀人才。要写好家书,要让后人从家书中汲取更多的精神财富,父母、长辈们应适当地借鉴一些"别人家的家书、家训"。作者在此探讨了相关古今家书、家训,介绍了一些典籍,并在如何帮助孩子过上宽裕而安定的生活、帮助孩子形成创新的思维、如何激发孩子潜在的才能、帮助孩子保持健康的身心、帮助孩子积极应对挫折困难等方面进行了阐述。这些将有助于父母、长辈们写出内容更丰富、对孩子更有助益的家书,有助于更好地实现家庭传承。鲁迅先生曾谈道,倘有人用书作一个明确的记录,让人明白古人以至于我们是怎样被熏陶下来的,则其功德,当不在禹下。在信息传递容易碎片化,内容和形态易于模仿、趋同的时代,父母、长辈们拿起笔来给孩子、后人适当地多写些家书吧!

家庭传承,涉及家庭教育、子女成才等诸多方面。父母、长辈不仅要关注他们的学校教育,还要关注孩子的家庭教育。习近平总书记谈道,中华民族历来重视家庭,正所谓"天下之本在家",特别是父母对子女的影响很大，可以影响一个人的一生。李克强指出，机会公平中，教育公平是最大的公平。当学校教育存在客观局限时，个人往往是难以改变的。但我们可以在家庭教育方面多加把劲、多做努力。国家"十四五"规划主张，要提高社会的文明程度，就应该提高家庭教育水平、加强家风建设。研究者指出，我国很早就有"教子须早"的主张和注重早期教育的传统。著名教育家马卡连柯认为，人在五岁前受到的教育，奠定着他个性形成和发展倾向的基础，五岁前没有受到必要的教育，以后再教育就困难多了。本书可以成为家庭教育、孩子自我学习、培养多方面技能的重要工具。

改革开放四十多年来，我国众多的市场主体逐渐进入了家庭传承的关键时期。但如何较好地实现家庭传承、企业传承往往成为困扰传承双方的难题。2015年，福布斯发布的报告显示，在A股上市的884个中国家族企业中，只有约13%的企业能够完全实现二代接班。中航信托股份有限公司联合瑞银集团发布的《2021年中国家族财富与家族办公室调查报告》称，70%的财富通常在两代内流失，而90%的财富会在三代内流失。由此看来，要较好地实现市场主体的家庭传承并不容易。一些民营企业家甚至希望通过专业机构的培训、服务来实现家庭传承、企业传承。本书则为家庭传承、企业传承提供了重要的参考内容。

● 从家书的视角看，这是汇集了众多知识、思想、人生智慧并能助您把家书写得更好的一本书。

● 从家庭传承的视角看，这是兼容了理财、人才培育、身心健康等知识的一本书。

● 从教育的视角看，这是与学校教育相互补充、拓展视野、丰富知识、提升能力的一本书。

● 从思想、文化的视角看，这是融汇古今、传承中华文明的一本书。

本书内容具有一定的创新性，面向年轻父母、中老年朋友、家庭传承和企业传承的关注者、投资理财关注者等多种读者群体。当您为孩子、后辈选择礼物时，本书也可以成为您的一份"贵重"佳礼。希望您的家书能成为泽被多代人的家书，希望您的家书和本书的内容能更多地助益于您的家庭传承、后人成长。

殷 实

第一部分　参考与建议

第一章　经典家书、家训 …… 003
第一节　古代家书、家训 …… 003
第二节　现代家书、家训 …… 014
参考文献 …… 026

第二章　宽裕而安定的生活 …… 029
第一节　积极、稳健地理财 …… 029
第二节　投资理财活动中的风险防范 …… 035
参考文献 …… 059

第三章　健康的身心 …… 076
第一节　健康的身体 …… 077
第二节　健康的心态 …… 098
参考文献 …… 113

第四章　家庭教育知识的传承 …… 129
第一节　家庭教育的传承 …… 129
第二节　英才的培育 …… 133
参考文献 …… 145

第五章　创新思维 …… 153
参考文献 …… 162

第六章　挫折困难的应对 …………………………… 166
　　参考文献 …………………………………………… 179
第七章　典籍推荐 …………………………………… 185
　　参考文献 …………………………………………… 194

第二部分　你的传世家书

第八章　致子女 ……………………………………… 199
第九章　致其他后人 ………………………………… 202
第十章　自己和先辈的简况 ………………………… 205
第十一章　得失经验 ………………………………… 208
第十二章　值得纪念的事件 ………………………… 211
第十三章　其他事项 ………………………………… 214

第一部分　参考与建议

第一章　经典家书、家训

第一节　古代家书、家训

一、左宗棠家书

左宗棠，清朝末期的重要大臣、杰出的爱国将领，曾任闽浙总督、两江总督等。民族英雄、清代政治家、文学家林则徐，65 岁时在回乡路上约见比其年轻近 30 岁的左宗棠，并说："数年留心人才，西定新疆，舍君莫属。"林则徐在去世前写给皇帝的遗折中，称左宗棠为绝世奇才，建议重用[1]。清末政治家、军事家曾国藩，认为左宗棠气概识略过人[2]。美国前副总统华莱士，1944 年将左宗棠评为近百年来世界最伟大的人物之一。1871 年，沙俄侵占伊犁。当时一些清朝的贵族高官只愿投降求和，如直隶总督李鸿章在《筹议海防折》中公然宣扬放弃新疆。左宗棠坚决反对投降的主张，克服各种内外部阻挠与困难，率军收复了新疆。新疆的收复，是清朝末期少有的反击外敌入侵的重大胜利。王震（率军解放新疆的开国上将，曾任国家副主席）称赞左宗棠为中华民族立了大功[3]。

1884 年，法国军队进攻中国台湾基隆，清朝重臣李鸿章主张接受法国的条件、赔款议和，清朝实际的最高统治者慈禧太后不知如何是好，召见的其他大臣也默默无言。左宗棠挺身直言："中国不能永远屈服于洋人。"力主反击法军的侵略，被清廷采纳[4]。中法战争中，左宗棠被任命为钦差大臣，督办福建军务。在福建水师已被法军歼灭、李鸿章控制的北洋水师拒不支援、李鸿章控制的招商局轮船拒绝参加支援台湾的运输任务等重重困难之下，左宗棠指挥部将率援军渡海、登陆台湾，支援了刘铭传等将领的对法作战。后来，中国军队在数次战斗中打败法军，掌握了中法战争的主动权，并且保住了台湾地区[5]。

左宗棠在清末贪腐成风的环境下，还奉公清廉，仗义疏财。据介绍，左宗棠将自己俸禄的 80% 都捐了出去,担任官员二十多年来积累的财富,还比不上李鸿章一年赚的[6]。

左宗棠常年在外地征战、任职,为后辈写下了不少家书。在后辈学习方面,左宗棠认为,一个人读书,首先要想清楚读书、学习的目标,在封建科举时代,他难得地提出,读书、学习是为了明理,"若徒然写一笔时派字,作几句工致诗,摹几篇时下八股,骗一个秀才、举人、进士、翰林,究竟是甚么人物?"[7]如果只是以成绩名利为目标,而不明理,读书、学习就没有太大的意义。"不望尔成世俗之名,只要尔读书明理。"[7]他主张,读书要用心,要持续改进,要知道,进而做到。"读书要心到","读一句,须要晓得一句的解;晓得解,就要照样做"。学习认真,还有助于改善品行,读书能"耐苦",做事也往往能"用心"[7]。读书苦,但读书也有乐趣。左宗棠谈到读书、学习能令人心旷神怡,义理能悦心[7]。读书、学习,一时取得好成绩时,不能骄傲自满。左宗棠对参加乡试得了第 32 名的儿子说,"且为尔喜,且为尔虑,尔宜自加省惧,断不可稍涉骄亢"[7]。有些人喜欢读书,却没有真正用心去学、去领悟,学习效果不佳。左宗棠谈道,这种读书病,自己"小来亦有",当时还以"目力之捷"而自傲,结果常常"了无所得",后辈要引以为戒[7]。

在后辈的事业追求、成才方面,左宗棠强调,要树立事业的目标,"做人,先要立志","大一岁须立一岁志气","小时志趣要远大";志向远大的同时,不能"恃才傲物,是已非人",不能养成"目高手低之病"[7]。而要实现目标、成就一番事业,就要培育自己的坚强意志,要集中精力、持之以恒。"丈夫事业非刚莫济","刚者,任人所不能任,为人所不能为,忍人所不能忍","志向一定,并力赴之"[7]。左宗棠认为,要通过读书、学习而明理,并获得为人处世之道及经世有用之学,不能只是死读书;否则,处理实际问题时,"一旦大事当前,(可能)反不如乡里粗才,有担当","试看近时人才有一从八股出身者否?"[7]他要求后辈多到实践中锻炼才干,"宜多历艰辛,练成材器","自古振世之人,大都早年备尝辛苦"。并且,虽然自己出任官职、收入高,但左宗棠认为平常的物质生活条件有利于后辈成才,要求后辈在生活中要"不在多钱","清苦澹泊""境遇苦，可望成材""境遇不耐苦，则无所成就之人""子弟欲成人，总要从寒苦艰难中做起，多蕴酿一代多延久一代，断不可恃乃父"[7]。一个有成才潜质的人，遇到一些挫折，未必不是好事。左宗棠对落榜高级科举考试的后辈谈道，"会试不中甚好，太侥幸、太顺遂，未有能善其后者"，有些挫折，"尔等更能蕴蓄培养，加倍努力"[7]。

在为人处世方面，左宗棠告诫后辈不能依仗长辈的官职而放肆妄为，"得意时最宜细意检点，断断不能稍涉放纵"，在科举考试中"若因家世显耀竟获侥幸，占去寒士进身之阶，心有难安"；有点成就时，也"断不可轻狂恣肆"。有些"聪明子弟，粗有可观，举止轻脱，疏放自喜，偏好纵言旷论"，后辈不能仿效；不能养成一些名人或官员子弟、富家子弟的骄纵作风，"名士气、公子气，断不可效"。左宗棠还回忆道，自己年轻时也曾有过"名士气"，现在常常心感惭愧，"念及从前倨傲之态、诞妄之谈，时觉惭赧"。他提醒后辈，当自己认识不足、依据不充分时，对事情、对他人的得失评价，"不可轻易开口"，不可"一时轻率"[7]。

在财富观念方面，左宗棠常常教育后辈要淡泊利欲，认为真心爱护子孙，就不应给予后辈太多的物质财富。"吾，见亲友作官有富贵气，致子孙无甚长进，此非所以爱子孙也。""养口体不如养心志。"后辈要购置地产，修建宅邸时，他经常加以劝阻。"我，功名事业兼有，岂不能增置田产以为子孙之计""尔等所说狮子屋场庄田价亦非昂，吾意不欲买田宅为子孙计，可辞之""尔，须率诸弟加意刻省，菲衣薄食，早作夜思，各勤职业"。左宗棠还就后辈大手大脚花钱的行为谈道，"家中加盖后栋已觉劳费，见又改作轿厅，今年满甲之日，不准宴客开筵"[7]。

左宗棠还经常表露出自己对后辈的强烈情感，希望能激励后辈反省、进取。"家儿染脑满肠肥习气，惹我恼恨。""想起尔等顽钝不成材料，心中片刻不能放下。尔等如有人心，想尔父此段苦心，亦知自愧。"[7]

二、曾国藩家书

曾国藩是清末的一代名臣，有些人将他奉为"晚清中兴名臣之首"[8]。清廷曾经赐宴于诸大臣，座位居于汉族大臣首位的是曾国藩[4]。曾国藩的家书，名气很大。一方面，他的时代距今并不遥远，被记载的家书多达1500封左右[9],数量庞大;另一方面,曾国藩在家书中阐述了包括儒家思想在内的大量中国优秀传统思想,涵盖心境提升、行为规范、人生目标等诸多方面。一百多年来,有关曾国藩家书的著作广为流传。

在有关曾国藩家书的著作中,由钟叔河先生广为查证、整理而成的《全本曾国藩家书》,涉及的家书数量较多,修正了一些著作中的错漏之处,内容较为全面[10]。

曾国藩主张子孙后代不要盲目追求富贵名利,"凡人多望子孙为大官,余不愿为大官,但愿为读书明理之君子","世家子弟,最易犯奢字傲字","由奢返俭难,切不可贪爱奢华"。他认为,盲目追求富贵名利,往往会使得家业走向衰败,个人前途变得黯淡,"大家小家,骄奢倦怠,未有不败","京师子弟之坏,未有不由骄奢二字","富户儿女,愈看得娇愈难成器","视儿女过于娇贵,爱之而反以害之","享名太盛,必多缺憾;顺境太久,必生波灾"。对奢靡行为,不能等到已然严重之时才来纠正,"不必锦衣玉食而后谓之奢","皮袍呢褂俯拾即是,舆马仆从习惯为常,此即日趋于奢"[10]。

曾国藩强调,后人应培养勤俭的品行。"银钱田产,最易长骄气逸气"[10];"家败离不得个奢字,人败离不得个逸字"[2]。人未必总能幸运常驻,"富贵之家终岁逸乐,食必珍羞,衣必锦绣,酣豢高眠,一呼百诺,其能久乎","有福不可享尽,有势不可使尽","有盛必有衰,不可不预为之计"。曾国藩要求家人、后人,"常作家中无官之想,时有谦恭省俭之意",如此则"福泽悠久"。"情意宜厚,用度宜俭"[2];"勤俭自持,习劳习苦,可以处乐,可以处约,此君子也","多吃辛苦,少享清福"[10]。"家勤则兴,人能勤能俭,永不贫贱","不可惯习懒惰,勤苦俭约,未有不兴","勤俭,(而)长保盛美"[10]。

曾国藩要求后人力戒骄纵。不能"见乡人则嗤其朴陋,见雇工则颐指气使"[10];不能"动辄笑人之鄙陋,笑人之寒村"[2]。"讨人嫌离不得骄字","庸人,以惰字致败;才人,以傲字致败"[2]。

读书学习,不仅可以增长知识,还可以提升人的内在特性。曾国藩认为,"人气质天生,本难改变,惟读书则可变化气质"[10]。而与朋友交往,"须择志趣远大者"[10]。

曾国藩被许多人认为是为人之典范，是近于完美之人，是意志力极强的自我修养的实践者[11]。但通过他的家书等作品，可以看出曾国藩也有不少自感缺憾之事，也有不少不足、缺陷。曾国藩谈道，自己"作事，治业，辄有始无终"，"四十六岁以前作事无恒"，"生平好以俭字教人，而自问实不能俭"。在处理有关外国传教士的天津教案时，"将府县奏参革职，交部治罪，二人俱无大过，吾此举内负疚于神明，远近皆将唾骂"。曾国藩常常强调为人不能注重名利，"要以不忮不求为重，忮者，嫉贤害能，求者，贪利贪名"，"知足天地宽，贪得宇宙隘"；而他率军大败太平天国军队后，认为己方得到"五等之封者似无多人"，而康熙时期平三藩的有功之人，"封爵较多"，"尔查《封建考》中三藩之役共封几人？平准部封几人，平回部封几人？开单寄来"[10]。

曾国藩在他率领的湘军中强调要爱护民众，甚至写了一首五百多字的《爱民歌》，要求部下牢记、遵守。其中，有"行军先要爱百姓"，"若是官兵也淫抢，便同贼匪一条心"。而据曾国藩重要助手赵烈文的回忆，湘军攻破太平天国天京后实施屠城，"老弱人民不能挑担又无窖可挖者，尽情杀死；妇女四十岁以下者俱无。其乱如此，可为发指"。有研究者认为，曾国藩起码也对湘军屠城时的奸淫掳掠，采取了默许、蓄意掩饰的态度[4]。

三、彭玉麟家书、家训

彭玉麟，是清朝末期一位传奇式的大臣。晚清学者俞樾称彭玉麟是"咸丰、同治以来诸勋臣中始终服人心，而无毫发遗憾者之唯一一人"[8]。彭玉麟在军事、政治上有诸多成就，被称为中国近代海军的创始人[8]。他与曾国藩等创办的长江水师后来被李鸿章接管，并成为北洋水师最主要的力量之一[12]。面对法国军队侵犯中国、越南的严峻状况时，彭玉麟与左宗棠、张之洞等大臣反对恭亲王、李鸿章等的投降议和观点，主张坚决反击；彭玉麟为此一改谢绝高官厚位的做法，同意出任兵部尚书、驻广东前线的钦差大臣，与其他大臣一起推荐后来大败法军的冯子材出任前方将领。中国军队最终取得了一系列军事上的胜利[5]。

彭玉麟非常注重自己的道德修养，可谓真正做到了不贪名利、不畏权势。彭玉麟的誓言"不要命,不要钱,不要官",名闻天下;他屡次辞官,辞任了侍郎、尚书、巡抚、漕运总督、两江总督等他人艳羡的职位[8]。李鸿章的侄子,仗势夺人财物妻女,地方官不敢过问,彭玉麟秉公办理,依罪处决[12]。

他重情重义,还成为一位著名画家。彭玉麟收到被拆散的恋人梅姑病逝消息后,发下宏愿,要画十万幅梅花图来祭奠梅姑,"愿与梅花过一生"。他不仅画完了十万幅梅花图,还成为与郑板桥齐名的清代画坛"双绝"[8]。

彭玉麟主张,一个人不应过度追求物质利益,不应"衣必锦绣,食必膏粱,起造高大房屋,美轮美奂","今虽致高位,但家中子弟切不可忘情于敝袍",要"戒奢侈,崇俭实"[5]。强调为人要"谦退";否则,住着大房子,又想要"亭榭池台",吃着佳肴,还想尝骆驼峰、大象脂肪等稀罕物[14]。彭玉麟谈道,人生在世,应该注重知识、才能与品行,"吾望子孙贤能,不望金钱富饶"[5];如果不端正品行,无端地埋怨父母爱得不够,兄弟姐妹手足之情太少,他人对己不友好、太刻薄,那么结果就是"德以满而损,福以骄而折"[13]。

彭玉麟认为,给后人提供过于丰厚的物质条件,往往会对他们的求学、事业产生不利影响。"每见富家子弟读书,但求虚饰而不知实际,造就者小,惟贫窭者吃得苦中苦,孜孜兀兀,反多成就。故对子弟,切戒奢侈";"子孙不肖,积钱、积产,都无用处。彼见钱多,不知艰难撙节,游荡骄逸,反而害其一生。"[5]"养尊处优,骄纵不自敛束",会走上"覆亡之道"[13]。彭玉麟身体力行,退休时,将朝廷二十余年来发放的养廉银二十万两捐献国家而未留家中[12]。彭玉麟要求后人要自力更生,不应依赖前人。"要钱用,必须自己筹划"[5]。

彭玉麟谈道,与朋友交往,不能强调权势、私利,"以势交者,势倾则绝;以利交者,利穷则散";要看重或许平平淡淡的道义之交,"惟道义之交乃足与共患难,共安乐"[13]。

四、纪晓岚家书

纪晓岚是清朝乾隆时期一位才学出众的大臣。他24岁参加乡试,名列第一[14]。后来,纪晓岚六次出任会试考官,三次出任礼部尚书,还曾任都察院左都御史[15]。担任《四库全书》的总纂之一,带领同僚们完成了这一巨著,更是纪晓岚的一大个人成就。纪晓岚的著作《阅微草堂笔记》广受好评,可惜他流传至今的其他著述并不多见。纪晓岚去世后,嘉庆皇帝御赐的碑文中给予他很高的评价:"敏而好学可为文,授之以政无不达。"[15]

随着相关影视作品的传播,纪晓岚声名远扬,成了当代社会知名的历史人物。影视作品中的纪晓岚形象,还确有一些真实的依据。据中国第一历史档案馆研究者的介绍,纪晓岚以风趣幽默、学识广博而闻名于民间[14]。收藏的纪晓岚家书,也再现了纪晓岚机敏博学的生动形象。纪晓岚谈道:一日,京城的气温居高不下,"诸大军机皆未入值",只有他和朱姓章京在军机处当值,他感到酷热难耐,顾不上礼仪规范,脱去长袍,"执扇,独乐其乐",没想同事朱姓章京忽然说,皇上来了,纪晓岚来不及穿上长袍,只好在房间里躲了起来。纪晓岚藏了一段时间,没听到什么动静,以为皇上走了。他的眼镜恰放在桌上,出来张望时,眼前模模糊糊,看到一人坐着、脸朝外,以为是同事朱姓章京,便说,"老头子去几时矣,尔奚不关切一言,免得余蜷伏"。没想那人出声了,正是乾隆皇帝,纪晓岚坦言"吓得余屁滚尿流"。乾隆皇帝说,"敢称朕老头子,该问何罪"。纪晓岚不愧是机敏多才,称"老头子"是自己对乾隆皇帝的尊称,"老言天下之大老,头即元首之义,子,宋儒尊称皆曰子"。乾隆皇帝说,纪晓岚,你这是"强辩饰非",但如果你能马上对出"此地有崇山峻岭茂林修竹"的下联,朕可"恕尔无罪"。纪晓岚学问渊博,对以"若周之赤刀大训天球河图"。于是,乾隆皇帝宽恕了他,但事后,纪晓岚仍是心惊肉跳,"余胆几乎吓破也"[16]。

纪晓岚在家书中劝导妻子不能溺爱放纵子女,"妇女心性偏爱者多,爱之不以其道,反足以害之",要让后人做到勤学、勤劳、尊敬师长、关爱他人、生活不奢华、不骄傲自大,"后辈之成功立业,尽在其中"[16]。

纪晓岚要求后人要谦虚谨慎，宽和待人，不能像一些官家子弟那样自以为可以通过盛气凌人来体现"自重"、来获得他人的尊敬。是否自重，取决于自己平常的实际行为。谦虚容易让人尊重，狂妄容易令人轻视。纪晓岚提出，后人要将自己老师的训导"事能知足心常惬，人到无求品自高"作为一生的座右铭。纪晓岚规劝家人，即便对奴婢，也应给予尊重，"矜惜之，爱护之"，不能"一味以严厉待之"，不能"呼奴使婢，视若牛马，稍有延误，面斥不留余地"，家中"时闻叱奴骂婢之声，必非兴旺之兆"。婢女，"年小者七八，大者十二三"，"亦属父母养育之爱女，只因家贫，无以糊口"，"谁非人女，谁无父母"，不能"闻唤稍迟，即加斥责，失手坠盏，即施鞭箠"[16]。

纪晓岚让后人"勿尚奢华"，养成勤俭的生活作风。后人应学会种田的本领，"吾特购粮田百亩，欲使尔等随时学稼"，不能轻视耕种农作行为，"勿谓春耕夏苗、胼手胝足，乃贱丈夫之事"[16]。

纪晓岚要求家人在交友时，要慎重选择交友对象，"真小人，其害犹浅。伪君子，其祸为烈。盖伪君子之心，百无一同。非若真小人之一望可知也"；在与朋友交往过程中，不能只顾着吃喝玩乐，要"友直友谅友多闻"，朋友有困难时要尽量扶助，不应"以势利相攀援，酒食相征逐"[16]。

纪晓岚在著作《阅微草堂笔记》中常谈鬼怪之事。他对后人提到，"读书人尤其不畏鬼"，要心定神安，不怕鬼；如果有人遇上了鬼怪带来的灾祸，大多是因为自己便是怕鬼之人，怕鬼就心神慌乱，"畏则心乱，心乱则神涣，神涣则鬼得乘之"；如果不怕鬼，心定神安，灾祸邪恶之气也对你无可奈何，"不畏则心定，心定则神全，神全则沴戾之气不能干"[16]。

五、颜氏家训

颜之推是南北朝、隋朝时的官员、重要学者，被认为几乎钻研过当时的所有学问。他写的《颜氏家训》被称为古代家庭教育领域的一部代表作[17]。曾国藩评价《颜氏家训》教家者极精，嘱咐后人"常常阅习"[10]。

颜之推主张，父母长辈应该承担并重视自己对孩子的教育责任。当颜之推遭遇国破之难时，他的一个儿子认为父亲丢了官职，家里经济困难，

自己应该去挣钱养家、奉养父母。颜之推则强调，作父亲的应该尽到教育子女的责任，而且应尽力不让孩子失去求学的机会，否则，"食之安得甘？衣之安得暖？"[18]

他认为，父母长辈在家庭教育中不能溺爱孩子，溺爱往往会害了孩子，"人之爱子，有偏宠者，虽欲以厚之，更所以祸之"。他谈道，一些父母长辈，对小孩不加管教，经常溺爱，对孩子放任自由，"宜诫翻奖，应呵反笑"；结果，养成了骄纵的品行，长大后还以为自己做对了，本该如此。颜之推还举了一个事例：有个人，"聪敏有才"；父亲溺爱他，不加管教，当他做对了事，就大肆宣扬，希望人人都知道，当做错了事，就替他文过饰非；这个人长大后，虽然颇有学识，但越来越暴躁骄横[18]。

颜之推强调，为学为人，要勤奋，"自古明王圣帝，犹须勤学"，更何况我们常人呢？为人更要谦虚自省，包括勇于向他人学习，"但优于我，便足贵之"。人不容易发现自己的缺点，就像"眼不能见其睫"一样，应勇于自我反省，"夜觉晓非，今悔昨失"。反对有所成就后，便自我放纵，不守诚信，贪恋钱财。谦虚谨慎，也有利于避开灾祸、常保太平，"天地之道，皆恶满盈。谦虚冲损，可以免害"。也不能盲目轻信他人的观点、传闻，忽视调查实践，"贵耳贱目"[18]。

他主张，"处世，贵能有益于物，不徒高谈虚论，左琴右书"，鼓励大家"勤学守行"，以实际行动造福社会，如"鉴达治体"的"朝廷之臣"，"断决有谋"的"军旅之臣"，"清白爱民"的"藩屏之臣"，"识变从宜"的"使命之臣"。鼓励行善，"生则获其利，死则遗其泽"[19]。

按颜之推的观点，人才的培育、成长，要注重深入社会实践、结合社会实践来学习知识、掌握技能。不应"居承平之世"、对动乱的风险一无所知，当了官、不了解发生战争时的急迫凶险，拿着优厚的官员薪资、漠视民众的生活状况；否则，往往表面上是"品藻古今，若指诸掌"，实际上却缺乏"应世经务"之才，"及有试用，多无所堪"。甚至像担任建康令的王复那样，见马在吼叫跳跃，就吓得说："正是虎，何故名为马乎？"无知到"指马为虎"。在人才的成长中，不能养尊处优，应适当吃苦，经受困苦的考验。"治官则不了，营家则不办，皆优闲之过"；"生不可不惜，不可苟惜"。他谈道,梁朝有很多官员、知识分子,出门就乘车,在家就靠仆人服侍,后来发生动乱,这些人"肤脆骨柔,体羸气弱","不耐寒暑",走点路、避难都困难[18]。

颜之推劝导后人,学习、做事要适当地专心、专注;比如,曾经有两个相当聪明的人,所学的知识相当广泛,但对各个领域并不精通,"略得梗概,皆不通熟",以他们的聪明程度,如果适当地专心学习,应当会在某个领域达到高深的程度,成就一番事业[18]。

六、其他家书、家训

父母、长辈对子女、后人往往爱意深厚,但不可因关爱而变成溺爱,忽视了教育、忽略了对错是非。按宋代政治家、文学家司马光的观点,不能"知爱而不知教"[19]。清代著名画家、文学家郑板桥谈道,自己52岁才生了一个儿子,"岂有不爱,然爱之必以其道"[19]。父母、长辈也不应强调要给后人提供过于丰厚的物质条件。明代学者孙奇逢指出,"富贵适以益其恶",如果后人在品行上出现偏差,那么过于丰厚的物质条件容易导致其品行偏差愈加严重[19]。

一些人,尤其是一些家境好的人,常常认为读书、学习不用那么认真。不爱学习、长期喜欢玩乐、被古诗称为"原来不读书"的汉代开国皇帝刘邦,则对后人反思道,当年自认为"读书无益",悔不该当初,"追昔所行,多不是"[19]。

学习要树立适当的学习目标。三国时期著名政治家、军事家诸葛亮认为,应该把学习与人生目标相结合,这样才易于学有所成,"非志无以成学"[20]。学习,不能追求虚名、追逐功名。清代著名诗人袁枚谈道,如果后人缺乏相应才干,却执意推动他去追逐功名,这往往是在害他,因为即便获得了功名,那也像根基欠缺的墙一样,容易倾倒[19]。通过学习,可以帮助人纠正品行上的不足之处。明嘉靖进士庞尚鹏教导后人,要在学习中注重修正自己的品行、气质,例如,处事狭隘,就要通过读书学习来着力培养宽宏大度的品德[19]。

一个人要事业有成,学业有成,就要力戒骄傲自满。汉代皇室成员、文学家刘向要求后人要常常心中有忧,进而心怀畏惧、谨慎处事,以免自满；遇到好的机运时，切忌"骄奢"，否则"祸至"。刘向提醒道，"即便你现在成了皇帝的机要近臣，许多官员要向你道谢、甚至叩头，你也必须谨慎谦虚地做事，方能避祸"[20]。唐太宗谈道，尧舜不认为自己有多聪明、多能干，因而能"益圣"；桀纣总以为自己了不起，结果是"添愚"[19]。以家族家教闻名于世的柳玭指出，出身好的人，不能"门高则自骄"，应该以自己的出身常常提醒自己，严格要求自己[19]。宋太宗教导皇室成员，要"勿鄙人短，勿恃已大"[19]。清代民族英雄、政治家林则徐劝导后人，处事时不能仗着自己的父亲是高官，"恃乃父之势"[19]。清末爱国革新大臣张之洞则告诫在境外求学的儿子不能自视为总督大人的公子，"当自视为贫民"[19]。而郑板桥指出，富贵人家请老师来教授子弟，可学有所成的，常常是那些作为陪读的平民子弟；人如果形成了傲气，就容易"眼高手低"，"不肯用功"[19]。

林则徐教导后人，学习、读书要认真勤勉，求实效，"每看一种，须，详细阅完，最忌东拉西扯，阅过即忘。并须，遇有心得，随手摘录"[19]。晋代征南大将军羊祜，则对后人讲述了自己在能说话时就开始接受父亲正式教育的例子[13]。

孔子后裔孔臧教导后人，仅仅学到书面知识是不够的；能将知识广泛运用于社会实践中，那才是把知识真正学会了[20]。宋代著名文学家陆游劝导后人要多实践，"纸上得来终觉浅，绝知此事要躬行"[19]。张之洞提醒已成人的儿子，在求学的过程中不仅要增长知识，还要磨炼身心，适当了解农业耕作，体会普通民众的劳苦，否则，像那疑惑缺粮平民"何不食肉糜"的皇帝，"民情不知，世事不晓"，何以成就事业[19]。林则徐要求后人，即便"已为秀才"，也要适当"学习耕作"[19]。

诸葛亮指出，一个人要成才，应常常保持勤俭的作风、清静的心态，"养德、修身"，从而找到适合的人生目标，实现远大的理想[20]。按司马光的看法，俭则贪欲较少，应以俭养德，这也是许多圣贤对后人的教导，如果不教导后人明白、遵循这个道理，成才就难了，生活奢靡，甚至取笑祖先吝啬、愚蠢、不知享乐[19]。林则徐强调了壮志与"大勇"，"苟利国家生死以，岂因祸福避趋之"[19]。人在成才过程中，要不断修正自己的行为，提升自我，同时不应执着于获得某些功名。明正统进士袁衷对后人强调,"位之得不得在天,德之修不修在我"[19]。

一个人对他人的认识,容易被自己的偏好所左右。这样的行为,轻则交友不当,重则误了人生。康熙皇帝提醒道,喜欢一个人时要知道他的缺点,讨厌一个人时要了解他的优点,切勿"我所喜之人,惟见其善,而不见其恶,所恶之人,惟见其恶,而不见其善"[19]。五代时前蜀国的创立者王建告诫后人,处理事务,不要被与他人的关系是否亲近所左右,"无徇爱憎"[19]。

明朝嘉靖进士史桂芳认为,一个人如果常保持辛勤工作的作风,就容易端正自己的思想,"养德养身",而如果过于安逸,就容易形成不恰当、不正确的念头,甚至导致"丧德丧身"[20]。而三国曹操之子曹衮也对后人强调不能"知乐不知苦","不知苦",就容易因骄奢而犯错[19]。清代学者俞樾,借用同僚彭玉麟的诗句"历尽艰难好作人"来鼓励后人克服困难、调整心态、提升自我[13]。

宽广的胸怀、宽容的心态,对人的成长也很重要。清初学者朱用纯主张,别人有小错误时,应多宽容,"含容而忍之";他人犯大错时,也不要一味责怪,应"以理而谕之"[21]。郑板桥谈道,做人可不能"小怨不忘,睚眦必报";甚至劝导在老家的儿子,虽然家中失窃,但如果损失不大,估计是"为饥寒所迫、不得已铤而走险"的平民所为,那就转告四叔,"不必报官追赃"了[19]。一个人,对他人要多宽容,对自己要更严格。宋代文学家苏洵强调,应以"责人之心责己,恕己之心恕人"[19]。东汉军事家马援告诫后人,不能"好议论人长短"[22]。

第二节 现代家书、家训

一、梁启超家书

梁启超是近代著名思想家、政治活动家。他的文章《少年中国说》广受赞誉。研究者评价梁启超"教子得法,九个子女,个个成才"。"一门三院士",三个儿子,建筑学家梁思成、考古学家梁思永、航天专家梁思礼,成为新中国的院士。其他子女中,梁思顺是文学家,梁思庄为著名图书馆学家，梁思达是著名经济学家，梁思懿为知名社会活动家[23]。

梁启超之子、航天专家梁思礼是中国东风洲际导弹、载人航天运载火箭"长征二号"系列的主要研制者之一，曾任航天部总工程师。他在留学美国期间的一位同学选择留在美国，后来成为美国"民兵Ⅲ"弹道导弹的主要设计者之一和波音公司首席科学家。而梁思礼则在博士毕业后，在解放战争正进行之际返回祖国，为祖国的国防、航天事业奋斗一生[24]。

历史学家傅斯年称赞道，"梁任公之后嗣，人品学问，皆中国之第一流人物，国际知名"[23]。

梁启超子女的成就离不开他对家庭教育方法的重视。子女的行为出现重要偏差时，父母经常会采取直接压制的方法，但不一定有效。当梁启超发现子女出现这类状况时，常会采取一些因情而变的迂回方法来调整子女的行为。按梁启超的观点，对子女在某些事情上的执着，强压的处理方法有不少弊端。"过度的热度，遇着冷水浇过来，就会抵不住"，"许多青年的堕落，都是如此"。他对儿子梁思忠过于热衷参与国内某些政治军事活动的行为，采取了迂回、婉转的教育方法，"把事业上的利害慢慢和他解释"，"一面不可以打断他的勇气，一面又不可以听他走错了路"[23]。

父母也不能对子女重要的偏差行为予以放任。梁启超指出，人的行为出现重要偏差，等到问题爆发了，"聪明的人会回头另走"，但"修养工夫未够"的人，"也许便因挫折而堕落"[23]。

同时，梁启超尊重子女在合理情况下的自主选择。他对梁思庄谈道，听说"你不大喜欢学生物学"，"为什么不早同我说"，"我推荐的学科"未必适合，"你应该"参考大家的意见，"不必泥定爹爹的话"，选择专业最好是与"自己性之所近"[23]。

梁启超把挫折视为对子女的难得历练。他曾对儿子梁思成谈道，"汝生平处境太顺，小挫折正磨炼德性之好机会"；对女儿梁思顺说道，拿困苦"磨炼自己，真是再好不过的事"；更向子女们声明，自己非常爱他们，"却从不肯姑息溺爱，盼望你们在苦困危险中把人格磨炼出来"[23]。

乐观、积极向上的心态，是人得以进步、克服困难的关键因素。梁启超劝导子女遇到难事不能悲观，"悲观是腐蚀人心的最大毒菌"。

作为一位知名学者、政治活动家，梁启超事务繁忙，却常为子女寻觅佳偶，将子女的婚姻美满看得很重。他认为，"这是父母对于儿女最后的责任"[23]。梁启超将婚姻由父母决定的传统习俗与自由婚恋两种方式相结合，提出父母推荐、子女决定的婚姻方式。他谈道，"由我留心观察看定，给你们介绍"，"最后的决定在你们自己"，"（大女婿）如何，老夫眼力不错罢。（林）徽音（著名才女）是我第二回成功"，"我的方法好极了，真是理想的婚姻制度"[23]。

梁启超还表达了自己的爱国之心，"我是最没有党见的人，只要有人能把中国弄好，我绝不惜和他表深厚的同情"，"（留学）毕业后回来替祖国服务，是人人共有的道德责任"[23]。

二、傅雷家书

傅雷是一位翻译家，儿子傅聪则是著名的钢琴家。傅雷在家书中注重对儿子傅聪进行循循善诱的教导，非常注重向他阐述为人处事的道理。在学习方面，傅雷认为应"常常静下心来，细细思考"，发掘自己的问题，找到问题的根源，"然后对症下药"；"分析弱点，检讨缺陷，自我批评"，这就像在照镜子，对人有很大帮助。他还强调要"把自己的思想写下来"，写下来需要精密的思考，与在大脑中想大有不同，会更有效益，即便是"写在纸上的自我检讨"，也会"格外深刻"[21]；在学习中，较快就能感受到的，常常也容易流失，对这些新知识、新体验，"不要浮在表面"，"要仔细分析"，"要经过理性的整理、归纳"，加以巩固、吸收[22]。傅雷提醒儿子，学习要"正规化"、持久化，张弛有度，不能"调配不匀，临时赶任务"[21]。

他对儿子的事业发展提出了不少的主张。傅雷强调目光要长远，"打天下不能急"，"要往长里看"；要关注重要的突破点，要养精蓄锐地"打决定性的仗"[21]。知道道理，更要做到。他告诫儿子，许多道理，"你都明白得很，问题在于实践"[21]。

当儿子的事业上升之时，傅雷却"居安思危"，做了些适当的提醒；建议儿子"减少演出，减少疲劳，减轻压力"，感受小家庭的温馨，保持"心境平静"，不要生活铺张，应"紧缩开支"，别忘了"幸运女神反复无常"[21]；虽然自己"少年得志"，但更要想到"盛名之下，其实难副"[22]。

傅雷强调求真的重要性。求真,"才能了解自己,才肯去了解别人","才会虚心",最糟糕的"莫如自以为是"[21]。"不仅在音乐,还要在举动、礼貌各方面吸取别人的长处";"从人家那儿学来的精华",都要把它融入"自己性格里"[22]。

傅雷认为应通过生活中的方方面面、各类事项来锻炼、培养人的意志,例如,有规律、有系统地处理家务,安排好家庭开支,"经常读书"[21]。

面对困难时,傅雷教导儿子要采取综合的应对措施,总结经验,做出预见性的安排,调整心理,坚定意志,"在心理上精神上多作准备";提醒道,"你从小受的挫折"助你取得了今日的成就,经历一次磨炼,就要在思想、作风上提高一步[21]。困难、挫折,促人进步。

傅雷谈到了家庭教育中的双向性,"孩子,我从与你相处的过程中学到了忍耐,学到了说话的技巧,学到了把感情升华","愿你这次给我的教育",能帮助"我改造"自己,"我们应当把自己尽量改好","少给人痛苦,多给人快乐"[21]。在家庭教育中,往往是长辈教育晚辈。同时,长辈也应有虚心的心态,虚心地从晚辈那里补充知识、弥补不足。

关于婚恋问题,傅雷提醒儿子,在婚姻恋爱问题上,应多一些理性思考,少一些感情冲动,伴侣是长久的,冲动就容易做出不恰当的选择,"你成年已久,到了二十五岁也该理性坚强一些了,一时冲动的行为也该能多克制一些了。要找永久的伴侣,得多用理智考虑"[21]。傅雷谈道,要了解自己、了解对方,以此为基础的爱,"才不是盲目的爱"[21]。

傅雷还主张一个人应当具备相当的理财能力,"凡不长于理财的人","少有不吃银钱之苦的"[21]。

三、左权家书

开国元勋朱德元帅,曾写下情深义重的一首诗:"名将以身殉国家,愿拼热血卫吾华。太行浩气传千古,留得清漳吐血花。"[25]朱德元帅,时任八路军总司令,悼念的是在抗击日军战斗中牺牲的战友、八路军副参谋长左权。据不完全统计,中国共产党领导的部队中有16万多人在抗日战争中牺牲,左权是其中职务最高的[25]。左权1925年加入中国共产党,从黄埔军校毕业后于1927年到苏联伏龙芝军事学院学习[26]。左权是一位出众的军事将领。朱德元帅称赞他，"在军事理论、战略战术、军事建设、参谋工作等方面，有极其丰富与辉煌的建树，是中国军事界不可多得的人才"。[25]

左权留下的家书不多。作为奔赴抗战前线的军人，他在家书中谈到了祖国遭受日军侵略的惨痛情景。"有些地方全村男女老幼（被日寇）全部杀光，有些捉来活埋活烧；有些地方的青年妇女全部捉去，供其兽行"。"（日军）残酷仍然如故，因为（日军生化武器的）毒伤，老百姓死了一些人，伤的很多。女县长刘湘屏中毒非常厉害，全身发烂，皮肤掉了三分之二，幸而医治较早，大概可以不死了"[26]。"敌人的政策是企图变我（抗日）根据地为一片焦土，见人便杀，见屋便烧，见粮食便毁，见牲畜便打。整个太北除冀西一角较好外，统均烧毁，其状极惨"[27]。

左权在家书中还谈道，抗战中军事上出现失利的根本原因，不是中国军队的战斗力问题，不是中国军队的武器问题、人数问题，而是国民党政府"战略战术上指挥的错误，政策上的错误，不肯开放民众运动，不肯开放民主，怕武装群众，怕改善民众的生活，（国民党）军队纪律的松散，脱离民众"。就此，"一再建议，他们都不能接受"[25]。

左权强调，在危难面前必须要坚持艰苦奋斗、英勇顽强的精神，"在持久的战争中必须能够吃苦，没有持久艰苦斗争的精神，抗日胜利是无保障（的）"，"我（八路）军将士，都有一个决心，为了民族国家的利益，过去没有一个铜板，现在仍然是没有一个铜板，过去吃过草，准备还吃草"[29]。左权在家书中还提道，"生活较前艰难多了，部队如不生产则简直不能维持。我也种了四五十棵洋姜，还有二十棵西红柿"[26]。

1930年，左权从苏联回国，在家信中说："我虽回国，却十年不能还家，老母赡养，托于长兄育林，我将全力贡献革命。"抗战前期，左权从同乡处打听到父亲、哥哥已过世，他在家书中对叔父谈道，"我虽一时不能回家，牺牲了一切幸福，为我的事业奋斗，请你相信这一道路是光明的、伟大的，愿以我成功的事业，报你与我母亲对我的恩爱，报我林哥对我的培养"。左权牺牲前，已有20多年没有回家[28]。

左权在抗战期间结婚。他在与妻子的家书中展现了一位英武将领的绵绵柔情和对家人的深深爱意。"有不少同志很惊奇我俩能够分别,分别是痛苦的,但为了工作,为了进步,分别也就没有什么了。"[27]"我同意你回延(安)主要是为了你的学习,你走后我常感生活孤单,常望着有安慰的人在。但一念及你求知欲之高,向上心之强,为不延误你这些,又不得不把我的望之切念之殷情打消忍耐着。"[29]"(寄上)牛奶饼干7盒,法币20元,这是翻译的稿费。"[29] 1942年,左权召开完作战会议后,写下家书,"我最亲爱的人,恰在千里之外,空想一顿以后,只得把照片摆出来一一望着。(妻子你)恰离开我千里之外,每次打开门帘,见到各种花的时候,就想着我的(妻子)兰,我最亲爱的兰"[28]。

女儿出生不满百天,就和左权分别了。左权直到牺牲,也未能再见到女儿。左权经常用想象来缓解对女儿的思念之情。"在工作之余总是想着有(妻子)你和(女儿)她与我在一块。默念之余只得把眼睛盯到挂在我书桌旁边那张你抱着她照的相片上去,看了一阵也就给我很大的安慰了。"[27]"想着,能够牵着她走走,抱着她玩玩,闹着她笑,打着她哭一哭,真是太快乐了。"[27]"闲游与独坐中,有时总仿佛有你及(女儿)北北与我在一块玩着、谈着。"[26]左权还将不能再陪伴女儿作为作战牺牲时最可能的唯一遗憾,"四天三夜的生死战斗回来,我第一件事就是给你们写信,如果我在战斗中牺牲,惟一遗憾的是我们女儿北北,只有拜托你替我多亲吻女儿了"[30]。

左权早年牺牲,女儿左太北对父亲比较生疏。当左太北多年以后读到重新找回的父母间的家书时,"心潮起伏,百感交集","这11封信,是我今生今世最最珍贵的宝物"[27]。

1942年,日军大规模进攻八路军总部,甚至一部分伪装成八路军进行偷袭,左权率领总部人员突围时牺牲[28]。左权在牺牲前几天的最后一封家书中谈到思念家人的深情,"分离21个月了,何日相聚?""念、念、念、念!"[26]

妻子在写给左权的祭文中说,"虽几次传来你遇难的消息,但我不愿去相信。自然也怀着不安和悲痛的心情而焦虑着。我,愿以20年的生命换得你的生存。(你)或许是重伤归来,不管带着怎样残缺的肢体,我将尽全力看护你。(知道你牺牲后)这虔诚的期望终于成为绝望!你从不阻止我远去工作的热诚,且给予鼓励,以好好工作和学习共勉。我常感到你有着不可摇撼的决心和燃烧的热情。虽然你不愿以美丽的言词来装饰你的情感,(我仍)感到(你)真挚、朴素的爱。(我将)继续你的遗志奋斗。在任何困难之下,我都要咬着牙关渡过去。如果有一点失望和动摇,都不配做你的妻子。你永远活在我的心里"[31]。

左权牺牲的消息,长期瞒着他在世的母亲。1949年,朱德总司令要求南下部队看望左权将军的母亲,左权母亲至此才知道儿子已为国捐躯7年了。左权母亲,请人代笔,悼念牺牲的儿子:"吾儿抗日成仁,死得其所,不愧有志男儿。现已得民主解放成功,牺牲一身,有何足惜,吾儿有知,地下瞑目矣!"[30]

曾任八路军副总司令的彭德怀元帅,思考了许多左权牺牲时的细节,后来他对左太北说:"(牺牲前夕),你爸爸一定知道,那次敌人打的第一颗炮弹是试探性的,第二颗炮弹准会跟着来,躲避还是来得及的。可你爸爸为什么没有躲避呢?当时的十字岭上正集合着无数同志,你爸爸不可能丢下部下,自己先冲出去。"[29]

四、其他家书、家训

现代有许多有识之士也非常重视对子女、幼儿的教育。杰出文学家、社会活动家郭沫若强调,人在幼年时期的状态,是人一生的基础,好比一座高楼的地基;要非常重视幼儿、儿童时期的教育,这一时期的教育做好了,那么人生这座高楼大厦就有了"平广坚实"的地基[32]。赵一曼在赴刑场的囚车中写下家书,谈到离开人世前感到遗憾的是没能尽到母亲对儿子的教育责任[32]。赵云霄给自己在监狱中生下的宝宝留下家书,"启明我的小宝贝,(你的)名字是很有意义的","母亲在(生下)你一月十几天的时候便与你永别了,你是个不幸者,不知(牺牲的)生父是什么样,不知生母是如何人"。赵云霄多次强调教育、读书,"我不能扶(抚)育你长大,希望你长大时好好读书","母亲不能多说了,望你好好长大成人,好好读书,不负父母的期望","要知道父母是怎样死的"。遗憾的是,她的儿子启明在四岁时夭折,没能长大成人[32]。毛泽东在一封家书中列出了寄给儿子及其学习伙伴们的书籍的清单,其中包括历史、人物、哲学作品，还有《峨嵋剑侠传》《小五义》《聊斋志异》等武侠小说、传奇小说。可以看出毛泽东希望青少年们具有更广泛的知识基础[32]。

恰当的人生目标、学习目标，对一个人的成长、学习有着非常重要的作用。抗日英雄张克侠告诫后人，人生不应追求权位、名利，"对子弟之造就，不应以做大官为目的"，"应以现代正确思想及社会服务技能授之，使为社会有用之人"，"我热望能去掉一切不平而悲惨的现象"。文学大师巴金在写给后辈的信中谈道，不要去看重名利、面子，这样就容易心情舒畅，过上愉快的生活[33]。著名思想家、教育家梁漱溟指出，许多青年人私心、名利心太重，进而"整天怨天尤人"[32]，有时候，选择善或恶的人生目标、人生道路，就在一念之间，特别是遇到"做坏人得便宜，做好人吃亏"的情形。中国左翼作家联盟常委柔石对此谈道："我们因此做坏人么？不能。"[32] 著名教育家陶行知强调作为学生，"不应当专读书"，不应只把读书作为学习目标，还要"学习人生之道"，探索人生的规律和人生的发展方向[34]。毛泽东在给儿子的家书中提出了关于恰当地安排学习目标侧重点的看法，认为可以先多学些自然科学知识，学到一定程度后，再以社会科学知识为主要学习目标。他还主张孩子到了一定年龄后应该思考并自主确定人生的目标，父母的意见应该参考，但不要依赖[32]。

树立人生目标、学习目标后，要以积极进取的精神去努力实现。民国时期的陆军大学校长杨杰强调，人应该积极进取奋斗，不能等着老天爷送上好运气，好运气也往往是被有知识、有能力、有内在"本钱"的人所遇上[32]。在实现人生目标、学习目标的过程中，要注意协调好近期与长远的安排。前中共中央军委副主席、国务院副总理陈毅嘱托子女，要兼顾理想与现实，不能光有理想而没有实际行动，"不要空言不事事"，不能只顾当前而忽视了长远的目标，"不要近视无远谋"[34]。

坚定的意志，坚强的品格，是一个人的可贵品质。前中共中央秘书长、八路军副总参谋长王若飞对亲人谈道，虽然在监狱中生活艰难，但仍激励自己坚定意志、保持积极的健康心态；即便将来会在监狱中死去，也绝不心灰意冷，"弟之精神甚为健康，无丝毫悲观颓丧之念"[32]。前第十七路军杨虎城部总参议、陕西省政府秘书长杜斌丞在入狱后、被国民党当局杀害前2天致信亲人，仍意志坚定地谈道，"自想三十年来，无日不为民主而奋斗！个人死生，已置度外"，"惟望人民共起自救，早获解放自由，则死可瞑目"[32]。前中共湖北鄂南特委书记何功伟入狱后在家书中提出，"天下有最丰富之感情者，必更有最坚强之理智"，自己"尽大孝于天下无数万人之父母而牺牲一切"，恳请父亲"移所以爱儿者以爱天下无数万人之儿女"[32]。著名作家、学者朱自清曾写道，家里两次遭遇战乱时，自己远在外地，妻子"领着母亲和一群孩子东藏西躲"，坚强地度过险境。广西边防部队战士、"战斗英雄"吴建国，在1979年对越自卫反击战中，击毙3个敌人，后在重伤的情况下抱住一名敌方军官，滚下悬崖，英勇捐躯。他对父母谈道，"你们只有我一个独生的儿子"，如果自己牺牲了，"一定不要为我难过"，"我们是中国人民解放军，肩负着保卫祖国的重任"，"16年中，你们为（养育）我花尽了心血"，"现在我用血来保卫你们"[34]。

在学习过程中，要注重培养求学求知的坚定意志。革命烈士潘琰对弟弟妹妹们谈道，自己安排学习任务时，学习问题可能更多，难以找人求教，得不到解答，而且没有老师的监督，"没有月考、大考来逼着你"，这时更要有恒心、耐心[34]。

对子女、后辈的教育，不能过于宽松而放纵，或是导致他们形成"富贵病"。张克侠认为，不能让子女"视万事甚易"，不能养成"骄惰习性"，"小姐少爷之养成，系由其生活于不劳而获、衣食现成之环境中"，习惯于衣来伸手、饭来张口。他提出，对有骄纵习气的子女，应让他们"自理生活"，"接触大众生活"，"体验现务"，"打破其幸运儿的幻想"。抗战期间，张克侠的子女随军队转移时，常常自己背着行李和母亲一起步行，同时看见别的官员家人骑着马或坐着轿，心中委屈。张克侠教导他们，"自己有脚，自己走路，这是最踏实、最自由的"，"你们对社会没有贡献，让别人来伺候是羞耻（的）"[35]。"江姐"江竹筠嘱咐亲人，要教导自己的子女"以建设新中国为志"，不能骄纵，"粗服淡饭足矣"[32]。著名电影《八佰》中的主角谢晋元，1926年毕业于黄埔军校，抗战爆发时在国民党军队任副团长，孤军掩护撤退部队，坚守上海四行仓库[32]。四行仓库是多家银行共用的、坚固的钢筋混凝土仓库[36]。谢晋元率部队坚守四行仓库4天，毙敌200余名，退出阵地、长期被困时又拒绝了出任汪伪政府陆军总司令的诱降交换条件,是一位抗日英雄[37]。他在离开阵地、被西方租界当局囚困在上海期间致信父母称,日伪敌人一直企图将其劫持,放言"不惜任何代价","势在必得",自己"光明而生",一定"光明磊落而死","此函,即预立之遗嘱也",如果牺牲,请父母"切勿悲伤",对自己的两个子女则应"严格教养",帮助他们养成良好的行为规范,"使成良好习惯"。

处事公正,则"公生明"。按孙中山先生的主张,处事要坚持秉公而为,考虑职位的人选尤其要选贤任能。辛亥革命胜利不久,他对长期资助自己革命活动、大力支持并参与国内革命事业的兄长孙眉说:"尽管有人推举哥哥你担任广东都督,但弟弟我认为你还缺乏一些政治才干,不适合担任这个重要职务,希望你从事你所擅长的兴办企业等事务吧。"[32]朱德总司令抗战初期对家人提出,可多联络热爱国家、具有牺牲精神、能吃苦的亲友来参加抗战,而指望依仗自己权位升官发财的人,一概不要引荐介绍,"决不宜来我处"[32]。新中国刚刚成立时,毛泽东与杨开慧之子毛岸英在家书中指出,表舅希望通过毛泽东的领导人地位在湖南谋求厅长职位的想法,是要不得的,"仗势发财"是不可行的[32]。处事公正,实际上不只是对他人、他事,还应包含对自己、对自己的事。比如,人应该认识自己的缺点,正确对待自己的错误。前国家主席刘少奇对儿子强调,"你总以为你自己是对的,别人都是错的","人家都对不起你,你却没有对不起别人","你没替别人着想,却要别人替你着想","这,是个人主义","每个党员,包括我,都要受群众(监督)、受组织监督","你必须抛弃个人主义,接受集体主义"[32]。

心胸宽广、目标远大,不仅有益于人的成长、成才,还非常有利于身体的健康。巴金主张,"人应该做到:想得开,看得远,热爱生活"[33]。原最高人民法院院长谢觉哉更进一步总结道,医药、饮食等客观物质对人的身体健康是重要的,但更重要的是要心胸宽广、精神快乐,进而增强人体的生命力。他自己和一些老同志都认为,参加革命后,心胸比较宽广,忧愁少了,这是大家比较长寿的重要原因;心胸宽广,则"脑筋健全",容易扶弱祛邪,补养身体;心胸宽广,不仅是"看得开",而且要心地善良、乐于助人,不能自私自利[32]。谢觉哉还谈道,"心平气和,不急不躁",遇到令人兴奋或忧虑的事时要较快地平静下来,这不仅是保养身体的诀窍,还是处事的好方法[32]。

人要做人生的勇者。王若飞认为,许多人常常会"掩饰自己的错误,掩饰自己的缺点",但人应该"知耻近乎勇",勇于认识、承认自己的错误、缺点,做一个"真正的大勇者"[34]。人生的勇者,既要能够认识、纠正错误、缺点,还要有不畏困苦、勇于克难的精神。张克侠劝导家人,如果自己离世后,"(你们)得不到财富的保障,就从奋斗中去创造,由艰难中锻炼(自己)","(这)比(留下丰厚的)财富要好得多"[35]。中国残疾人联合会主席张海迪5岁患脊髓血管瘤,手术后,胸部以下失去知觉。她克服困难,在父母的教育、鼓励下,学完了初、高中课程和一些大学课程,还刻苦钻研中医技能,曾经用针灸治愈了患者耿大爷的哑症[34],成了一位人生的勇者。张海迪谈道,自己虽然严重残疾,但不会自暴自弃,会不断进取并奉献社会,"我并不是一个废人","曾在社会上做了我应做的事","我决心以最大努力感谢社会对我的关心"[34]。前中共中央政治局常委、国务院副总理李富春的一位侄儿,幼年失去父母,长期受李富春夫妇照料;有一次,他向李富春提出资助其家庭的请求。李富春向他强调应该立足于自身来克服困难,"你的兄弟姐妹间,你们的收入是较多的,而你还叫苦","我们不是没有照顾你","但(照顾)应该是有限的"[32]。

在婚恋方面,著名教育家、前中共中央宣传部副部长徐特立在儿子离世后、劝导儿媳再婚时,建议儿媳不要设定过高的择偶条件,"你要知道,你择人,人也择你"。同时,他提出,选择婚恋对象,"不是择财产,不是择地位",要重点考虑对方是否积极上进、品行端正,"择前进的分子,有希望的人,性情厚道"[32]。著名作家、学者朱自清曾赞扬妻子勤勉持家、关爱家人的品行,"你虽不是什么阔小姐,可也是自小娇生惯养的,做起主妇来,你高高兴兴地做下去了","菜是你做,(可)你至多夹上两三筷子就算了","你为我吃苦,更为我分苦","我之有我现在的精神,大半是你给我培养着的"[32]。黄花岗七十二烈士之一林觉民在进行反清起义前估计自己很可能就此牺牲,为劝慰妻子、减轻妻子的伤痛,在家书中谈道,当妻子读到此信时,估计自己已经牺牲就义,"成为阴间一鬼",自己很希望能和妻子钟爱一生,希望天下有情人都能如此,但国家混乱、动荡,"几家能够?"为了让更多的天下有情人过得幸福美满,自己可能要牺牲自我、先走一步了,请妻子体谅;自己"为天下人谋永福"而奉献了生命及余生的幸福,请妻子能够理解、宽慰[32]。前中共四川省委书记刘愿庵在给妻子的最后一封家书中劝慰道,"别了,亲爱的,不要伤痛","望你,把死别的痛苦丢开","你曾经答应我,即使我死了,你还是(会)为我们的工作努力","望你,不要无谓的留恋(我),这样(会),伤害身体"。他也表达了对妻子的深情,"在拘囚与临死时,(身边)没有(源于)你的一点纪念物,这是我心中很难过的一件事","我(在离开人世前的)最后一刹那,(会)念着你的名字","你的心紧紧系在我心中"。刘愿庵还嘱托道,"我的尸体,送给医院解剖,使我最后还能对社会(对)人类有一点贡献;你这样(做),才算了解我","我在地下有灵,时刻望着中国革命成功"[22]。战斗英雄梁英瑞1979年在对越自卫反击战中将炸药包塞入敌方工事射击孔,敌方推出时他以身躯顶住炸药包,与敌同归于尽。梁英瑞牺牲前在家书中嘱托妻子,"我们不得不在忍无可忍的情况下对侵略者进行自卫还击","如果我在战斗中牺牲,请不要难过,这是我们革命战士的职责"。同时,他难舍思念之情,"我们结婚十天就分开了","这很可能是最后一封信,心里不知有多少话要说","寄信很困难,我这封信(托)送饭的同志带出去"[34]。著名作家梁实秋借用花来表达对爱人的情感,"兰花提前开了两朵","恐怕是我们俩相爱的气氛使它于温暖中提前绽放","一朵是你,一朵是我",正是"花开并蒂"[32]。

沈峻是著名漫画家丁聪的夫人。她写过一封特殊的家书,并把它留在丈夫丁聪的身边。她写道,"我推了你一辈子,现在我已不能再往前推了,只能靠你自己了,希望你一路走好"。沈峻没有忘记丈夫的毕生所爱,"给你带上两个孙子给你的画、一支毛笔、几张纸,我想你会喜欢的"。她记得丈夫的喜好,"给你准备了一袋花生、几块巧克力、咖啡,巧克力和咖啡都是真糖的,现在你已不必顾虑什么糖尿病了,放开胆子吃吧"。她再次表达了自己的情感,"(这朵献给你的小花)代表我的魂"。丈夫丁聪去世不久,沈峻(即沈崇)因肠癌做手术,并发大面积心梗、胃大出血;沈峻清醒时说道,"(丈夫)在天上做快乐的单身汉,我就在(这)做快乐的单身汉,我们都很快乐"[38]。

图1-1　年轻时的丁聪与沈峻

前中共中央政治局常委、红军总政治部主任、新中国外交部副部长王稼祥则在家书中提到民国时期的社会状况，"富者骄侈，贫者凄楚"，"没（有）势力和金钱，（就）危险极了"[32]。前中国科学院学部委员，美国哈佛大学、耶鲁大学语言学部研究员丁声树谈道，新中国已成功建立，"仍旧俭约清廉，一反国民党之陋习"，"这是有目共见的"[34]。

参 考 文 献

[1] 林岷.林则徐与左宗棠[J].贵州民族学院学报（社会科学版），1985，（1）：64-66.

[2] 曾国藩.全本曾国藩家书（下卷）[M].钟叔河，整理.北京：中央编译出版社，2015.

[3] 左焕奎.左宗棠略传[M].武汉：华中师范大学出版社，1996.

[4] 董丛林.曾国藩家族[M].沈阳：辽宁人民出版社，2014.

[5] 姚家余，等.中华政治家百杰传（第24卷）[M].延吉：延边大学出版社，2006.

[6] 李连利.晚清第一帅：左宗棠评传[M].武汉：华中科技大学出版社，2013.

[7] 左宗棠.左宗棠全集：家书、诗文[M].长沙：岳麓书社，1987.

[8] 雅瑟，王辉.成功的中国家教大全集[M].北京：新世界出版社，2012.

［9］曾国藩.曾国藩家书［M］.北京：中国言实出版社，2017.

［10］曾国藩.全本曾国藩家书（上卷）［M］.钟叔河，整理.北京：中央编译出版社，2015.

［11］黄晓梅.千秋功罪，谁与评说——评唐浩明著《曾国藩》［J］.社会科学战线，1998，（2）：278-280.

［12］朱建纲.湘人手札：曾左彭胡书信珍迹.彭玉麟卷［M］.长沙：湖南文艺出版社，2013.

［13］天人，杨飞，等.中国历代名人家书：永恒的处世哲学［M］.呼和浩特：内蒙古人民出版社，2003.

［14］郭琪.纪晓岚：并非腐儒的才子［J］.中国档案，2014，（5）：78-79.

［15］王伟.纪晓岚一生官场并不得志［J］.文史博览，2012，（5）：38-39.

［16］纪晓岚.纪晓岚家书［M］.江不平，校.上海：中央书店，1937.

［17］颜之推.颜氏家训全鉴［M］.杨敬敬，解译.北京：中国纺织出版社，2017.

［18］庄辉明，章义和.颜氏家训译注［M］.上海：上海古籍出版社，2012.

［19］欣敏.中国君臣家书精品［M］.成都：四川辞书出版社，1995.

［20］陈桂芬.古代家书选［M］.桂林：漓江出版社，1984.

［21］雅瑟，王辉.成功的中国家教大全集［M］.北京：新世界出版社，2012.

［22］王桂春，西姆.中外名人家书选粹［M］.兰州：甘肃人民出版社，1988.

［23］梁启超.梁启超家书［M］.北京：中国言实出版社，2017.

［24］中共中央宣传部时代楷模发布厅."终极大杀器"亮相背后：我造"东风"是为了保护中国［EB/OL］.［2019-10-05］.https://www.sohu.com/a/345104441_120027061?spm=smpc.author.fd-d.4.157043146679058b1yh0.

［25］姚仁隽.抗日名将左权［M］.北京：中共党史资料出版社，1996.

［26］王家森.左权：别时容易见时难［N］.中国纪检监察报，2015-08-14（7）.

［27］戴玉刚.铮铮铁骨亦柔情——左权给妻子刘志兰的信［J］.炎黄春秋，2018，（9）：38-40.

［28］尚荣生.清明纪事：左权的15封家书［N］.邯郸日报，2019-03-31（01）.

［29］孟红.品读左权将军家书背后的感人故事［J］.世纪风采，2019，（12）：18-22.

［30］徐伯黎.左权只留下十一封家书［J］.新湘评论，2017，（8）：48.

［31］人民政协报.左权将军的夫人刘志兰 为了永恒的记忆［EB/OL］.［2005-07-07］.http://news.sina.com.cn/c/2005-07-07/13127159159.shtml.

［32］王河，等.中华家书［M］.南昌：江西人民出版社，2012.

［33］巴金.万金集：来自巴金的家书［M］.马小弥，述.上海：复旦大学出版社，2013.

［34］张谷，等.现代家书选［M］.南宁：广西人民出版社，1986.

［35］木铁.佩剑将军张克侠［M］.北京：中国文史出版社，1987.

［36］人民网.抗日英雄谢晋元和他的"八百壮士"［EB/OL］.［2018-08-13］. http：//edu.people.com.cn/n1/2018/0813/c1006-30226154.html.

［37］中华英烈网.谢晋元［EB/OL］.［2013-12-27］. http：//www.81.cn/yljnt/2013-12/27/content_5709098.htm.

［38］澎湃新闻.漫画家丁聪夫人沈峻去世，她就是1946年推动历史的沈崇［EB/OL］.［2014-12-17］. https：//www.thepaper.cn/newsDetail_forward_1286431.

第二章 宽裕而安定的生活

第一节 积极、稳健地理财

父母通常希望子女、后人能过上宽裕而安定的生活。那么,仅仅是把日积月累攒下的积蓄留给子女、后人,就可以实现了吗?

- 第一种情形,假设 A 把长辈留下的 50 万元积蓄以一年期定期的方式(不考虑临时取用带来的收益损失)存入银行,年收益率为 2%,20 年后该积蓄的价值约 74 万元。
- 第二种情形,假设 A 把长辈留下的 50 万元积蓄投资到较可靠且较容易转换为现金的金融产品中,平均年收益率为 4%,20 年后该积蓄的价值约 110 万元。

在第二种情形下,其 4% 的年收益率为第一种情形的 2 倍;而 20 年后,该积蓄增加的价值约为第一种情形的 2.43 倍,财富增长的差异更为显著。

据汇集了全球约 750 名企业家、专家观点的世界经济论坛报告,金融资产持有者收入的大幅增加,已成为多年来社会的一个重要特征[1]。大量投资金融资产、积极开展投资理财活动,也成为富裕群体实现财富较快增长的一个关键途径。美国华尔街富裕人群的主要收入便来源于资本增值[2]。据清华大学国家战略研究院研究员寿慧生介绍,在典型的发达国家——美国,20 世纪 70 年代末,年收入前 1% 人群的收入占总收入的比例约为 9%,2007 年该比例大幅上升到 23.5%;20 世纪 90 年代以来,年收入前 1% 人群从国家经济增长中往往能够获得接近甚至超过一半的份额、高达 45%—65%,而包括中产阶层在内的年收入后 99% 的人群,即绝大多数的人群,只获得了另外约一半的份额[3]。按瑞士信贷银行的研究,2001 年,全球最富有的 1% 人群的财富占全球财富的 45.5%,2017 年则提升到约 50.1%[4]。据经济学家据管清友的观点,从全世界来看,许多政策对富

家书、家文化与生活智慧

人"友好",对穷人"不够友好",例如常见的货币宽松政策[5]。

国家提出,鼓励民众增加财产性收入[6]。这也说明投资理财活动对民众实现收入增长具有普遍的重要意义。积极而稳健地理财,对子女、后人的养老保障,也能起重要的作用。据中国养老金融50人论坛的一项调查,预计约47%的城镇职工基本养老保险参保者,其养老金为在职工资收入的40%—60%;约33%的受调查城镇居民认为,退休后的养老金水平达到在职工资收入的60%以上,才能保证退休生活质量不下降;受调查的城镇居民预期的养老资产储备平均值约73万元,而调查对象已储备的养老资产平均值约38万元[7]。

据胡润百富、中信保诚人寿发布的《2022中国高净值人群家族传承报告》,净资产达到1000万元及以上的中国高净值家庭有约206万户;这些家庭的总资产中预计有约42%的资产要在20年内传承给下一代;97%的高净值人群会考虑家族传承事宜,其中有约40%的家庭已经实施了家族传承规划[8]。翻译家傅雷对儿子傅聪谈道,"为你的长久利益与未来的幸福,不得不再和你咿叨,要不受物质之累,唯有妥善安排","凡不长于理财的人,少有不吃银钱之苦的"[9]。

因此,父母希望子女过宽裕而安定的生活,应鼓励子女、后人就长辈留下的积蓄、个人积蓄等开展积极而稳健的投资理财活动。

一、要积极而稳健地投资理财,需要多了解投资理财的知识

宋代文学家苏洵曾言,小富由勤[10]。而如果要更进一步,就不能过于强调"勤"这个因素了,还要多学知识、多学技能。美国国家经济研究局经济学者坎贝尔(Campbell)强调,受教育程度较弱的居民,容易出现错误的投资行为[11]。据中国人民银行调查统计司2019年10月中下旬的相关调查,被调查的中国城镇居民家庭平均拥有约65万元的金融总资产,规模已相当可观[12]。但拥有的金融总资产多,未必就代表有相当的投资理财知识。许多人,即便是一些富裕群体,仍然缺乏投资理财知识。如文化界人士郑先生,较早就有了丰厚的收入,2009年,其年收入达到2000万元。但他却从来不理财,因为不会[13]。对外经贸大学金融学院院长吴卫星等指出,按经合组织的定义,金融素养指人们做出合理金融决策并实

现金融福利的意识、知识、技术、态度和行为的有机结合;许多研究显示,在金融常识方面,各国居民整体上比较缺乏,居民的金融素养水平普遍较低。按清华大学中国金融研究中心的一项调查,对金融常识不了解和不太了解的被调查中国家庭所占比例达到约60%[14]。中国普惠金融研究院的研究表明,73%的受调查中国女性表示正积极地进行投资理财,而投资知识不足、信心不足是阻碍她们实现长期财富增长的主要障碍[15]。

据胡润百富、中信保诚人寿发布的《2022中国高净值人群家族传承报告》,占比95%的拥有1000万元及以上家庭净资产的中国高净值人士在家庭传承方面对家庭内部因素感到担忧,其中有50%的受调查者最担忧子女的财富接管与保管能力[8]。父母、长辈有必要多了解一些投资理财知识,以便将投资理财知识、技能传授给后人。

在宏观方面,应该对影响投资理财、金融市场的重大因素有所了解。例如,中国银行董事长陈四清曾指出,发达国家债务规模庞大、一些新兴市场国家违约风险较高、许多国家全要素生产率下滑、国际地缘政治不稳、人口老龄化加剧等是制约其发展的宏观因素[16]。目前这些因素仍普遍存在,预计也将长期存在。

投资理财活动可能涉及股票、债券、银行理财产品、黄金等贵金属、期货等金融衍生品、公募基金、私募基金、外汇等。已有不少书籍、不少研究分门别类地就某一类产品的投资知识做了具体的阐述。例如,对外经贸大学金融学者侯伟相等依据复杂关系网络中心度理论开展的研究显示,与处在基金关系网络"中介位置"(中间中心度高)的基金相比,处于基金关系网络核心位置(点中心度高)的基金更能获得稳健良好的投资业绩[17]。可就具体关注的领域选择参考相关资料。也应留意,有不少理论、观点差异较大,建议分清不同理论、观点的适用条件和前提,博采各家之长。

据中国人民银行2019年对3万余户城镇家庭的调查,城镇家庭比较偏好无风险金融资产[12]。在接近无风险的金融资产中,定期存款相比活期的收益较高,但灵活性差,若提前支取,要按活期利率计息,储户损失较大。投资者可将定期存款分散为多笔来存入。这样,出现应急情况时,可做到分笔支取,利息损失会较小。

同时，值得注意的是投资理财的风险问题经常被一带而过。而现实当中，"陷阱"经常比"馅饼"还多，防"陷阱"经常比认"馅饼"更重要。积极地理财，不仅包括积极地开展适合的投资理财活动，还包括积极地识别风险、积极地控制风险、规避重大风险。有研究者强调，投资理财产品日趋多样，金融产品设计日趋复杂，投资者容易盲目跟风，这些对投资者应具备的投资知识和风险意识都提出了更高要求，也使得加强投资者教育的紧迫性日益凸显[18]。本章将在第二节对投资理财活动的风险防范进行阐述。

二、多注重稳健的投资理财

在金融市场、投资理财领域，影响因素、风险因素、未知因素众多，金融产品的价格变动往往是"测不准"的。

与近一年来的最高点相比，新东方2021年9月末的股票价格下跌了超过90%。这主要是受到因中小学生课外培训负担太重而引发的政策调整的影响[19]。

恒大集团是中国知名企业。但自2021年6月起，恒大集团的员工工资、银行开发贷款等的支付和偿还都出现困难[20]。2021年12月3日，中国恒大集团在香港联交所公告其无法履行担保责任。随后，广东省政府约谈了中国恒大集团实际控制人，并向恒大地产集团派驻工作组，督促企业的风险处置工作[21]。恒大集团的实际控制人为香港著名富商刘某的华人置业公司，曾持有中国恒大9%的股份，在持有期间其账面盈利曾最高达到近百亿港币，而随着其近年的股票售出，据估计，如不考虑以往的股票分红，大约会有110亿港币的亏损[22]。

父亲离世时，20多岁的李兆会继承了总资产约40亿元的企业。他注重证券领域的投资，数年后，个人资产达到约125亿元，位居胡润百富榜之列。但2015年，他继承、经营的企业走入破产的境地。据法院的通报，截至2015年5月25日，该企业债权人申报的债权中，已确认143亿元，待确认约67亿元。2017年12月，上海市高级人民法院将李兆会列为失信被执行人，并限制其出境。2021年9月，上海市第一中级人民法院发布执行悬赏公告，对提供李兆会下落、后续得以成功找到的举报人将给予10

万元的奖励[23]。

在过去40年间，美国硅谷银行是美国高科技初创企业投融资服务领域的重要金融机构。2023年3月初，硅谷银行的资产管理规模约2120亿美元，在美国的银行中位居第16位。但硅谷银行购入的美国国债、债券等，随着美国收紧货币政策、提高利率而贬值，加上企业客户取出大量存款、投入经营活动等因素，该银行遭遇了严重的经营困难。2023年3月9日，硅谷银行股价下跌约60%。第二天，硅谷银行倒闭，由美国联邦存款保险公司接管[24]。

从以上事例可以看出，要过宽裕而安定的生活，应注重稳健的投资理财，少犯错、力争不犯大错。按福布斯发布的调查报告，在A股上市的中国家族企业中，仅有约13%能完全实现第二代接班；而中航信托股份有限公司、瑞银集团的报告则指出，中国富裕家庭的财产约有70%会在两代内流失，约90%会在三代内流失[23]。据2022年相关研究报告，中国家庭净资产达到1000万元及以上的高净值群体中，在投资风格方面，稳健型投资者的比重最大，占46%；在短期的投资理财目标方面，这些家庭最关注的是财富安全，财富安全已连续三年比财富增长处于更为重要的位置[8]。

三、胜不骄，败不馁

要稳健地投资理财，应"胜不骄，败不馁"，对盈亏起伏要平和地看待；要有"持久战"的思想准备，不能借债来投资；应"知足常乐"，不能以赌博、追求暴富的心态来理财。

杭州阿里创投曾购入约9300万份芒果超媒公司的股票，30多个交易日后，约有25亿元的账面盈利。不到一年，杭州阿里创投就宣布准备转让这些股票，按相关公告发布时的芒果超媒股价，阿里创投的账面亏损约23亿元[25]。2019年，云南白药公司在证券领域投资了72亿元，当期盈利约4亿元。2020年，该公司在证券领域的投资增加到138亿元，当期盈利约23亿元。但2021年该公司在证券领域的投资，当期亏损了约16亿元。2022年前三季度，相应的当期亏损约7.5亿元[26]。据哈特尼特等人的研究，美国股市在过去140年中，有19次的下跌达到或超过了20%的幅度，对应的平均下跌幅度约37%，平均持续时间约289天[27]。

按美国著名投资家、伯克希尔公司副董事长芒格的观点，以赌博的心态来投资，就容易缺乏投资理财所需的耐心，不容易取得好的投资成果[28]。美国著名经济学家鲁比尼指出，许多人认为，投资不需要耐心，只要靠某种窍门就能快速赚到钱，这是荒唐的想法[29]。按银保监会消费者权益保护局局长郭武平的看法，有些人或机构将消费类资金、经营性资金挪用到股市中，却往往会在暴涨暴跌中遭受损失[30]。有些人甚至打算通过炒作强调心理感受、只有虚拟价值的物品来暴富。例如，一些人投资某种盲盒的炒作，结果被套牢了十几万元[31]。

关于投资收益率，按全国社保基金理事会理事长楼继伟的观点，如果某种金融产品宣称能确保有6%以上的年收益率，基本就可以认定是虚假的[32]。据相关调查，在有10年以上投资经验的投资者看来，8%的年平均收益率已是非常不错的投资成果了[15]。

四、保持适当的消费方式

要保持稳健的投资理财方式，需要保持适当的消费方式，避免养成过度享乐、奢侈铺张的生活方式。人容易滋长出铺张享乐的风气。曾有富人，衣服前后穿了一个月，就得换新的[33]。有的年轻人，用上万元为宠物猫购买宠物用品、置办"嫁妆"[34]。据2022年11月发布的调查报告，30年前，60%的法国人会把工作放在非常重要的位置，而当前，只有24%的人会这么认为，41%的法国人认为休闲娱乐更重要。2008年，有约67%的法国职员希望通过多工作来增加收入，当前，有约67%的希望少工作、以便有更多的休闲时间[35]。

"胜由勤俭，败由奢"，过着奢侈挥霍的生活，是不太可能保持稳健的投资理财方式的。据相关调查，中国家庭净资产达到1000万元及以上的高净值人群，非常担心因子女挥霍的生活方式而导致家庭传承失败[8]。中国普惠金融研究院的研究者在分析投资理财时谈道，要结合自身需求、商品品质来理性地消费[15]。

不少人"入不敷出"，常常要依赖于借债。按知名咨询企业尼尔森公司2019年的相关报告，年轻的90后职员中，57%有除去作为支付工具的信贷后的实质性负债；95后的职员中，39%有实质性负债；在校大学生中，21%有实质性负债；90后的职员中，25%有住房贷款；使用互联网分期消费贷款的年轻人中，有62%将贷款用于基本生活支出，有61%用于提升生活品质，有55%用于休闲娱乐[36]。而有的年轻人出现多方借贷行为，要在多个借贷平台借款[37]。

不恰当的借贷，容易带来多种困扰。据郭武平介绍，一些金融服务商过度追逐利润、收取高额的贷款服务费、发放掠夺性贷款；一些金融科技公司利用科技手段误导金融消费者，诱导超前消费，过度授信，使得年轻人和一些其他群体深陷债务陷阱[30]。一家贷款规模庞大的知名金融科技企业将其消费贷款年化利率设为15%，接近最高人民法院规定的民间借贷利率上限[38]。一些贷款方还用各种手段来催债，甚至某市公安局副局长唐某也有此类境遇。为帮助表弟杨某，唐副局长曾签下相关借款合同，后以法定利率付清了借款本息，但贷款方长期借故袭扰，乃至睡在唐某的办公室里[39]。

32%的中国年轻人表示有明确的存款计划[37]。适当地储备稳健地理财，才易做到"有备无患"。例如，当通货膨胀率上升时，许多商品价格会有更高的上涨幅度。据相关报告，2020年12月，美国的火腿价格与一年前相比上涨约20%，鸡蛋价格同比上涨近12%，汽油价格上涨约50%，几乎所有的商品都在涨价[40]。经济波动时，缺少储备的家庭容易遭受财务困扰。2020年9月，美国全国公共广播电台、约翰逊基金会等的一项调查显示，出现疫情半年多来，31%的受访美国家庭用光或几乎用光了家庭储蓄[41]。据2020年12月的相关调查，45%的美国家庭遭遇了财务困难，10%的家庭认为财务困难已严重影响生活，有高等教育学历的受访者中，也有30%出现了财务困难[40]。

第二节 投资理财活动中的风险防范

投资理财，直接涉及的主要是金融市场、金融产品。我国防范化解金融风险的攻坚战已开展多年。然而，金融市场规模庞大、影响因素多、风险化解难度大，金融风险依然在多领域广泛存在，有些领域的风险程度还相当高。中国证监会主席易会满强调，金融风险仍处于易发、多发和高发阶段[42]。按中国人民大学教授何青等的观点，在中国的经济发展中，即便实体经济冷些，也常有金融行业过热的现象[43]。中国人民大学学者马勇等开展的数值模拟研究显示，随着我国金融开放程度的提高，金融市场的波动性容易出现显著上升[44]。

国家外汇管理局学者缪延亮谈道，金融危机发生后，常常是相关国家采取宏观刺激措施、形势好转、监管放松，而后再次爆发金融危机[45]。中国人民银行党委书记、银保监会主席郭树清指出，金融市场应该（基本）反映实体经济的状况，如果和实体经济差别太大，迟早会被迫调整；发达国家金融市场处于高位，和实体经济背道而驰，所以对金融市场相当担心[45]。他还谈道，2020年以及之后，发达国家曾实施了前所未有的宽松货币政策，短期内可以稳定市场，财政支出却很大程度上是靠中央银行印钞票来支撑，带来的消极影响则由世界各国来承担[46]。华中科技大学教授刘海云等在研究中指出，全球股市体系依然脆弱，较开放的发展中国家容易成为发达国家转嫁风险的对象，被动分担更多的发达国家金融风险；香港股票市场是内地股票市场的直接外部风险来源，沪港通等政策也为外部风险通过香港股市影响内地股市提供了更多可能[47]。

一、股票、基金等

在投资理财群体中，股票市场的投资者众多；在国内的多类金融市场中，股票市场的风险、股市投资者承担的投资风险也非常突出。由此，还演变出描绘众多股市个人投资者反复投资、反复亏损现象的"割韭菜"、"韭菜群体"等流行语。全国人大代表、格力电器董事长董明珠称，很多人就那么点钱，投资股市后，老是被"割韭菜"[48]。原证监会副主席高西庆谈道，中国股票交易所早期只有13家上市公司，30年后，已有超过4000家上市公司[49]，主板股票市场常常被炒得"热火朝天"[50]。与此同时，中国有全世界规模最大的股市"韭菜群体"，约1亿多投资者，不断地被"割韭菜"，又不断地冲进股市，这种状况"是好是坏"有待考究[49]。郭树清担任证监会主席时，多次与中小股民对话。他坦言，"每年有两、三百万的新股民进入市场，也有数以百万计的股民损失惨重，并决定退出市场、不再交易，这种情形绝不是监管机构所愿意看到的"[51]。重要的股市投资风险，常常源于股票市场中频繁发生的违法违规行为或与其密切相关。2020年，证监会办理的案件有740件，其中，重大案件84件，新增51件操纵市场案件，同比增长11%；向公安机关移送及通报的案件有116件，同比增长1倍；公职人员内幕交易案件时有发生[52]。

有些上市企业或企业的实际控制方，通过违法违规经营、造假而获利。投资者正当利益却因此严重受损。证监会副主席阎庆民指出，虽然上市公司已成为中国企业中管理制度最为规范的群体，但仍存在治理失效、资金占用、违规担保等不少公司治理问题[53]。董明珠谈道，为什么那么多"爆雷"，有些企业一门心思（想）在股市上赚钱，有些就是做假账[48]。有研究者指出，故事越动听、概念越宏大，投资者就越要谨慎，通过讲故事、炒概念来"割韭菜"，是屡见不鲜的老套路[54]。以下是这方面的典型案例。

- 颜某控制的企业借壳成为上市企业后，颜某通过关联交易、违规担保等方式大肆敛财，同时还实施了大量财务造假行为。之后，颜某被证监会终身禁入证券市场[55]。
- 乐某网，2015年市值曾高达1500亿元。后被发现该公司于2007至2016年进行了财务造假，申请上市文件中也存在造假情况，后被退市[56]。
- 雅某公司虚构境外工程建设项目、建材出口贸易、国内贸易，伪造工程进度单、人工成本计算单、材料成本等资料，签订无真实需求的购销合同，安排转账形成资金循环等。最终，虚增营业收入约5.8亿元，虚增利润约2.6亿元[57]。
- 华某公司董事长，指示他人成立若干壳公司，通过虚假业务向其家族公司提供资金，安排将无效票据入账、伪造还款。实际控制人还安排以子公司名义为家族企业融资提供担保，以公司名义为个人借款提供担保，担保金额约3亿元[57]。
- 凯某公司隐瞒与实际控制人的相关公司间10余亿元的关联交易，形成关联方非经营性占用资金8.8亿元[58]。
- 李某成为华业资本第二大股东后，华业资本加快了对李某控制的恒韵医药应收账款、债权的投资。而实际上，大量的相关应收账款、债权是伪造的，华业资本被骗取了上百亿元。华业资本另有债务违约、实控人暂无法回国、董事涉嫌诈骗被刑拘等一系列问题。华业资本后被退市[59]。

- 康某公司于2015至2018年，编造虚假合同、单据，累计虚增利润115亿元[58]。该公司曾入选福布斯发布的年度全球最具创新力企业。2017年，市值曾高达约946亿元；2021年5月27日，其市值缩减到约7亿元；其后，被退市[60]。
- 宜某公司，虚构销售业务、虚增销售额、虚增利润20余亿元；通过伪造银行单据等方式虚增银行存款80余亿元。未按规定披露与关联方资金往来，金额达300多亿元[61]。
- 康某药业实际控制人、董事长等安排虚开和篡改增值税发票、伪造银行单据，虚增货币资金887亿元，虚增收入275亿元，虚增利润39亿元[58]。2021年11月，针对康某药业欺诈的投资者集体诉讼案一审判决发布，5.2万名投资者共获赔金额约24.59亿元，康某药业5名独立董事需承担5%—10%的连带赔偿责任，合计赔偿金额最高约3.69亿元。其后约一周内，超过20家上市公司发布了独立董事辞职的公告[62]。
- 国外企业也有严重造假欺诈的情况。尼古拉（Nikola）新能源卡车公司借壳上市后，市值曾达到340亿美元，比福特汽车公司还高。但其首席执行官（CEO）拉塞尔称，他在2019年加入该公司后才知道，公司创始人之前以一辆没有燃料电池的车冒充新能源卡车，让车从坡上自己滑下，进而伪造了卡车正常行驶的视频。该创始人被判处犯了三项欺诈罪[63]。

南开大学教授李志辉等谈道，有些机构、投资者，乃至有的基金公司容易有在股市收盘前夕操纵股价的意图，以求操纵股票价格、影响相关金融衍生品价格、美化投资业绩等。他们引入基于分时高频交易数据的尾市价格偏离模型，分析了2013年1月4日至2016年9月30日800多只沪市股票的交易信息，力求鉴别出可能的交易型操纵中的收盘价操纵行为。他们发现，在对应期间证监会已处罚的市场操纵案件所涉及的27只沪市股票中，有16只股票在该研究中也被监测到了。李志辉等根据研究结果指出，沪市每个交易日，可能平均有千分之2.34的股票在收盘期间被进行了价格操纵[64]。而诓骗类交易操纵，也是常见的操纵手法，它不以成交为目的，通过频繁申报、撤单或者大额申报、撤单，影响证券价格或交易量[65]。证监会2020年办理的案件中，22起操纵市场案件的交易金额超过10亿元，平均获利约2亿元[52]。南开大学学者周广肃等谈道，中国的股市投资者以个人为主，大量的个人投资者缺乏长期价值投资的经验和耐心，交易频率较高，交易行为常常是短期性的、投机性的，容易出现跟风式的、较盲目的股票投资行为[66]。这也给许多股市操纵行为带来了大量有利条件。以下是此类操纵股价行为的典型案例。

- 一些被称为"游资"的投机群体，如某"一哥"，经常采用快速拉升股价的操纵手法。股票"飞某"，曾在某个交易日中，在8分钟内，价格被拉升了约11个百分点，达到涨停板状态。等普通投资者被吸引而买入后，他们则在第二个交易日抛售股票、获利。相应股票常常会陷入价格持续下跌的状态[67]。
- 唐某等不以成交为目的，频繁申报、撤单或大额申报、撤单，影响股价与交易量，并进行与申报相反的交易。违法所得约2600万元。唐某后被判处有期徒刑三年六个月[65]。
- 罗某团伙与场外配资中介人员等人合谋操纵迪贝电气等8只股票，获利4亿余元[68]。
- 林某系北八道集团实际控制人。林某指使多人与配资中介勾结，借取巨额资金及大量证券账户，再安排使用上百台电脑等设备，连续买卖股票或在自己实际控制账户之间买卖股票，操纵股价。2017年2月14日至3月30日，北八道集团持有"江阴银行"的流通股份数量达到该证券的同期实际流通股份总量30%以上，连续33个交易日对"江阴银行"的累计成交量达到同期该证券总成交量的30%以上。至2017年5月9日，北八道集团控制的账户组非法获利约3亿元。林某后被判处有期徒刑八年六个月[69]。

也有上市企业内部人员对股价进行操纵的，例如打着所谓公司"市值管理"的名义。郭瑞明强调上市公司市值管理严禁操控上市公司信息，严禁进行内幕交易或操纵股价，严禁损害上市公司利益及中小投资者合法权益；市值管理的主体必须是上市公司或者其他依法准许的适格主体，除法律法规明确授权外，控股股东、实际控制人和董监高等其他主体不得以自身名义实施市值管理，直接进行证券交易的账户必须是上市公司或者依法准许的其他主体的实名账户，还要披露充分[70]。2021年，中国证券业协会、中国上市公司协会等，发出了远离伪市值管理的倡议书[71]。以下是此类行为的典型案例。

- 金某公司实际控制人与配资中介等合谋，在筹划实施重大资产重组和股权转让过程中人为控制股票停牌时点，操纵股价[68]。
- 在新三板挂牌的明某公司实际控制人为减持定增认购的股票，组织数名公司高管操纵本公司股票，造成交易活跃的假象[68]。
- 海某公司董事长未经过股东大会授权，明知未经股东大会同意无法履行协议条款，仍签订了以自有资金2.25亿元认购某银行定增股的认购协议，同时授意时任董事会秘书发布公告。该董事会秘书在明知该协议不可能履行的情况下，仍发布该虚假消息。随后，在原定股东大会召开之日（5月26日）前三日，又发布"中止投资某银行"的公告。二人不以实际履行为目的，发布虚假公告，造成了股票价格和成交量的剧烈波动[57]。
- 凯某德公司实际控制人在2015年至2016年配资14亿余元，炒作本公司股价，还操控上市公司利好信息的发布节奏以影响股价，非法获利8500余万元[58]。
- 证监会2020年办理的案件中，有的上市企业实际控制人操纵市场非法获利近30亿元[52]。
- 某知名私募基金负责人叶某宣称，一上市公司通过中间人找到了两家证券企业内部人士共同操纵股价[72]。对此，上海证券交易所排查了相关账户，向相关上市公司发出《监管工作函》，证监会启动了核查程序[73]。凌通盛泰投资管理董事长董宝珍认为，这种情况具有一定的普遍性[74]。某私募基金创始合伙人向记者证实，听说过很多类似的手法[72]。有业内人士称，被判刑的徐某就属于从事此类行为的资深人士，在上市公司提供利好消息的配合下，大幅拉抬股价[75]。

上市企业、投资机构及相关人员经常获悉可能对股价有相当影响的内幕信息，尤其是高层人员。即便受到法规的约束，相关人士也容易产生利用内幕信息获利的企图。证监会谈道，内幕交易案件仍多有发生，法定内幕信息知情人涉案占比依然较高。2020 年查处的案件中法定内幕信息知情人涉案 30 起，有的在内幕信息公开前提前买入获利，有的是知情人泄露内幕信息，建议他人买入甚至共同实施内幕交易，有的是高管人员在业绩预亏、商誉减值等利空信息发布前提前卖出避损。2020 年有 33 起相关案件交易金额超过了 1000 万元，交易金额最高达 7.5 亿元[52]。以下是相关案例。

- 经上海熙某公司投委会决策，邓某使用他人证券账户与公司担任咨询顾问的"熙某 1 号"资管计划趋同交易，获利 495 万元[68]。
- 汪某与相关人员一起参加酒会时，借机联络接触，获取了健某药业公司的内幕信息[76]。于是，汪某在健某药业公司第二大股东减持及转让的内幕信息公开前投入巨额资金交易股票，且没有正当理由或正当信息来源[77]。此后，汪某等被没收违法所得约 9 亿元，被罚款约 27 亿元[78]。

基金管理企业是股市的重要投资者，大量投资者的资金通过基金管理企业投资于股市之中。公募基金管理企业受到的监管相对较严。私募基金管理企业数量众多，监管难度较大。不少私募机构经营管理或风险控制工作相当不规范，投资产品的投资风险较大。以下是相关案例。

- 被一家大型私募投资公司以低风险、固定收益类别出售的某投资产品，临近到期时才被宣称是高风险的股权并购基金。有投资者购买了该公司 3 个投资产品，其中 2 个出现重大风险，例如 7 年到期的某投资产品，最后被逾期 2 年支付且只收回了本金[79]。
- 在证监会查处的案件中，有私募投资机构挪用基金财产来支付其他基金的投资者赎回需求，或用于偿还债务[52]。私募基金企业丰某财富公司，为了使跌破止损线的私募产品"长安丰利 24 号"恢复交易，伪造文件和印章，挪用其他私募产品的 4240 万元资产来为"长安丰利 24 号"补资[68]。
- 广州基某资产管理有限公司曾伪造投资产品净值数据，净值平均虚增比例为111%，虚增比例最高达到324%，虚增基金财产达18亿元。该公司曾通过将投资收益款转至员工或其他公司账户、向关联方提供借款、转款至约定投资标的以外的机构等方式，挪用基金财产约5.6亿元人民币和2700万港元[80]。

- 华某资产公司大量投资产品的投资标的，被宣称是银行承兑汇票、票据收益权。实际上，相关募集资金被用于公司运营、个人挥霍等，仅少量资金被用于投资活动。700余名投资者的损失高达约20亿元[81]。
- 通某投资公司通过私募基金产品账户等，采用盘中拉升、对倒交易、日内或隔日反向交易、尾盘拉升等方式操纵永某公司股票，获利681万元[57]。
- 赵某在两家基金管理公司任职期间，依照其参与管理的4只基金进行趋同交易，非法获利1523万元[58]。

中介机构尽责问题、违法违规问题依然突出。有的会计师事务所，出具存在虚假记载和重大遗漏的审计报告；有的会计师事务所在多个审计项目中屡次涉案[52]；有的审计机构单方面依赖上市公司提供信息，搞"抄账式"审计，未对舞弊风险事项执行充分的审计程序，甚至还与上市公司提前商定审计意见类型[82]。

证券融资融券业务目前只有经证监会审批的证券公司才允许开展。而有些机构、人员，以提供股票配资的名义，引诱投资者在其伪造的股票交易系统开展交易，进而操纵交易行为，诈取钱财[83]。

一些机构、人员，通过互联网社会化媒体、电视等发布视频、图片、文字，宣称推荐一些好的股票，实则是欺诈投资者，为自己或共谋者图利。以下是相关案例。

- 盛某科技公告称，收到多位投资者反映，陈某等在某交易日盘前、盘中向股民推荐买入盛某科技的股票。该日，盛某科技的股价以跌停收盘，其后连续出现4个跌停板[84]。
- 廖某强是某财经频道与某周播节目的主持人。他利用其知名证券节目主持人的影响为，在其微博、博客上推荐股票，推荐前先行买入相关股票，并在荐股后的当日或次日卖出，违法所得共计4310

万元[57]。

- 吴某为首的团伙，用七个境外网站向投资者推荐"盘后票"，此前则通过其他人员大量买入相关股票，等投资者被引诱而买入时高价卖出。为了隐蔽罪行、提高"声誉"、增强诱导效果，他们对部分股票主动放弃操纵，将平均盈利目标压低至约 5 个百分点。曾经有数万个"股票推荐者"对外发布其荐股信息。该团伙操纵了超过 300 只的股票，非法获利 2.7 亿元。之后，吴某，以操纵证券市场罪被判处有期徒刑八年，加上其他罪行共执行有期徒刑十九年[85]。
- 在境外，也有团伙通过"荐股"操纵股价，非法获利。2021 年 12 月，香港证监会与新加坡相关部门联合破获了某个以发布"利好消息"操纵股价的团伙。该团伙曾伙同其他人员将香港股市多只股票价格拉升到 2 至 6 倍的价格[86]。

二、理财产品、债券、金融衍生品等

在理财产品领域，理财产品具体的投资领域多种多样，其风险也是多样化的。结合银保监会发布的理财公司理财产品销售管理规定，投资者应留意理财产品销售文件中的风险揭示书部分，了解适合购买该理财产品的投资者范围、投资的资产、理财产品所属类型、期限、评级结果、最不利投资情形下的投资结果示例[87]。以下是相关案例。

- 有的银行，部分理财产品未准确登记、报告和披露底层资产信息，理财产品之间、理财产品与自营业务之间的不当交易时有发生[88]。
- 某股份制银行曾使用理财资金偿还本行贷款，出具与事实不符的理财产品投资清单，有的面向非机构投资者发行的理财产品投资了不良资产支持证券[89]。
- 某股份制银行曾违规调整理财产品的收益，违规调节理财业务利润，发行虚假结构性存款产品，使开放式公募理财产品的投资杠杆水平超过标准[90]。
- 某大型银行曾将理财资金违规投向土地储备项目，在不同理财产品之间相互交易，以调节收益，有的面向非机构投资者发行的理财产品投资了不良资产支持证券，曾利用理财资金与其他银行互投不良资产的收益权，实现不良资产虚假出表[91]。
- 恒某财富公司的一些产品，曾无法正常兑付。该企业向投资者提出了现金分期兑付、实物资产兑付、冲抵购房尾款兑付等兑付方案。其中，现金分期兑付方式约每3个月兑付10%，实物资产兑付方式以关联企业销售的住宅、办公楼、商铺、车位等来兑付，冲抵购房尾款兑付方式以关联企业销售的房产未付尾款来冲抵[92]。

在债券投资方面，虽然债券总体风险低于股票，且大量的债券收益率高于定期存款。但有的债券发行者掩饰风险，甚至与合作方违规发行债券，一些债券发行者还款守信的程度较低，一些信用债等债券的风险程度高企。而有的公募基金，为了维护所设的基金，还不得不动用固有资金自己买入相关债券。据介绍，2020年1月1日至4月16日，至少有44只信用债违约，规模超过577亿元[93]。2020年4月24日至6月初之间，约2800只、占总数90%的债券基金的收益为负，有5只债券基金（不含可转债基金）的跌幅超过4%[94]。2020年7月1日至12月24日，有110余只信用债发生展期或实质违约，金额约1280亿元[95]。以下是相关案例。

- 富某公司在发行的两只债券募集说明书中，分别隐瞒13亿元、24亿元的对外担保情况，还挪用募集资金用于购买理财产品或从事资金拆借[58]。
- 大型金融企业泛某公司，资产总额曾接近2000亿元。2021年5月，该公司称其发行的某债券延期兑付[96]。
- 恒某集团、恒某地产曾被信用评级机构认为资金流动性基本枯竭，基本无力偿债。恒某集团曾用过百亿的房地产资产来抵偿欠款[97]。
- 国企永某煤电公司信用评级曾为AAA级，2020年9月底有近470亿元货币资金。但该公司在11月称，无法兑付本息数十亿的3只债券[98]。中国银行间市场交易商协会在调查永某煤电公司期间，发现某通证券公司及相关子公司涉嫌帮助发行人违规发行债券，涉嫌操纵市场，为此对该证券公司实施调查[99]。
- 华某汽车公司债券违约时，上交所声明，作为该债券承销商、受托管理人的招某证券公司，未及时履行受托管理人信息披露职责，未及时、有效地对发行人的流动性风险和偿债能力重大不利变化进行持续监测、预警[100]。证监会对华某汽车公司涉嫌的信息披露违法违规行为、有关中介机构行为进行了立案调查、核查[101]。华某汽车公司，控股、参股了4家上市公司，后被法院裁定进入破产重整程序[102]。

- 2020年证监会查处了9起债券市场违法违规案件，有的发行人连续5年将亏损虚构为盈利，涉嫌欺诈发行和虚假陈述；有的连续6年造假，累计虚增利润20亿元[52]。

在外汇投资领域，有的机构吸引投资者通过互联网开展外汇保证金业务。证监会、中国互联网金融协会等指出，这种业务以一定资金为保证金，按一定杠杆倍数放大后进行外汇交易，扰乱金融秩序，属违法行为[103]。而一些实力雄厚的境外财团、机构则在全球外汇市场中"兴风作浪"，容易导致投资者出现严重损失。以下是相关案例。

- 有的机构虚构外汇交易平台，操纵交易行为，诈取投资者的钱财[104]。
- 花旗集团、巴克莱银行、苏格兰皇家银行和摩根大通，曾向美国司法部承认进行过货币汇率操纵行为，被罚款约25亿美元。汇丰控股外汇现金交易全球主管约翰逊，因操纵外汇交易在美国被判刑。2019年11月，摩根大通银行职员艾耶尔因参与操纵新兴市场货币价格而被定罪[105]。
- 花旗集团、苏格兰皇家银行、摩根大通等5家银行曾经在外汇交易上合作、共谋。2019年，它们因此被欧盟罚款逾10亿欧元。欧盟委员会相关主管韦斯特格指出，在金融危机中，许多金融机构靠着政府救济才度过难关，而有些投资银行却暗中勾结，谋求非法利益[106]。
- 2021年12月，瑞银集团、巴克莱银行、苏格兰皇家银行、汇丰银行和瑞士信贷银行因在美元、欧元、英镑等10种主要货币交易中相互勾结、联手实施交易行为，被欧盟处以3.44亿欧元的罚款[107]。

在金融衍生品领域，中国期货业协会会长洪磊指出，我国期货市场投机性强，投资者中自然人有效账户数占比超过了95%[108]。郭树清强调，金融衍生品价格波动很大，对投资者的专业水平和风险承受能力有很高要求[109]。金融衍生品非常不适合个人投资，普通个人投资者投资期货等金融衍生品，相当于在赌博，很难避免损失[110]。按国泰君安期货副总裁寿亦农的观点，有些银行将很多不适合参与衍生品投资的客户引入衍生品市场，是不恰当的[111]。以下是相关案例。

- 远某石化公司，曾大量连续买入聚丙烯期货合约 PP1609，同时在现货市场通过直接购买、代采代持等方式大量囤积，制造聚丙烯需求旺盛氛围，影响期货合约价格，犯有操纵期货市场罪。法院判决，对远某石化公司罚没 7.4 亿元，对董事长吴某处以有期徒刑 4 年，罚金 500 万元[58]。
- 美国芝加哥商品交易所曾修改规则，使 2020 年 5 月的 WTI 原油期货合约出现了令常人不可思议的、低于 0 元的负价格。一些持有某银行原油宝金融衍生品的投资者出现严重亏损[111]，有些投资者不仅损失了全部投资款，而且还要额外支付钱款[112]。银保监会指出，该银行原油宝金融衍生品业务，存在未对产品开展压力测试工作，市场风险限额设置存在缺陷，交易系统功能存在缺陷且未按要求及时整改，内控合规检查未涵盖全球市场部对私产品销售管理，宣传销售文本存在夸大或者片面宣传等问题。银保监会对该银行及其分支机构罚款 5050 万元，对该银行全球市场部两任总经理、相关副总经理及资深交易员等给予警告及罚款[113]。
- 2020 年 12 月，南京鼓楼区人民法院对两件原油宝投资者起诉某银行的案件一审宣判。法院认为，该银行在产品设计上未考虑原油期货的负价极端情况，在交易过程中未能向投资者提示负油价带来的风险，未执行协议中关于保证金充足率降至 20%（含）以下时强制平仓的约定，判决由该银行承担原告全部穿仓损失和 20% 的本金损失[114]。
- 2020 年，煤炭、钢铁等大宗商品价格曾出现暴涨，国内交易所出台调控措施但炒作依然疯狂[115]。国家发改委采取干预措施后，12 月 2 日，煤炭期货价格比 10 月 19 日高点下跌近 58%[116]。

有些投资者则在高收益等的吸引下，掉进了非法集资的陷阱。以下是相关案例。

- 顾某等安排设计虚假资产包或定向投资项目等各类理财产品，承诺保本、高额利息，诱骗社会公众在联璧金融、华夏万家金服平台投资，并宣称某些网购商品可"0 元购"，购物款可返还到联璧金融平台的账户。最终顾某等非法集资超 830 亿元，造成 110 余万名被害人损失 120 余亿元[117]。

- 周某等在 2009 年至 2021 年间，利用红岭创投、投资宝网贷平台、红岭资本线下理财项目，向社会不特定公众线上、线下非法集资 1395 亿元，涉及参与投资人约 51 万名，造成约 12 万名参与人本金损失约 164 亿元。集资款被用于还本付息、收购上市公司、买卖证券、期货、投资股权、放贷等，也被周某用于购买房产、偿还个人债务等。2021 年，周某等 74 人分别因涉嫌集资诈骗罪、非法吸收公众存款罪被逮捕[118]。

有些非法集资者，还利用同事、亲友关系来下手。以下是相关案例。

- 某国有大银行吉林省分行员工赵某，想投机获利，对弟弟、妹妹、堂妹等 41 位亲友谎称银行内部有高息理财产品、保本保息等，伪造省分行公章、高息理财协议，在办公地点签订理财协议，资金则转入其个人账户。赵某将资金用来进行股票、外汇和黄金等投机，甚至用于非法彩票赌博。7 年间，诈骗 3 千多万元，造成约 2300 万元损失[119]。

- 在知名企业中兴通讯公司长期担任工会主席的何某通过在工会下属公司的电商平台募集资金等途径非法集资约 21 亿元[120]。何某宣称，能帮同事通过投资股票、基金、房地产等获取高收益[121]。2015 年 11 月，何某向前中兴通讯公司人力资源部部长曾某提出，自己有高收益的投资。曾某转款 30 万元，3 天后，曾某收到款项 327900 元，3 天获得约 9% 的收益。时任中兴通讯公司人力资源部三部部长唐某投资 10 万元，14 天后收到款项，收益率为 1.8%[122]。何某约用 3 亿元投资股票，亏损 5 千万元；约用 4 亿元投资某基金，亏损 2 亿元。何某还将部分款项给利某投资海外项目，对项目不了解；之后，听利某说，已经全亏光了[121]。中兴通讯公司有 8 千多名员工参与集资，以为是工会的福利；有约 4 千人的 9 亿资金无法退还。何某被判刑 28 年[120]。

2020年，全国公安机关立案侦办非法集资犯罪案件6800余起，涉案金额1100余亿元，抓获犯罪嫌疑人约1.6万名，其中的"养老服务"领域案件有80余起[123]。有的养老机构声称，不能入住时，向客户按预存金额的一定比例返还本金和高额利息。有的养老机构收取高额会员费，宣称可支付分红[124]。应警惕在销售商品、提供服务、投资项目时，以承诺给付货币、股权、实物等回报来集资的行为[125]。

2020年，有关部门共查处非法集资案件7500余起。3年攻坚期间，办结存量非法集资案件1.1万起，涉案金额3800余亿元[126]。国家强调，非法集资案件高发多发，严厉打击下取得了积极成效，但形势依然比较严峻[127]。国家实施了非法集资举报奖励制度，到约2021年2月初，共收到群众举报线索9万余条[128]。国家还专门制定了《防范和处置非法集资条例》，指出未经国务院金融管理部门依法许可或者违反国家金融管理规定，以许诺还本付息或者给予其他投资回报等方式，向不特定对象吸收资金的行为，属于非法集资[125]。参与非法集资受到的损失，由集资参与人自行承担；国家禁止任何形式的非法集资，对非法集资要打早打小；除另有规定外，企业、个体工商户的名称和经营范围中不得包含"金融""交易所""交易中心""理财""财富管理""股权众筹"等字样或者内容；除另有规定外，任何单位和个人不得发布包含集资内容的广告或者以其他方式向社会公众进行集资宣传[125]。

有些投资者参与不多的领域，也蕴含着相当大的投资风险。以下为相关案例。

- 粉丝众多的微博用户号"深某"，经常发布"投资30万、2年就变200万"等所谓暴富信息。有记者调查发现，一些此类发布者是以投资致富诱人入局的欺诈者。他们让投资者缴纳会员费，成为会员，引诱其进行"合伙买房"等投资，勾结相关中介公司、小贷公司向投资者提供高利贷，再利用合同欺诈、诉讼等方式侵占投资者的资产。一些行为还涉黑涉恶[129]。
- 有的投资者通过各种途径参与境外金融投资活动。而境外金融市场存在不少操纵行为。美国商品期货交易委员会曾指控，著名财团摩根大通与其子公司摩根大通证券公司至少在2008—2016年间，通过提交大量欺骗性订单来操纵美国国债期货合约交易、贵金属交易。摩根大通 15 名相关交易员,造成了其他投资者超过 3 亿美元的损失。摩根大通 5 名交易员操纵了相关票据和债券交易,造成了其他参与者约 1 亿美元的损失[130]。摩根大通支付了 9.2 亿美元的相关和解金,2 名职员已认罪[131]。

三、金融机构与从业人员、金融监管

一些正规金融机构、一些正规职员,在利益的驱使下,也做出了违法违规的行为,这使得投资者的投资理财风险显著增加。以下为相关案例。

- 27 位上海老年投资者在某银行理财经理陆某的推荐下,购买了良某资产管理公司的私募基金。陆某宣称,该私募产品由"银行背书、无风险"。27 位投资者的投资额高达 3700 万元。2019 年,良某资产的私募基金无法正常兑付。27 位投资者反映,无法正常兑付两年了,该银行仍没有给出解决方案[132]。

- 某银行广州一支行的职员麦某,先是违规向客户推销其他机构的金融产品,到期无法兑现。麦某进而通过伪造理财产品合同、公章等诈骗了 16 名投资者、超过 5000 万元的款项,部分用于兑现违规推销的产品,部分用于挥霍、投资等。其中,赵先生在麦某的推荐下购买了虚构的"某银行融某 1 号"理财产品,结果被骗约 1500 万元,某客户将麦某视同儿子,结果被骗 400 万元,在此事的精神打击下去世。2017 年底,麦某被判刑 15 年[133]。

- 张某是某银行北京分行的一位支行长,2013 年起长期以高收益、伪造的理财产品购买或转让协议对投资者实施欺诈,骗取了 147 位投资者约 27 亿元的投资款。张某指使支行办公室主任何某制造了假的储蓄业务章,还要求柜台职员王某,将实际上向张某控制的账户转账的单据扣留,借此掩盖其编造的投资骗局。张某之后被判处无期徒刑[134]。

- 湖北蕲春农商行在诉讼中指出,总资产超过 500 亿元的精某集团利用其实际控制的众富公司,委托新某基金管理公司(属公募基金管理公司)违规设立了众富 1 号资产管理计划,违规发行了债券"18

精某SCP004"。新某基金管理公司知情并参与，隐瞒了证明众富公司与精功集团的实质关系、精功集团财务风险的证据，利用自己的金融牌照进入银行间同业拆借市场进行质押式回购交易，导致蕲春农商行等投资人出现重大损失[135]。

- 四川信托公司将部分固有贷款或信托资金违规提供给相关股东及其关联方使用。在监管部门责令整改后，相关股东拒不归还违规占用的资金[136]。四川银保监局强调，四川信托的公司治理失效，内控机制形同虚设，管理层以隐蔽方式大量开展违规业务，严重损害信托产品投资者和公司债权人合法权益[137]。为此，四川银保监局联合地方政府派出工作组，以监督四川信托公司改组董事会、加快整改工作[136]。银保监会信托部副主任唐炜指出，违规房地产信托、政信合作信托等得到有效遏制；同时，有的信托公司存在大股东操纵、公司治理失效、违规关联交易等问题；对信托产品的担保、兜底、刚兑承诺都是不受保护的、无效的[138]。

- 一些治理结构不良的保险公司寻求控制商业银行，借此为其循环注资、融资提供便利[139]。有的股东干预金融机构的经营，利用关联交易输送利益、套取金融机构资金[140]。安邦集团曾经是规模庞大的知名金融企业，其总资产规模一度达到2万亿元。2011年11月，安邦成为成都农商行的实际控制人。此后，安邦收购了比利时的银行和保险公司、韩国、荷兰的保险公司等[141]。该集团董事长吴某却实施了大量的违法犯罪行为[142]。2018年2月，保监会发布公告称，鉴于安邦集团存在违反《中华人民共和国保险法》的经营行为，决定对安邦集团实施接管。2020年9月，该公司股东大会做出解散公司的决议[141]。

- 为避免相关机构金融风险的扩大和经营状况恶化，2020年7月，银保监会决定对天安财产保险股份、华夏人寿保险股份、天安人寿保险股份、易安财产保险股份、新时代信托股份、新华信托股份公司等六家机构实施接管[143]。接管组委托太平洋财产保险、国寿健康产业投资、新华人寿保险股份、中国人民财产保险股份、中信信托、交银国际信托等分别托管这6家机构的业务[144]。接管组优先

- 采取股权重组、引入新股东来加强公司治理[145]。
- 2022年,监管部门同意辽宁省内两家高风险城市商业银行合并、组建辽沈银行,批准辽阳农商银行、太子河村镇银行进入破产程序。支持河南省、安徽省稳妥处置5家村镇银行风险事件[146]。
- 2019年5月,银保监会和人民银行宣布接管包商银行。经接管工作组核算,包商银行的损失缺口巨大,如果没有外部援助,理论上一般债权人的受偿率将低于60%。没有战略投资者愿意参与包商银行重组[147]。人民银行、银保监会决定由存款保险基金和央行提供资金,先行对包商银行的个人存款和绝大多数机构债权予以全额保障,对大额机构债权提供了平均90%的保障[148]。2020年4月,包商银行总行及内蒙古自治区内各分支机构的相关业务由新设立的蒙商银行承接,内蒙古自治区外各分支机构的相关业务由徽商银行承接[147]。2020年11月,银保监会批准包商银行进入破产程序[149]。包商银行成为改革开放以来我国第一家经由司法破产程序完成清盘退出的商业银行[147]。原财政部部长楼继伟谈道,包商银行在治理结构、资产质量、资本充足率等方面早就存在严重问题,未能及时处置。结果,人民银行再贷款、存款保险基金投入了1700亿元来救助包商银行,国家、民众承受了巨额损失。恒丰银行破产重组,也是由国家、民众承受了高额损失[139]。
- 曾有银行、保险等金融机构不少股份的持有者是隐匿、不明的,这容易导致公司治理失衡、违规经营等多种问题。新时代证券公司、国盛证券公司、国盛期货公司,隐瞒了实际控制人或相关持股比例。为保护投资者合法权益、维护证券市场秩序,证监会2020年接管了这3家金融机构[150]。2019年,银保监会清理了1400多个借其他自然人或法人的名义持有股份的银行保险机构股东[151]。
- 2019年的银行保险机构侵害消费者权益乱象整治中,排查出了理财承诺保本高收益、信托产品嵌套复杂等突出问题[152]。在2017年银行业乱象专项治理中,发现问题6万余个,涉及金额18.5万亿元[153]。2017年至2019年,有银行保险机构8818家次、相关职员10713人次,因违法违规被监管机构追究责任、严肃处罚[154]。

数年来,国家加大了对金融市场监管的强度,这有利于加强对投资者权益的保护。2017年至2019年,银保监会对银行业、保险业共计罚没70多亿元,超过原银监会和原保监会前10年间的行政处罚罚款总和[153]。2020年7月,国务院金融稳定发展委员会第36次会议强调,要全面落实中央对资本市场违法犯罪行为"零容忍"的要求,依法及时启动"集体诉讼",简化退市程序,强化退市监管力度[155]。2020年12月,全国人大常委会通过了《刑法修正案(十一)》,大幅提高了对欺诈发行、信息披露造假等犯罪行为的刑罚,进一步明确"幌骗交易操纵""蛊惑交易操纵""抢帽子操纵"等操纵市场行为的刑事责任[156]。

2021年7月,国家发布了《关于依法从严打击证券违法活动的意见》,成立打击资本市场违法活动协调工作小组[157]。2022年10月,国务院在向全国人大提交的工作报告中强调,在金融领域要形成"好人得好报、坏人得坏报"的预期,防范化解金融风险[146]。

四、金融创新、新科技的应用

金融创新是金融领域的重要活动。但一些金融创新活动,也能酿成重大的风险[158]。我国金融产品和市场结构日趋复杂,一些机构以金融创新为名、违法从事金融活动,一些不法金融集团和违规金融活动野蛮生长[154]。信息技术等新技术的应用,对金融行业的发展产生了很大的影响。在享有新技术便利的同时,也应留意新技术的应用给我们带来了相当的风险。原国家副主席王岐山强调,金融业遵从的安全性、流动性、效益性三原则中,安全性要永远排在第1位,中国的金融行业不能走投机赌博的歪路。金融新技术的广泛应用,也使得金融的风险不断放大,金融行业的发展要有理想但不能理想化[159]。以下是金融创新活动重大风险的相关案例。

- P2P网贷机构应该属于金融信息中介机构,但绝大多数P2P网贷机构实际上开展了信贷和理财业务。境内P2P网贷机构最多时高达约5千家,年交易规模约3万亿元,并且坏账损失率很高[160]。最终,金融监管机构不得不停止P2P网贷活动,2020年11月,境内P2P网贷机构全部停止经营[161]。

- 不少人开始通过网络直播获取投资理财知识,购买投资理财产品。

某直播平台的单场投资理财产品直播，曾经有高达 100 万用户参与互动。但受私利驱使，网络主播可能容易夸大收益，做出误导性或片面的宣传，在直播的热闹气氛中，用户可能会头脑发热，做出不恰当的投资决策[162]。银保监会消费者权益保护局专门发布关于金融产品直播的提示公告，强调一些金融直播的发布主体混乱，有的网络直播涉嫌非法或超范围开展金融营销宣传活动，有的主体借网络直播实行金融诈骗，有的直播平台涉嫌以高收益的宣传实施非法集资，有的保险产品直播故意隐瞒除外责任、收益的不确定性。投资者应注意识别金融直播的广告主体资质，防范直播营销中可能隐藏的虚假宣传、销售误导等，应对网络直播无法充分沟通投资产品信息的缺点有清醒的认识，不要受直播氛围的煽动而盲目投资[163]。

- 一些金融机构借助明星代言的方式进行误导性宣传等，严重损害了金融消费者合法权益。名人汪某、刘某代言的理财产品"爱钱进"出现兑付困难的状况。主持人杜某代言的理财产品"网利宝"逾期支付，被警方立案[164]。
- 江苏伊某公司非法利用技术优势对期货市场进行操纵。该公司采用高频程序化交易方式，还将自行研发的报单交易系统非法接入中金所交易系统，取得了不正当交易优势，大量交易中证 500 股指期货主力合约、沪深 300 股指期货主力合约，从中非法获利约 3.9 亿元[65]。
- 原日本央行行长黑田东彦强调，高速、频繁交易等技术手段的应用可能加剧金融市场价格波动、损害金融市场的稳定性，不能置之不理[165]。

投资者需注意的是，有时一些机构有意、无意地将某种新技术"披上金融创新的外衣"，演变出一些投资产品，夸大甚至虚构它们的投资价值。由于似乎"仰仗着"某种新技术，那些投资品变得更"婀娜多姿"，更具迷惑性，价值似乎"青云直上"，更容易让一些投资者为之"神魂颠倒"。比如被称为所谓虚拟货币或代币的投资品。所谓虚拟货币或代币，因采用了区块链等技术，成了具有一定稀缺性的、不易伪造的信息化载体。有了稀缺性、不易伪造性，它们在一些人眼里似乎就可以成为支付工具、货币,成为钱了。他们忘了,货币是国家权力、国家财富的一个重要象征,怎么能让人自作主张地自己"造币"?以下是相关案例。

- 所谓的虚拟货币缺乏实际价值,相关投机交易行为泛滥,价格常常暴跌。2016年1月至2020年约12月中旬,比特币下跌30%及以上的情况出现了7次[166]。2020年5月19日,多种所谓虚拟货币价格暴跌,比特币一度下跌27%,以太坊暴跌近37%,EOS、艾达币等跌幅都接近50%[167]。2021年6月16日,TITAN代币的价格从高点的65美元急剧跌至0美元,被称为"币圈惨案"[168]。
- 研究者指出,在所谓虚拟货币的场外交易和大部分交易所中,虚假交易、价格操纵、侵吞客户资金的情况时有发生[169]。
- 公安部曾统一组织侦破了以虚拟货币为交易媒介的"Plus Token平台"网络传销案。该团伙雇佣外籍人员冒充平台创始人,虚构国际背景,甚至在境外召开千人推广大会,受害人按缴纳的虚拟货币价值获得平台自创的"Plus"币。该团伙以高额返利来加以诱骗,受害人高达200余万[170]。
- 某个所谓虚拟货币交易平台比特连接(BitConnect)的创始人库哈尼(Kumbhani)宣称,要使用一种波动性交易软件,每月可获得40%的收益,每年可获得约37倍的收益。而后,美国证券交易委员会指控他从投资者那里诈骗了约20亿美元[171]。

中国人民银行、中央网信办、最高人民法院等指出,所谓虚拟货币使用了加密、分布式账户等技术,虚拟货币不是货币,虚拟货币相关业务活动属于非法金融活动,要坚决依法取缔;虚拟货币交易炒作活动,扰乱经济金融秩序,滋生赌博、非法集资、诈骗、传销、洗钱等违法犯罪活动,严重危害人民财产安全;金融机构和非银行支付机构不得为虚拟货币相关业务活动提供服务,互联网企业不得为虚拟货币相关业务活动提供网络经营场所、展示、营销、付费导流等服务[172]。

大批违法开办的国内代币机构被取缔[154]。2018年至2020年,国内173家所谓虚拟货币交易及发行平台已全部退出虚拟币业务[173]。2021年5月21日,国务院金融稳定发展委员会第五十一次会议强调,要打击比特币挖矿和交易行为[174]。随后,中国人民银行就虚拟货币交易炒作问题,约谈了工商银行、农业银行、建设银行、邮储银行、兴业银行和支付宝（中国）网络技术有限公司等企业[175]。

按美联储主席鲍威尔2021年4月14日的观点，虚拟货币是投机工具[176]。美国财政部长耶伦表示，比特币经常被用于非法融资，其应用效率低下，高度投机，投资者应该当心[177]。

欧洲央行行长拉加德强调，比特币具有高度投机性[178]。新加坡金融管理局局长尚达曼认为，虚拟货币的价值通常与任何经济基本面无关，风险极高[179]。

按著名投资家、伯克希尔公司副董事长芒格的观点，虚拟货币不是货币，不是证券，甚至不是商品，而是一种赌博工具，美国应像中国那样禁止虚拟货币活动[180]。全球大型资产管理公司之一瑞银财富认为，如果监管政策的改变能够抑制市场情绪，那么虚拟货币的价格就会归于零[181]。

一些新科技产品的应用也给投资者带来了现实或潜在的广泛危害，投资者应多加预防。2020年，在全国公安机关的专项行动中，侦办了网络黑客攻击及新技术犯罪案件1782起，抓获犯罪嫌疑人2975名[182]。据中国信息通信研究院数字产业安全研究部副主任姜鼎介绍，在2019年国内的重大网络安全事件中，金融行业的比例占到了约30%，是网络安全事件的重灾区[183]。中国信息通信研究院曾对大量的金融行业手机软件进行测试，发现约73%的软件存在不同程度的安全漏洞、约70%存在高危漏洞，平均每款金融行业手机软件存在20.3个安全漏洞，其中6.7个为高危漏洞[184]。以下为相关案例。

- 投资者的一些理财操作应注意避开视频、音频采集终端。不少采集终端已被他人破解控制。例如，周某曾以购买或交换的方式非法获取了被破解的他人摄像设备的账号和密码，从而非法控制了235个摄像设备，后以非法控制计算机信息系统罪被判处有期徒刑[185]。
- 专业人士指出，一些手机应用软件会频繁地自行启动、读取手机用户信息、访问手机照片、文件、用户通讯录等[186]。
- 一些软件能将用户终端发送与接收的数据包予以截获、重发、编辑、转存。例如，某未成年人利用软件充值1元，然后篡改数据、提现，很快就非法获利30万元。而孙某利用一款具有支付功能的社交软件的提现漏洞，通过软件在该社交程序上提现，并转至银行卡。某次，孙某用了五六个小时，就盗窃超过14万元[187]。

- 有的人利用软件拦截银行系统下发的人脸识别身份认证数据包，随后，在输入开卡密码步骤，将银行软件返回到上传身份证照片的环节，输入伪造的身份信息，上传此前拦截下来的包含其本人身份信息的数据包，最终完成虚假信息开户[184]。

- 有黑客向攻击目标的手机发出特定的邮件，使对方的手机系统崩溃并重置，进而借机窃取照片和联系人信息等数据。研究者马尔恰克（Marczak）表示，手机系统的此类漏洞很"吓人"，让人吃不下饭[188]。

- 某大型手机企业控股的深圳市致某公司，将其他企业提升某手机软件用户活跃度的程序植入母公司生产的手机中，近1年间就实施了约29亿次的活跃度提升行为，单个月植入程序的手机数量曾高达2600多万部。深圳市致某公司相关负责人因这种非法控制设备信息系统的行为被判处3年至3年6个月不等的有期徒刑[189]。

- 以色列软件公司NSO开发的"飞马"手机窃密软件，已达到间谍软件的水准。通过该软件，可以入侵手机的iOS或Android操作系统，获取手机里的各类信息、图片、视频、邮件、通话记录，可以开启麦克风实时录音。曾有不少政界高层人员、政府官员、企业高管、知名社会活动家、记者被人通过该软件实施"监控"[190]。

- 有的信息终端窃密技术让人"匪夷所思"。研究者古里（Guri）等提出的一种数据窃取技术，可让植入未联网电脑中的软件来调节风扇转速，进而控制电脑产生的机械振动，利用机械振动来向附近的窃密终端传递数据[191]。

信息技术等新技术的应用，也使得与投资理财相关的一些网络诈骗的门槛、成本大大降低。服务器的搭建、假身份信息的准备、诈骗对象信息的收集、洗钱、诈骗方案或"剧本"等的供应，都已相当便利。警方破获某网络诈骗合作团伙时，缴获了100余万张的手机卡[192]。驻扎于阿联酋迪拜的某诈骗团伙，以上海一家科技公司为网站和手机软件供应商，以深圳一家云计算公司为云加速、云防护供应商。有的团伙还招募有心理学、文学、侦查学知识的专业人士为其筹划骗局[193]。

据公安机关介绍,在超过50种的电信网络诈骗形式中,虚假投资理财位居5大类型之列[194]。公安部刑侦局局长刘忠义谈道,诈骗团伙大量非法获取个人信息,利用人工智能、远程操控、共享屏幕等新技术升级犯罪工具,通过刷单返利骗取信任、再诱导至虚假投资平台实施诈骗的案件多发[195]。以下为相关案例。

- 文某强为首的网络诈骗团伙,先诱导受害者进行小额投资,以支付5%的收益款为诱饵,吸引受害者加大投资款,约增加到几十万元时,就"卷款而逃",转移到下一个地方,重新作案。该团伙曾在2个月内作案3起,非法获利200多万元[193]。
- 王某等人运用"甜兔网"等24个网贷平台,诱骗被害人借贷,收取超高利息,通过24个催收公司进行侮辱、威胁、发送PS裸照等进行非法催收,近一年时间内,非法获利28亿余元,被害群众多达47.5万余人[196]。有89名受害人因逼债催收而自杀身亡[197]。该团伙被查处时,记载的受害人实际借款金额合计14.7亿元,而所谓的"逾期利息"达到83.77亿元[198]。
- 蚂蚁集团大安全技术部总裁李俊奎谈道,为警示很可能受骗的用户,早期用弹窗劝阻,但一些用户忽视提醒,甚至认为被有意堵了财路。后来,给用户打警示电话,或在线图文互动,还把警察的头像放在提示页上[199]。
- 2020年1至10月,某市公安机关发现并劝阻潜在的电信网络诈骗受害群众6.8万余名[200],该人数约相当于全市常住人口的1.3%;对27097个非柜面业务可疑账户进行封停、暂停,共对约397起电信网络诈骗案件实施了紧急止付,为群众减少损失1.3亿元[201]。
- 2020年初至当年10月发布数据时,全国破获电信网络诈骗案件15.5万起,抓获嫌疑人14.5万名,封堵涉诈域名网址21万个,拦截处置诈骗电话5100万余次、诈骗短信6.3亿余条,成功止付冻结涉案资金1000余亿元[193]。2020年,在全国公安机关的专项行动中,查获涉案网络账号2.2亿余个[182]。
- 2021年4月起的1年时间内,全国破获电信网络诈骗案件39.4万

起，抓获犯罪嫌疑人 63.4 万名，同比分别上升 28.5% 和 76.6%；有 6178 万名群众避免受骗，成功拦截诈骗电话 19.5 亿次、短信 21.4 亿条，封堵涉诈域名网址 210.6 万个，紧急止付涉案资金 3291 亿元。2021 年，人民银行系统拒绝了 1.3 亿笔可疑的资金交易[195]。

人脸识别，似乎是一种高效、可靠的用户认证方法。但张漫子等指出，不知不觉中，在各种手机软件后台、支付界面、门禁闸机等处，或许有人正在盗刷"你的脸"。以下为相关案例。

- 有记者发现，有人以 1 元售卖超过 1000 位名人的身份证号、护照信息。经查证，部分身份证号码属实。当通过某面向超过 2 千万民众的重要公共服务程序"健康某"，输入这些真实的姓名、身份证号码，可获得其注册时形成的人脸识别照片[202]。

- 有的犯罪分子利用他人的半身照片来伪造人脸视频，骗过手机卡的实名注册认证[203]。而 2021 年 4 月，合肥警方破获了一个犯罪团伙，该团伙利用人工智能技术伪造人脸动态视频，将静态照片转变为人脸动态视频，模拟的人物不仅能做点头、摇头等动作，还可完成眨眼、张嘴、皱眉等丰富表情，从而为其他犯罪分子提供服务。合肥警方还查获了容量达十几千兆的公民人脸数据。

- 伪造的人脸视频以每段 2 至 10 元、一次几百、几千段地向其他团伙出售。张某等组成的某犯罪团伙，则运用一些技术手段骗过支付宝的人脸识别认证，从而非法使用他人信息注册支付宝账户，非法获利[204]。

- 2023 年 4 月，福州市某科技公司负责人郭先生接到好友的微信视频通话，对方称自己的朋友在投标，需要 430 万元保证金，且需要公对公账户过账，想借用郭先生公司的账户走一下账。好友向郭先生要了银行卡号，声称已经汇款到郭先生账户，把银行转账底单的截图发给了郭先生。郭先生信以为真，没有核实钱是否到账，就把 430 万元转到对方指定账户。郭先生之后拨打好友的电话，不料，好友说没有这回事。原来，犯罪分子利用人工智能技术在视频中换脸、伪造声音，伪装成好友对他实施诈骗[205]。

按清华大学人工智能研究院基础理论研究中心主任朱军、浙江大学网络空间安全学院院长任奎等的观点,随着深度合成等人工智能技术的发展,许多身份验证手段越来越容易被不法分子破解[204]。

尽管针对深度伪造视频、音频的检测技术有所发展,如某研究团队应用自监督预训练技术、先进的数据增强方案、基于知识蒸馏的多模型融合方法,大幅提升了对伪造视频的检测能力[206]。但北京智源人工智能研究院安全创新中心执行主任田天认为,新型伪造方法层出不穷,伪造检测难度越来越大[204]。

一些民众反映,当诈骗分子联系时,自己也并非没有戒心,但诈骗分子经常能准确地报出自己的身份证信息、毕业学校、家庭住址等比较隐私的信息,这让他们卸下了对诈骗分子的防备[199]。以下为相关案例。

- 丁某利用其在银行工作的便利,非法查询银行卡信息,每条售价80到110元,一年的黑色收入超30万元[184]。而一家大型银行支行行长沈某,将某小区范围的住户财产信息、上百位贷款客户信息提供给他人谋利[184]。
- 某公司安全工程师贺某,以40万元将一批银行开户、手机卡注册等各类公民信息350余万条出售[184]。而高某利用网站漏洞非法窃取了某银行等单位网站上存储的大量公民个人信息[184]。

民众应保护好个人信息。银保监会消费者权益保护局强调,不要在正规金融机构销售渠道以外的页面随意提供个人重要金融信息、身份信息[163]。民众应对要求授权使用或输入个人信息的网址、小程序、手机软件和陌生来电提高警惕[194]。警方提示,不轻易提供人脸、指纹等个人生物信息给他人,不过度公开或分享动图、视频等[205]。

参 考 文 献

[1] 邓茜.世界经济论坛:收入和财富不平等成全球经济首要风险[EB/OL].[2017-01-12]. http://news.xinhuanet.com/fortune/2017-01/12/c_1120300331.htm.

[2] 搜狐财经.李稻葵:变革的竞赛如何胜[EB/OL].[2016-07-21]. http://business.sohu.com/20160721/n460253715.shtml.

[3] 寿慧生.美国中产阶级日益萎缩[N].第一财经日报,2016-10-18(A11).

[4] 一财网.有钱人更有钱 瑞士信贷称1%的人已坐拥全球半数财富[EB/OL].

［2017-11-15］. http：//finance.sina.com.cn/roll/2017-11-15/doc-ifynvxeh4656353.shtml.

［5］凤凰财经. 管清友称全世界的政策对穷人并不友好：越宽松、贫富差距就越大［EB/OL］.［2021-06-25］. https：//finance.sina.com.cn/money/bank/bank_hydt/2021-06-25/doc-ikqcfnca3132328.shtml.

［6］国务院. 国务院批转发展改革委等部门关于深化收入分配制度改革若干意见的通知［EB/OL］.［2013-02-03］. http：//www.gov.cn/xxgk/pub/govpublic/mrlm/201302/t20130204_65899.html.

［7］第一财经网. 养老投资主要偏好是存款 八成人认为100万元足够了［EB/OL］.［2021-09-24］. https：//finance.sina.com.cn/money/roll/2021-09-24/doc-iktzqtyt7718358.shtml.

［8］界面新闻. 中国千万资产高净值家庭达206万户，广东最多［EB/OL］.［2022-11-22］. https：//www.sohu.com/a/608739570_121019331?edtsign=CE2B021EC35D6F-6751562B185398E0FF04738AC2&edtcode=smdrxf16Yp%2BizJv5GT0Zmg%3D%3D&scm=1103.plate：280：0.0.1_1.0&spm=smpc.home.top-news4.5.1669101012679lD4F2iM&_f=index_news_16.

［9］雅瑟，王辉. 成功的中国家教大全集［M］. 北京：新世界出版社，2012.

［10］欣敏. 中国君臣家书精品［M］. 成都：四川辞书出版社，1995.

［11］John Y. Campbell. Household Finance［J］. The Journal of Finance，2006，61（4）：1553-1604.

［12］新京报. 我国城镇居民家庭户均总资产318万，住房占比近七成［EB/OL］.［2020-04-24］. https：//www.sohu.com/a/390790207_114988?spm=smpc.home.top-news2.2.1587729522076Yd4xjwE&_f=index_news_1.

［13］中国基金报. 90年代在北京买10套房存放小读者来信，郑渊洁：现在都是"学区房"了，一套也没卖［EB/OL］.［2021-12-16］. https：//finance.sina.com.cn/chanjing/gsnews/2021-12-16/doc-ikyamrmy9246521.shtml.

［14］吴卫星，吴锟，张旭阳. 金融素养与家庭资产组合有效性［J］. 国际金融研究，2018，（5）：66-75.

［15］证券时报券商中国. 机构报告：中国女性比男性拥有更多存款，她们更善于未雨绸缪，目标收益从8%—30%，投资预期分化巨大［EB/OL］.［2021-03-05］. https：//finance.sina.com.cn/stock/zqgd/2021-03-05/doc-ikftssaq1243439.shtml.

［16］陈四清. 全球化变局中的增长动力——2017年全球经济金融回顾与展望［J］. 国际金融研究，2018，（1）：3-4.

［17］侯伟相，于瑾. 基金资产网络、投资能力与基金净值暴跌风险——基于股票型基金的研究［J］. 国际金融研究，2018，（4）：86-96.

［18］金融时报. 警惕理财陷阱：加强投资者教育紧迫性凸显［EB/OL］.［2020-11-17］. https：//finance.sina.com.cn/money/lczx/2020-11-17/doc-iizncyke1804059.shtml.

［19］中国基金报. 暴跌超90%！计划裁员4万人、宣布关停最赚钱业务后，60

岁的俞敏洪露面：回归大学生业务［EB/OL］.［2021-09-27］.https://finance.sina.com.cn/chanjing/gsnews/2021-09-27/doc-iktzqtyt8295456.shtml.

［20］《财经》杂志.恒大为何连夜请求广东省政府派驻工作组［EB/OL］.［2020-12-04］.https://finance.sina.com.cn/stock/y/2021-12-05/doc-ikyamrmy6960404.shtml.

［21］广东省人民政府.广东省人民政府约谈恒大［EB/OL］.［2021-12-03］.http://www.gd.gov.cn/gdywdt/gdyw/content/post_3693340.html.

［22］每日经济新闻.重磅！香港富豪刘銮雄将清仓恒大，最多时赚了近100亿，现在倒亏110亿［EB/OL］.［2021-11-24］.https://finance.sina.com.cn/chanjing/gsnews/2021-11-24/doc-iktzscyy7397533.shtml.

［23］21世纪经济报道.2000多万悬赏追债李兆会背后 折射家族企业传承之困［EB/OL］.［2021-09-23］.https://finance.sina.com.cn/china/gncj/2021-09-23/doc-iktzqtyt7544742.shtml.

［24］中新网中新经纬."雷曼时刻"再现？美国硅谷银行倒闭，还有10家压力巨大［EB/OL］.［2023-03-11］.http://news.youth.cn/gj/202303/t20230311_14378272.htm.

［25］界面新闻.阿里创投拟清仓转让芒果超媒，账面浮亏23亿［EB/OL］.［2021-09-23］.https://www.sohu.com/a/491644966_313745?spm=smpc.home.top-news5.1.1632445716191VhEeyBT&_f=index_news_18.

［26］时代周报.云南白药沉迷炒股巨亏数十亿，董事长王明辉突然请辞，前华为系高管继任？［EB/OL］.［2023-03-07］.https://finance.sina.com.cn/stock/roll/2023-03-07/doc-imykaiyr3753778.shtml.

［27］新浪财经市场资讯.美银：以史为鉴，本轮美股回调的"终点"在哪里？［EB/OL］.［2022-05-07］.https://finance.sina.com.cn/stock/usstock/c/2022-05-07/doc-imcwipii8586818.shtml.

［28］证券市场周刊.对话查理·芒格：建议中国的投资者，少"赌博"多投资［EB/OL］.［2022-05-01］.https://finance.sina.com.cn/chanjing/cyxw/2022-05-01/doc-imcwiwst5067167.shtml?finpagefr=p_111.

［29］新浪财经.末日博士鲁比尼：美股2008年崩盘或将重演［EB/OL］.［2021-03-05］.http://www.xinhuanet.com/tech/2021-03/04/c_1127168834.htm.

［30］郭武平.全方位多层次保护金融消费者权益［EB/OL］.［2020-11-02］.http://www.chinanews.com/fortune/2020/11-02/9328769.shtml.

［31］中国基金报.通过！刚刚，盲盒上市来了！1年狂赚4.5亿，两年净利激增近300倍［EB/OL］.［2020-11-23］.https://finance.sina.com.cn/stock/t/2020-11-23/doc-iiznezxs3169443.shtml.

［32］北京青年报.全国政协委员楼继伟：保证6%以上回报率的产品别买［EB/OL］.［2018-03-04］.http://www.sohu.com/a/224838434_255783?_f=index_news_2.

［33］展华.94岁老归侨忆"过番"往事［N］.厦门晚报，2020-06-21（A12）.

［34］央视财经频道.超2亿人单身！一线城市4成单身青年为"月光族"［EB/

OL］.［2021-04-18］. https://www.sohu.com/a/461443241_114988.

［35］环球网. 法媒：民调结果显示，法国人宁愿少拿钱也不愿多干活［EB/OL］.［2022-11-16］. https://news.sina.com.cn/w/2022-11-16/doc-imqmmthc4751512.shtml?cre=tianyi&mod=pchp&loc=35&r=0&rfunc=95&tj=cxvertical_pc_hp&tr=181.

［36］尼尔森公司. 中国年轻人负债状况报告［EB/OL］.［2019-12-14］. https://www.sohu.com/a/360444809_100065989.

［37］光明日报. 国内首份《中国消费年轻人负债状况报告》出炉［EB/OL］.［2020-11-14］. http://www.xinhuanet.com/finance/2019-11/14/c_1125229548.htm.

［38］虎嗅网. 蚂蚁缘何"惹火上身"？主营业务存在什么问题？［EB/OL］.［2020-11-03］. https://finance.sina.com.cn/roll/2020-11-03/doc-iiznezxr9604419.shtml.

［39］封面新闻. 遂宁市公安原副局长向下属借款七百万，还近千万后被暴力催收［EB/OL］.［2020-07-01］. https://www.sohu.com/a/405054889_260616?spm=smpc.home.top-news5.3.1593584163268GvUJu1N&_f=index_news_20.

［40］央视网. 吃不起，用不起，住不起！美国通胀"爆表"近半家庭年关目标：活着［EB/OL］.［2020-12-05］. https://finance.sina.com.cn/world/2021-12-05/doc-ikyakumx2119339.shtml.

［41］新浪财经. 美国近半家庭面临财务困境31%家庭用光储蓄［EB/OL］.［2020-09-24］. https://finance.sina.com.cn/stock/usstock/c/2020-09-24/doc-iivhuipp6183460.shtml.

［42］新华社. 稳字当头 改革攻坚——访中国证监会主席易会满［EB/OL］.［2021-12-30］. http://www.gov.cn/xinwen/2021-12/30/content_5665592.htm.

［43］何青，钱宗鑫，刘伟. 中国系统性金融风险的度量——基于实体经济的视角［J］. 金融研究，2018，(4)：53-70.

［44］马勇，王芳. 金融开放、经济波动与金融波动［J］. 世界经济，2018，(2)：20-51.

［45］国务院新闻办公室. 国新办举行推动银行业保险业高质量发展新闻发布会图文实录［EB/OL］.［2021-03-02］. http://www.scio.gov.cn/xwfbh/xwbfbh/wqfbh/44687/45008/wz45010/Document/1699540/1699540.htm.

［46］新浪财经. 银保监会主席郭树清：加快市场化兼并重组 规范互联网平台［EB/OL］.2021-06-10. https://finance.sina.com.cn/money/bank/bank_hydt/2021-06-10/doc-ikqcfnca0217449.shtml.

［47］刘海云，吕龙. 全球股票市场系统性风险溢出研究——基于ΔCoVaR和社会网络方法的分析［J］. 国际金融研究，2018，(6)：22-33.

［48］每日经济新闻. "不退休不会卖股票"！董明珠：创造财富的是员工，不是你们这些投资者［EB/OL］.［2023-03-11］. https://finance.sina.com.cn/stock/roll/2023-03-11/doc-imyknhwx2621321.shtml.

［49］搜狐智库. 高西庆：中国资本市场造就了大批企业，同时也造就了全球最大

的韭菜群体[EB/OL].[2020-12-12].https://www.sohu.com/a/437876552_100160903?scm=1002.590044.0.10421-1195?_f=index_select_4&spm=smpc.home.choice.5.1607777536788Zef5lUi.

[50]华夏时报.证券市场99%是散户 证监会原副主席高西庆四问资本市场[EB/OL].[2021-07-29].https://finance.sina.com.cn/stock/marketresearch/2021-07-29/doc-ikqciyzk8396475.shtml.

[51]国际金融报.郭树清履新[EB/OL].[2023-03-09.]https://finance.sina.com.cn/money/bank/bank_hydt/2023-03-10/doc-imykhwep3145607.shtml?cre=tianyi&mod=pchp&loc=36&r=0&rfunc=39&tj=cxvertical_pc_hp&tr=181.

[52]证监会.证监会通报2020年案件办理情况[EB/OL].[2021-02-05].http://www.csrc.gov.cn/pub/newsite/zjhxwfb/xwdd/202102/t20210205_392301.html.

[53]国务院新闻办公室.关于进一步提高上市公司质量《意见》国务院政策例行吹风会[EB/OL].[2020-10-12].http://www.scio.gov.cn/32344/32345/42294/43918/index.htm.

[54]佘惠敏."元宇宙"究竟是不是新科技[N].经济日报,2021-09-12(04).

[55]21世纪经济报道."中技系"大败局调查:一名资本掮客的现形记[EB/OL].[2020-07-10].https://finance.sina.com.cn/roll/2020-07-10/doc-iirczymm1504509.shtml.

[56]澎湃新闻.乐视网连续十年财务造假被罚2.4亿 贾跃亭被罚2.4亿元[EB/OL].[2021-04-12].https://finance.sina.com.cn/chanjing/gsnews/2021-04-12/doc-ikmyaawa9275760.shtml.

[57]最高人民检察院.最高检、证监会联合发布证券违法犯罪典型案例[EB/OL].[2020-11-06].https://www.spp.gov.cn/spp/xwfbh/wsfbh/202011/t20201106_484204.shtml.

[58]证监会.2020年证监稽查20起典型违法案例[EB/OL].[2021-01-29].http://www.csrc.gov.cn/pub/newsite/zjhxwfb/xwdd/202101/t20210129_391611.html.

[59]新浪财经.一桩受贿案揭开华业资本百亿骗局内幕 民生光大中信等十余家银行卷入[EB/OL].[2020-11-20].http://finance.sina.com.cn/jinrong/yh/2020-11-20/doc-iiznezxs2896665.shtml.

[60]证券时报网.最后4小时!曾经千亿白马今日退市,市值缩水99%,股价跌剩2毛,大批机构股东也被埋[EB/OL].[2021-05-28].https://finance.sina.com.cn/stock/s/2021-05-28/doc-ikmxzfmm5098481.shtml.

[61]证监会.证监会通报宜华生活信息披露违法案件调查情况[EB/OL].[2021-01-29].http://www.csrc.gov.cn/pub/newsite/zjhxwfb/xwdd/202101/t20210129_391610.html.

[62]证券时报数据宝.领10万年薪却被判赔上亿,A股独董吓坏,20多人宣布跑路!职业教育迎来黄金发展期,低估值概念股出炉[EB/OL].[2021-11-19].https://finance.sina.com.cn/stock/relnews/cn/2021-11-20/doc-iktzqtyu8413692.shtml.

［63］量子位.北美贾跃亭判了！靠一台道具车狂奔上市，340亿美元巅峰市值一度超越福特［EB/OL］.［2022-10-17］.https://finance.sina.com.cn/stock/usstock/c/2022-10-17/doc-imqmmthc1183799.shtml?cre=tianyi&mod=pchp&loc=17&r=0&rfunc=71&tj=cxvertical_pc_hp&tr=181.

［64］李志辉，王近，李梦雨.中国股票市场操纵对市场流动性的影响研究——基于收盘价操纵行为的识别与监测［J］.金融研究，2018，（2）：135-152.

［65］最高人民法院.最高人民法院发布7件人民法院依法惩处证券、期货犯罪典型案例［EB/OL］.［2020-09-24］.http://www.court.gov.cn/zixun-xiangqing-258751.html.

［66］周广肃，樊纲，李力行.收入差距、物质渴求与家庭风险金融资产投资［J］.世界经济，2018，（4）：53-74.

［67］界面新闻.【深度】50万到1.5亿，游资"厦门一哥"是如何收割散户的?［EB/OL］.［2020-05-07］.https://www.sohu.com/a/393487243_313745?spm=smpc.home.top-news4.4.1588847146403T83Av0F&_f=index_news_15.

［68］证监会.2019年证监稽查20起典型违法案例［EB/OL］.［2020-05-09］.http://www.csrc.gov.cn/pub/newsite/zjhxwfb/xwdd/202005/t20200509_376093.html.

［69］北京日报.北八道集团操纵证券市场案宣判，罚款3亿，8人被判刑［EB/OL］.［2021-10-27］.https://finance.sina.com.cn/stock/y/2021-10-27/doc-iktzscyy2059384.shtml.

［70］证监会.2021年9月24日新闻发布会［EB/OL］.［2021-09-24］.http://www.csrc.gov.cn/pub/newsite/zjhxwfb/xwfbh/202109/t20210924_405954.html.

［71］中国证券业协会，中国期货业协会，中国上市公司协会，中国证券投资基金业协会.远离伪市值管理倡议书［EB/OL］.［2021-09-24］.https://www.sac.net.cn/tzgg/202109/t20210924_147601.html.

［72］反做空研究中心.深挖叶飞举报案关键人蒲菲迪：曾多次"吞"下家保证金［EB/OL］.［2020-05-18］.https://finance.sina.com.cn/stock/s/2021-05-18/doc-ikmyaawc5929786.shtml.

［73］证监会.证监会新闻发言人就媒体报道某微博大V爆料事件答记者问［EB/OL］.［2020-05-14］.http://www.csrc.gov.cn/pub/newsite/zjhxwfb/xwdd/202105/t20210514_397816.html.

［74］广州日报.为何挺叶飞? 私募基金大佬董宝珍：资本市场还有更大的问题［EB/OL］.［2020-05-19］.https://finance.sina.com.cn/stock/s/2021-05-20/doc-ikmxzfmm3445678.shtml.

［75］新京报.电话无人接通，叶飞被抓！6年前操纵5只股票曾被罚2600多万［EB/OL］.［2021-09-24］.https://www.sohu.com/a/491837405_114988?spm=smpc.home.top-news2.5.16324948062442SxxBJU&_f=index_news_4.

［76］界面新闻.欧亚平、马化腾遭牵扯，36亿天价罚单创纪录，汪氏父女内幕交易案细节披露［EB/OL］.［2020-06-25］.https://finance.sina.com.cn/roll/2020-06-25/

doc-iirczymk8863100.shtml.

[77] 证监会. 证监会依法对一起公安机关移送的内幕交易案作出行政处罚[EB/OL]. [2020-06-24]. http://www.csrc.gov.cn/pub/newsite/zjhxwfb/xwdd/202006/t20200624_378746.html.

[78] 证监会. 中国证监会行政处罚决定书（汪耀元、汪玎玎）[EB/OL]. [2020-03-31]. http://www.csrc.gov.cn/pub/newsite/zjhxwfb/xwdd/202006/t20200624_378746.html.

[79] 21世纪经济报道. 高风险股权投资包装成低风险固收产品 诺亚财富5亿私募产品踩雷始末[EB/OL]. [2020-07-04]. https://finance.sina.com.cn/roll/2020-07-04/doc-iirczymm0418181.shtml.

[80] 每日经济新闻. 基岩资产虚增基金财产18.27亿[EB/OL]. [2021-03-09]. https://finance.sina.com.cn/roll/2021-03-09/doc-ikkntiak6950125.shtml?cref=cj.

[81] 上海证券报. 华领资产创始人孙祺被判处无期徒刑！20万亿私募基金市场，重大警示[EB/OL]. [2022-11-28]. https://finance.sina.com.cn/wm/2022-11-28/doc-imqmmthc6213454.shtml.

[82] 证监会. 证监会集中部署专项执法行动依法严厉打击证券违法活动[EB/OL]. [2021-07-16]. http://www.csrc.gov.cn/pub/newsite/zjhxwfb/xwdd/202107/t20210716_401711.html.

[83] 中国经营报. 你买的可能是个"假股票"起底非法配资生意[EB/OL]. [2020-07-18]. https://finance.sina.com.cn/roll/2020-07-18/doc-iivhvpwx6029860.shtml.

[84] 第一财经. 庄股闪崩频现 网络"割韭菜"还能玩多久？[EB/OL]. [2020-06-17]. http://finance.sina.com.cn/stock/s/2020-06-17/doc-iircuyvi9044838.shtml.

[85] 证券日报. 证券市场操纵"最重量刑"落地 主犯自称：抓我等于打掉全国黑嘴产业链的顶端[EB/OL]. [2021-09-16]. https://finance.sina.com.cn/stock/roll/2021-09-16/doc-iktzqtyt6420700.shtml?cref=cj.

[86] 中国基金报. 香港、新加坡监管联手！上演跨境抓捕[EB/OL]. [2021-12-17]. https://finance.sina.com.cn/stock/hkstock/hkstocknews/2021-12-17/doc-ikyakumx4650035.shtml.

[87] 银保监会. 理财公司理财产品销售管理暂行办法[EB/OL]. [2021-05-27]. http://www.cbirc.gov.cn/cn/view/pages/ItemDetail.html?docId=986408&itemId=928&generaltype=0.

[88] 中国银保监会. 中国银保监会依法查处4家金融机构违法违规行为[EB/OL]. [2021-07-16]. http://www.cbirc.gov.cn/cn/view/pages/ItemDetail.html?docId=996741&itemId=915.

[89] 中国银保监会. 中国银行保险监督管理委员会行政处罚信息公开表（银保监罚决字〔2021〕27号）（上海浦东发展银行股份有限公司）[EB/OL]. [2021-07-16]. http://www.cbirc.gov.cn/cn/view/pages/ItemDetail.html?docId=996670&itemId=4113.

[90] 中国银保监会. 中国银行保险监督管理委员会行政处罚信息公开表（银

保监罚决字〔2021〕26号）（中国民生银行股份有限公司）［EB/OL］.［2021-07-16］.http：//www.cbirc.gov.cn/cn/view/pages/ItemDetail.html?docId=996668&itemId=4113&generaltype=9.

［91］中国银保监会.中国银行保险监督管理委员会行政处罚信息公开表（银保监罚决字〔2021〕28号）（交通银行股份有限公司）［EB/OL］.［2021-07-16］.http：//www.cbirc.gov.cn/cn/view/pages/ItemDetail.html?docId=996671&itemId=4113.

［92］澎湃新闻.恒大出台理财产品兑付方案：分期支付或以当地恒大房产抵偿［EB/OL］.［2021-09-13］.https://www.sohu.com/a/489583431_260616?spm=smpc.home.top-news5.2.1631533093409TKz3TfL&_f=index_news_19.

［93］21世纪经济报道.兑付江湖"不太平"违约不乏花样，处置仍是难题［EB/OL］.［2020-04-17］.https://finance.sina.com.cn/roll/2020-04-17/doc-iirczymi6751662.shtml.

［94］21世纪经济报道.连债基都跌了：一月回吐半年涨幅 该离场还是抄底？［EB/OL］.［2020-06-09］.https://finance.sina.com.cn/roll/2020-06-09/doc-iirczymk6036307.shtml.

［95］贝果财经.下半年信用债逾期逾1200亿元 银行"犯难"违约债券处置［EB/OL］.［2020-12-28］.https://finance.sina.com.cn/money/bank/bank_hydt/2020-12-28/doc-iiznezxs9292543.shtml.

［96］资本市场50人论坛.重磅！千亿金控集团泛海控股美元债实质性违约，泛海系年内209亿债券待偿［EB/OL］.［2021-05-28］.https://finance.sina.com.cn/money/bank/gsdt/2021-05-27/doc-ikmyaawc7909305.shtml.

［97］澎湃新闻.标普报告称恒大流动性趋于枯竭，已有252亿元房产用于抵债［EB/OL］.［2021-09-16］.https://finance.sina.com.cn/jjxw/2021-09-16/doc-iktzqtyt6395960.shtml?cref=cj.

［98］界面新闻.永煤集团违约震动金融圈，煤炭圈为何却很"淡定"［EB/OL］.［2020-11-17］.http://finance.sina.com.cn/chanjing/gsnews/2020-11-17/doc-iiznezxs2290617.shtml.

［99］中国银行间市场交易商协会.交易商协会对海通证券及其相关子公司启动自律调查［EB/OL］.［2020-11-18］.http://www.nafmii.org.cn/zdgz/202011/t20201118_83398.html.

［100］界面新闻.华晨债券违约风波升级：招商证券收上交所监管警示函，并遭证监会立案调查［EB/OL］.［2020-11-20］.https://www.sohu.com/a/433224851_313745?spm=smpc.home.top-news2.5.16059078359251 8STIMO&_f=index_news_4.

［101］证监会.证监会对华晨汽车集团控股有限公司及相关中介机构采取有关措施［EB/OL］.［2020-11-20］.http://www.csrc.gov.cn/pub/newsite/zjhxwfb/xwdd/202011/t20201120_386571.html.

［102］陈梦阳，汪伟.华晨集团正式破产重整［EB/OL］.［2020-11-20］.http：//www.xinhuanet.com/2020-11/20/c_1126765127.htm.

[103] 中国互联网金融协会. 关于防范非法互联网外汇按金交易风险的提示 [EB/OL]. [2018-08-31]. http://www.nifa.org.cn/nifa/2955675/2955761/2974440/index.html.

[104] 陈植. 非法外汇交易平台套路揭秘：名为外汇资管产品 实为借新还旧老把戏 [N]. 21世纪经济报道, 2018-09-04 (09).

[105] 金十数据. 迄今第二人：前摩根大通交易员因外汇操纵被判刑8个月 [EB/OL]. [2020-09-18]. https://finance.sina.com.cn/money/forex/whqqscgd/2020-09-18/doc-iivhvpwy7470485.shtml.

[106] 金十数据. 被指欧债危机期间串通交易，瑞银、野村等大行被罚4.52亿美元 [EB/OL]. [2021-05-21]. https://finance.sina.com.cn/money/forex/forexoll/2021-05-21/doc-ikmxzfmm3847266.shtml.

[107] 央视新闻. 因外汇串通交易 五家欧洲银行遭欧盟罚款3.44亿欧元 [EB/OL]. [2021-12-03]. https://finance.sina.com.cn/money/bank/bank_hydt/2021-12-03/doc-ikyakumx1702130.shtml.

[108] 新浪财经. 中期协会长洪磊：期货市场自然人超95% 探索拓展纠纷多元化解机制 [EB/OL]. [2020-09-08]. https://finance.sina.com.cn/money/future/fmnews/2020-09-08/doc-iivhvpwy5462331.shtml.

[109] 新浪财经. 银保监会主席郭树清：加快市场化兼并重组 规范互联网平台 [EB/OL]. [2021-06-10]. https://finance.sina.com.cn/money/bank/bank_hydt/2021-06-10/doc-ikqcfnca0217449.shtml.

[110] 第一财经. 郭树清：金融衍生品非常不适合个人投资理财 [EB/OL]. [2021-06-10]. https://finance.sina.com.cn/hy/hyjz/2021-06-10/doc-ikqciyzi8817336.shtml.

[111] 证券时报券商中国. "负油价"放出了魔鬼！中行原油宝踩雷，交易所就没责任？CME总裁刚刚回应：乐意配合调查 [EB/OL]. [2020-04-24]. https://finance.sina.com.cn/money/bank/bank_hydt/2020-04-24/doc-iirczymi8044131.shtml.

[112] 新浪财经. 中行原油宝或存重大缺陷 投资者巨亏欲集体诉讼 [EB/OL]. [2020-04-22]. https://finance.sina.com.cn/money/future/roll/2020-04-22/doc-iirczymi7693646.shtml.

[113] 银保监会. 中国银保监会依法查处中国银行"原油宝"产品风险事件 [EB/OL]. [2020-12-05]. http://www.cbirc.gov.cn/cn/view/pages/ItemDetail.html?docId=947272&itemId=915.

[114] 南京市鼓楼区人民法院. 原油宝"第一案"一审审结：中行承担全部穿仓和20%本金损失 [EB/OL]. [2020-12-31]. https://finance.sina.com.cn/money/bank/bank_hydt/2020-12-31/doc-iiznctke9555966.shtml.

[115] 中国基金报. 大逆转？期货竟直线跌停！A股"大明星"惨遭黑色星期一 [EB/OL]. [2020-12-14]. https://finance.sina.com.cn/money/future/indu/2020-12-14/doc-iiznctke6404983.shtml.

[116] 央视财经. 大事件！这个"2.6亿吨"大合同，签约完成！未来煤价怎么走

［EB/OL］．［2020-12-04］．https://finance.sina.com.cn/money/future/fmnews/2021-12-04/doc-ikyakumx2007454.shtml．

［117］证券时报券商中国．非法集资830亿、110万人损失超120亿 两大爆雷P2P开庭审理［EB/OL］．［2021-02-09］．https://finance.sina.com.cn/stock/zqgd/2021-02-09/doc-ikftpnny5955868.shtml?cre=tianyi&mod=pchp&loc=14&r=0&rfunc=74&tj=cxvertical_pc_hp&tr=12．

［118］新浪财经市场咨讯．"网贷教父"周世平被移送审查起诉 红岭创投非法集资1395亿［EB/OL］．［2022-04-14］．https://finance.sina.com.cn/stock/relnews/cn/2022-04-14/doc-imcwipii4281301.shtml．

［119］证券时报券商中国．坑惨了！国有大行员工诈骗41名亲友3300万，炒股巨亏1400万［EB/OL］．［2021-06-27］．https://finance.sina.com.cn/money/bank/gsdt/2021-06-27/doc-ikqciyzk2127983.shtml．

［120］央视财经．惊天大案！中兴通讯原工会主席，被判28年！集资诈骗21亿元［EB/OL］．［2021-04-23］．https://finance.sina.com.cn/tech/2021-04-23/doc-ikmyaawc1434578.shtml．

［121］大众报业风口财经．波及4-5千名员工！中兴通讯原工会主席集资诈骗21亿 钱都流去哪儿了［EB/OL］．［2021-04-23］．https://www.163.com/dy/article/G89CMRE30550EWRZ.html．

［122］中国基金报．非法集资21亿：中兴通讯前工会主席案判 自首前曾服下50片安眠药［EB/OL］．［2021-04-21］．https://finance.sina.com.cn/china/2021-04-21/doc-ikmyaawc1009515.shtml．

［123］公安部．2020年公安机关立案侦办非法集资犯罪案件6800余起［EB/OL］．［2021-01-07］．https://www.mps.gov.cn/n2254098/n4904352/c7645206/content.html．

［124］张超，白田田，邰思聪．动辄数十万元被卷走，养老机构"跑路"为何频发？［EB/OL］．［2021-01-02］．http：//www.hn.xinhuanet.com/2021-01-02/c_1126939134.htm．

［125］国务院．防范和处置非法集资条例［EB/OL］．［2021-02-11］．http：//www.cbirc.gov.cn/cn/view/pages/ItemDetail.html?docId=966972&itemId=926．

［126］银保监会．坚决贯彻《条例》深化标本兼治 努力开创防非处非工作新局面［EB/OL］．［2021-04-23］．http：//www.cbirc.gov.cn/cn/view/pages/ItemDetail.html?docId=979085&itemId=915．

［127］新华社．李克强签署国务院令 公布《防范和处置非法集资条例》［EB/OL］．［2021-02-11］．http：//www.cbirc.gov.cn/cn/view/pages/ItemDetail.html?docId=966967&itemId=915．

［128］银保监会办公厅．司法部、中国银保监会负责人就《防范和处置非法集资条例》答记者问［EB/OL］．［2021-02-11］．http：//www.cbirc.gov.cn/cn/view/pages/ItemDetail.html?docId=967004&itemId=915．

 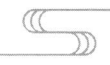

[129] 每日经济新闻.深圳"炒房"扒皮链调查:大V洗脑 交钱入会 层层盘剥 钱房两空[EB/OL].[2020-06-01]. https://finance.sina.com.cn/money/lczx/2020-06-01/doc-iircuyvi6117066.shtml.

[130] 每日经济新闻.承认操纵贵金属和美国国债期货交易,摩根大通吃下创纪录9.2亿美元罚单[EB/OL].[2020-09-30]. https://www.sohu.com/a/421900629_115362?spm=smpc.home.top-news3.5.16014694765709HwzZKc&_f=index_news_10.

[131] 上海报业集团财联社.摩根大通承认市场操控行为,愿支付9.2亿美元和解[EB/OL].[2020-09-30]. https://finance.sina.com.cn/roll/2020-09-30/doc-iivhvpwy9656625.shtml.

[132] 新浪财经.银行员工"飞单",27位老人血本无归!苦等的赔偿方案何时到来?[EB/OL].[2021-03-16]. https://finance.sina.com.cn/money/bank/bank_hydt/2021-03-16/doc-ikknscsi5545064.shtml?cre=tianyi&mod=pchp&loc=13&r=0&rfunc=34&tj=cxvertical_pc_hp&tr=12.

[133] 中国基金报.大骗局!光大银行一员工竟虚构理财产品 诈骗16名客户5000万法院这么判了[EB/OL].[2020-07-10]. https://finance.sina.com.cn/consume/puguangtai/2020-07-10/doc-iircuyvk2982751.shtml.

[134] 中国基金报.27亿"假理财"震惊金融圈!80后"女行长"判了[EB/OL].[2020-12-11]. https://finance.sina.com.cn/stock/relnews/cn/2020-12-11/doc-iiznezxs6393003.shtml.

[135] 每日经济新闻.强制执行11.77亿元后 新华基金又因涉嫌欺诈被告上了法庭 或与精功集团债券有关 老牌公募陷入多事之秋[EB/OL].[2023-03-10]. https://finance.sina.com.cn/jjxw/2023-03-10/doc-imykianm3172092.shtml.

[136] 四川银保监局.新闻通稿[EB/OL].[2020-12-22]. http://www.cbirc.gov.cn/branch/sichuan/view/pages/common/ItemDetail.html?docId=951355&itemId=2020.

[137] 四川银保监局.四川银保监局答记者问[EB/OL].[2020-12-22]. http://www.cbirc.gov.cn/branch/sichuan/view/pages/common/ItemDetail.html?docId=951359&itemId=2020.

[138] 经济日报.银保监会回应信托风险事件:对违法违规的信托产品追责追赃 保护信托投资者合法权益[EB/OL].[2020-07-16]. https://finance.sina.com.cn/trust/xthydt/2020-07-16/doc-iivhvpwx5795793.shtml?cre=tianyi&mod=pchp&loc=17&r=0&rfunc=100&tj=none&tr=98.

[139] 证券时报.刚刚,楼继伟重磅发声:信用债应全部退出银行间市场,防止数据金融平台大而不倒[EB/OL].[2020-12-20]. https://www.sohu.com/a/439382378_119666?spm=smpc.home.top-news2.5.1608480725726UqElNBF&_f=index_news_4.

[140] 国务院新闻办公室.服务实体经济明确金融控股公司准入规范国务院政策例行吹风会[EB/OL].[2020-09-14]. http://www.scio.gov.cn/32344/32345/42294/43616/index.htm.

［141］中国证券报.解散！清算！安邦保险落幕［EB/OL］.［2020-09-14］.https://finance.sina.com.cn/wm/2020-09-14/doc-iivhuipp4339952.shtml.

［142］中国基金报.突发！万亿安邦保险集团刚宣布：申请解散并清算！眼看他起朱楼，眼看他楼塌了［EB/OL］.［2020-09-14］.https://finance.sina.com.cn/money/insurance/bxdt/2020-09-14/doc-iivhvpwy6704575.shtml.

［143］中国银保监会.中国银保监会依法延长天安财产保险股份有限公司等六家机构接管期限［EB/OL］.［2021-07-16］.http://www.cbirc.gov.cn/cn/view/pages/ItemDetail.html?docId=996768&itemId=915.

［144］银保监会.中国银保监会依法对天安财产保险股份有限公司等六家机构实施接管［EB/OL］.［2020-07-17］.http://www.cbirc.gov.cn/cn/view/pages/ItemDetail.html?docId=917198&itemId=915&generaltype=0.

［145］银保监会.中国银保监会新闻发言人答记者问［EB/OL］.［2020-07-17］.http://www.cbirc.gov.cn/cn/view/pages/ItemDetail.html?docId=917201&itemId=915&generaltype=0.

［146］中国人民银行.国务院关于金融工作情况的报告［EB/OL］.［2022-10-29］.http://www.npc.gov.cn/npc/c30834/202210/2fe304f587194a1ea64553a15e5da26e.shtml.

［147］每日经济新闻.见证历史！银保监会批复原则同意包商银行进入破产程序［EB/OL］.［2020-11-23］.https://finance.sina.com.cn/roll/2020-11-23/doc-iiznctke2920503.shtml.

［148］证券时报.重磅！同意包商银行进入破产程序，银监会刚刚批复！存款人权益有充分保障［EB/OL］.［2020-11-23］.https://finance.sina.com.cn/stock/zqgd/2020-11-23/doc-iiznezxs3328591.shtml.

［149］银保监会.中国银保监会关于包商银行股份有限公司破产的批复［EB/OL］.［2020-11-23］.http://www.cbirc.gov.cn/cn/view/pages/govermentDetail.html?docId=944398&itemId=867&generaltype=1.

［150］证监会.中国证监会有关负责人就接管新时代证券、国盛证券、国盛期货事宜答记者问［EB/OL］.［2020-07-17］.http://www.csrc.gov.cn/pub/newsite/zjhxwfb/xwdd/202007/t20200717_380267.html.

［151］第一财经.关于金融伪创新、P2P等乱象 银保监会七部门权威发声［EB/OL］.［2020-09-15］.https://finance.sina.com.cn/money/bank/bank_hydt/2020-09-15/doc-iivhuipp4377080.shtml.

［152］上海证券报.整治金融市场乱象效果如何？银保监会亮出成绩单［EB/OL］.［2020-09-15］.https://finance.sina.com.cn/roll/2020-09-15/doc-iivhvpwy6755146.shtml.

［153］中国银行保险报.中国影子银行首迎官方定义 银保监会：不留监管空白和盲区［EB/OL］.［2020-12-04］.https://finance.sina.com.cn/roll/2020-12-04/doc-iiznctke4837167.shtml.

［154］郭树清.坚定不移打好防范化解金融风险攻坚战［J］.中国人民银行政策研究，2020，（2）：1-13.

［155］中国政府网.刘鹤主持召开国务院金融稳定发展委员会第三十六次会议［EB/OL］.［2020-07-12］.http：//www.gov.cn/guowuyuan/2020-07-12/content_5526162.htm.

［156］证监会.彰显"零容忍"决心 保障资本市场平稳健康发展——中国证券监督管理委员会祝贺刑法修正案（十一）通过［EB/OL］.［2020-12-26］.http：//www.csrc.gov.cn/pub/newsite/zjhxwfb/xwdd/202012/t20201226_389489.html.

［157］新华社.中共中央办公厅 国务院办公厅印发《关于依法从严打击证券违法活动的意见》［EB/OL］.［2021-07-06］.http：//www.gov.cn/zhengce/2021/07/06/content_5622763.htm.

［158］上海证券报.郭树清：承诺低风险高收益就是诈骗 房地产是现阶段金融风险最大"灰犀牛"［EB/OL］.［2020-11-30］.https：//finance.sina.com.cn/china/jrxw/2020-11-30/doc-iiznctke4074564.shtml.

［159］新浪财经.王岐山：金融脱离实体经济就是无源之水，无本之木［EB/OL］.［2020-10-24］.https：//finance.sina.com.cn/money/bank/bank_hydt/2020-10-24/doc-iiznctkc7361782.shtml.

［160］中国银保监会.金融科技发展、挑战与监管——郭树清在2020年新加坡金融科技节上的演讲［EB/OL］.［2020-12-08］.http：//www.cbirc.gov.cn/cn/view/pages/ItemDetail.html?docId=947694&itemId=915.

［161］李延霞.银保监会：全国实际运营的P2P网贷机构已完全归零［EB/OL］.［2020-11-27］.http：//www.xinhuanet.com/2020-11-27/c_1126795911.htm.

［162］葛孟超.计理财直播持续健康发展［N］.人民日报，2020-11-16（18）.

［163］银保监会消费者权益保护局.关于防范金融直播营销有关风险的提示［EB/OL］.［2020-10-28］.http：//www.cbirc.gov.cn/cn/view/pages/ItemDetail.html?docId=937720&itemId=4100&generaltype=0.

［164］每日经济新闻.杜海涛曾合作的理财产品"爆雷"，4万人中招！其姐姐却称投资者活该，最新回应来了［EB/OL］.［2020-07-12］.http：//finance.sina.com.cn/roll/2020-07-12/doc-iivhuipn2558916.shtml.

［165］新浪财经.日本央行行长警告高频交易风险［EB/OL］.［2018-09-03］.http：//finance.sina.com.cn/stock/usstock/c/2018-09-03/doc-ihiqtcan3779763.shtml.

［166］每日经济新闻.比特币24小时3.8万人爆仓：19亿做空资金惨遭血洗 发生了什么？［EB/OL］.［2020-12-20］.https：//finance.sina.com.cn/stock/hyyj/2020-12-20/doc-iiznezxs7935943.shtml.

［167］证券时报券商中国.全球大抛售！加密货币跌到宕机，欧美股市全线重挫！何事引发巨震？英国通胀数据爆表，A股咋走？［EB/OL］.［2020-05-20］.https：//

finance.sina.com.cn/stock/zqgd/2021-05-20/doc-ikmxzfmm3478157.shtml?cre=tianyi&mod=pchp&loc=13&r=0&rfunc=57&tj=cxvertical_pc_hp&tr=12.

[168] 华尔街见闻.币圈惨案：代币TITAN因挤兑"血崩"24小时暴跌至零[EB/OL].[2021-06-18]. https://finance.sina.com.cn/stock/usstock/c/2021-06-18/doc-ikqciyzk0238898.shtml?cre=tianyi&mod=pchp&loc=36&r=0&rfunc=46&tj=cxvertical_pc_hp&tr=12.

[169] 澎湃新闻."币圈"严监管加码：央行约谈，坚决切断炒币资金支付链路[EB/OL].[2021-06-21]. https://www.sohu.com/a/473308231_260616?spm=smpc.home.top-news2.3.1624280897436IjrTnIc&_f=index_news_2.

[170] 公安部.公安部指挥破获首起以数字货币为交易媒介的特大跨国网络传销案 彻底摧毁Plus Token非法交易平台 涉案金额逾400亿元[EB/OL].[2020-07-30]. https://www.mps.gov.cn/n2253534/n2253535/c7293348/content.html.

[171] 新浪科技.美SEC起诉策划史上最大加密货币骗局策划者 涉案金额高达20亿美元[EB/OL].[2021-09-02]. https://finance.sina.com.cn/stock/usstock/c/2021-09-02/doc-iktzscyx1774989.shtml.

[172] 中国人民银行，中央网信办，最高人民法院，等.中国人民银行 中央网信办 最高人民法院 最高人民检察院 工业和信息化部 公安部 市场监管总局 银保监会 证监会 外汇局 关于进一步防范和处置虚拟货币交易炒作风险的通知[EB/OL].[2021-09-24]. http://www.pbc.gov.cn/tiaofasi/144941/3581332/4348658/index.html.

[173] 证券日报.比特币突破2万美元：散户大量涌入 多家交易平台陷入卡顿或宕机[EB/OL].[2020-12-20]. https://finance.sina.com.cn/blockchain/roll/2020-12-18/doc-iiznctke7107358.shtml.

[174] 中国政府网.刘鹤主持召开国务院金融稳定发展委员会第五十一次会议[EB/OL].[2021-05-21]. http://www.gov.cn/xinwen/2021-05/21/content_5610192.htm?ivk_sa=1023197a.

[175] 中国人民银行.人民银行就虚拟货币交易炒作问题约谈部分银行和支付机构[EB/OL].[2021-06-21]. http://www.pbc.gov.cn/goutongjiaoliu/113456/113469/4273265/index.html.

[176] 证券时报券商中国.惨烈血洗！数字货币全线雪崩，比特币1小时吞噬300亿！一则传闻引发暴跌？支付禁令再袭，影响多大？[EB/OL].[2021-04-18]. https://finance.sina.com.cn/china/2021-04-18/doc-ikmxzfmk7500253.shtml?cre=tianyi&mod=pchp&loc=2&r=0&rfunc=51&tj=cxvertical_pc_hp&tr=12.

［177］证券时报券商中国. 深夜血洗 数字货币全线闪崩 发生了什么？美财长耶伦罕见发声［EB/OL］.［2021-02-23］. https://finance.sina.com.cn/stock/zqgd/2021-02-23/doc-ikftpnny9142875.shtml?cre=tianyi&mod=pchp&loc=1&r=0&rfunc=57&tj=cxvertical_pc_hp&tr=12.

［178］证券时报券商中国. 7年巨亏121亿：却斥资2.6亿狂买比特币以太币 美图在下什么棋［EB/OL］.［2021-03-09］. https://finance.sina.com.cn/stock/s/2021-03-09/doc-ikkntiak6435541.shtml.

［179］新浪财经. 新加坡官方警告：加密货币风险太高不适合散户投资者［EB/OL］.［2021-04-06］. https://finance.sina.com.cn/stock/usstock/c/2021-04-06/doc-ikmxzfmk4966472.shtml.

［180］中国证券报."股神"巴菲特搭档芒格发声：应像中国一样［EB/OL］.［2023-02-03］. https://finance.sina.com.cn/wm/2023-02-03/doc-imyekwyx3696750.shtml?cre=tianyi&mod=pchp&loc=31&r=0&rfunc=46&tj=cxvertical_pc_hp&tr=181.

［181］核财经. 谷燕西：比特币会像瑞银认为的那样归零吗？［EB/OL］.［2021-01-19］. https://finance.sina.com.cn/blockchain/2021-01-19/doc-ikftssan8250809.shtml.

［182］公安部. 公安部新闻发布会通报公安机关开展党史学习教育、公安队伍教育整顿和公安系统"三八"国际劳动妇女节表彰活动等有关情况［EB/OL］.［2021-03-08］. https://www.mps.gov.cn/n2253534/n2253535/c7769694/content.html.

［183］新京报. 这个平台初步建成，事关金融行业网络安全，央行统筹协调［EB/OL］.［2020-12-04］. https://finance.sina.com.cn/chanjing/cyxw/2020-12-04/doc-iiznezxs5190503.shtml.

［184］证券时报券商中国. 兜售客户信息年入30万 银行职员竟称"不知违法"［EB/OL］.［2020-05-20］. http://finance.sina.com.cn/money/bank/bank_hydt/2020-05-20/doc-iircuyvi4016800.shtml.

［185］谭心怡，海法宣. 非法控制235个摄像头"偷窥男"被判半年［N］. 厦门日报，2021-10-16（A06）.

［186］孙飞，胡林果."强制跳转启动""自启动""关联启动"……我的手机App我咋管不住？［EB/OL］.［2020-06-11］. http://www.xinhuanet.com/2020-06-11/c_1126101401.htm.

［187］彭菲，王子怡，湖法宣. 利用"抓包软件"抓走14万［N］. 厦门晚报，2020-07-29（A5）.

［188］新浪科技. 苹果安全漏洞曝光：可能有5亿部iPhone易受攻击［EB/OL］.

［2020-04-23］. https://tech.sina.com.cn/it/2020-04-23/doc-iirczymi7826481.shtml.

［189］成都商报红星资本局. 金立给用户手机植木马"拉活"牟暴利 魅族也涉案［EB/OL］.［2020-12-05］. https://finance.sina.com.cn/china/gncj/2020-12-05/doc-iiznezxs5380910.shtml.

［190］环球时报. 涉及5万余电话号码！以色列间谍软件被曝监控多国政要与记者，多国反应不一［EB/OL］.［2021-07-20］. https://world.huanqiu.com/article/440daD5jGFa.

［191］机器之心. 我的电脑不联网很安全 黑客：你还有风扇呢［EB/OL］.［2020-04-22］. https://tech.sina.com.cn/n/k/2020-04-22/doc-iircuyvh9159393.shtml?cre=tianyi&mod=pchp&loc=30&r=0&rfunc=65&tj=none&tr=12.

［192］新京报网. "养2亿个号供骗子选用"，警惕网络黑产"平台化"［EB/OL］.［2020-10-18］. https://finance.sina.com.cn/money/lczx/2020-10-19/doc-iiznezxr6650495.shtml.

［193］孙亮全，李金红. 起底电信诈骗："零门槛"入行"傻瓜式"作案［N］. 经济参考报，2020-11-24（A04）.

［194］证券时报. 电信网络诈骗花样不断翻新 金融反诈行动升级［EB/OL］.［2022-11-11］. https://finance.sina.com.cn/money/bank/bank_hydt/2022-11-11/doc-imqqsmrp5717065.shtml.

［195］国务院新闻办. 国新办举行打击治理电信网络诈骗犯罪工作进展情况发布会图文实录EB/OL］.［2022-04-14］. http://www.scio.gov.cn/xwfbh/xwbfbh/wqfbh/47673/48097/wz48099/Document/1722819/1722819.htm.

［196］公安部. 公安部新闻发布会通报全国公安机关打击整治利用信息网络实施黑恶势力犯罪专项行动有关情况［EB/OL］.［2020-12-24］. https://www.mps.gov.cn/n2253534/n2253535/c7589207/content.html.

［197］成都商报红星新闻. 甘肃兰州特大"套路贷"案背后："套路贷"不属正规借贷，不会影响个人征信［EB/OL］.［2021-03-31］. https://www.163.com/news/article/G6DA78FQ00018990.html.

［198］澎湃新闻. 89人因被逼债自杀，裁定书披露特大"套路贷"团伙作案手法［EB/OL］.［2021-03-28］. https://www.sohu.com/a/457771343_116237.

［199］证券时报. 电信网络诈骗花样不断翻新 金融反诈行动升级［EB/OL］.［2022-11-11］. https://finance.sina.com.cn/money/bank/bank_hydt/2022-11-11/doc-imqqsmrp5717065.shtml.

［200］吕嘉捷，厦公宣.雷霆出击 全链条打掉洗钱团伙［N］.厦门晚报，2020-11-20（A13）.

［201］柯恺筠，厦公宣.劝阻群众6万多名 避免经济损失超5亿元［N］.厦门日报，2020-11-20（A12）.

［202］成都商报红星新闻.明星"健康宝照片"被泄露，2元打包70张，1元买1000位艺人身份证号［EB/OL］.［2020-12-28］.https://www.sohu.com/a/440966420_116237?spm=smpc.home.top-news5.2.16091431289343fkgOv0&_f=index_news_19.

［203］央视财经.央视曝大量人脸照片几毛钱价格被售［EB/OL］.［2021-10-23］.http://finance.sina.com.cn/consume/puguangtai/2021-10-23/doc-iktzscyy1272437.shtml.

［204］张漫子，张超，陈诺.多地现"变脸"诈骗案：一段段逼真的视频竟是伪造的［EB/OL］.［2022-04-13］.http://www.news.cn/legal/2022/04/13/c_1128556799.htm.

［205］AI换脸新骗局，公司老板10分钟被骗430万［EB/OL］.2023-05-22.https://www.guancha.cn/politics/2023_05_22_693547.shtml.

［206］李晓平.2020中国人工智能大赛成果在厦发布［N］.厦门日报，2020-12-24（A02）.

第三章　健康的身心

作为父母长辈，我们常常会操心孩子们的健康问题，例如常见的少儿肥胖问题。据北京大学公共卫生学院、中国营养学会等的研究，1985—2014年，我国7岁以上学龄儿童超重率由2.1%上升到12.2%[1]，增加了约5倍。据上海纽约大学的研究，2014年，上海市参加调查的小学一年级儿童中，超重率达到46%[1]。国家卫健委指出，超重肥胖已成为影响我国儿童青少年身心健康的重要公共卫生问题[2]。而据中国疾控中心营养与健康所所长丁钢强介绍，肥胖是多种慢性病（包括癌症）的共同病理基础，肥胖已成为威胁我国居民健康的首要危险因素[3]。如何让自己孩子的体重正常，如何给自己的孩子适当减肥？处理各种各样的孩子健康问题，帮助孩子们保持身心健康，需要有相关知识的支持，需要了解一定的生命科学、医学知识、养生知识。

在相关知识中，应该重视对中医知识的学习。以西医专业经历为主的共和国勋章获得者、医学家钟南山院士谈道，对历史悠久的中医药，只要发现有效果，就可以用它[4]。钟南山医生至少在2003年就已经开始了中医药治疗研究[5]。早在2000多年前的西汉时期，被认为是中医理论之宗、成就难以超越的中医典籍之一的《内经》，就已编写问世[6]。关于被一些人认为不符合西医理论的中医人体经络、针灸知识，几十年来应用现代科技手段进行的研究表明，人体体表穴位与脏腑功能存在相关联系，气至疾病处可以使失调的脏腑功能恢复生理状态。马王堆汉墓考古出土的《足臂十一脉灸经》《阴阳十一脉灸经》等医帛书说明，在《内经》问世之前，中医就已经应用经络理论来治疗疾病了[6]。由于中医药对保持民众健康的重要性，国家下达了关于加快中医药发展若干政策的通知[7]，教育部则要求在初中历史课程中应介绍中医的代表人物和成就，高中课程中应介绍中医经典名著的主要内容，使学生理解中医的基本理论[8]。有的人认为，中医的治疗效果似乎比较慢。其实，如果运用恰当，中医疗效并不慢。例如，国医大师荣誉获得者刘志明医生的老师杨香谷在治疗高烧病人时，患

者往往是服用二、三剂药后，高烧就退了[9]。某儿童出现右侧脸部肿大、咳嗽、低烧的症状，服用相关中成药3天后，症状消失。

长辈不仅应关注孩子们的身体健康问题，还应关注他们的心理健康问题。信息技术、互联网服务等现代科技与服务的广泛应用给人们带来了巨大的便利，但也带来了不少新的心理健康问题。某孩子从小乖巧懂事，到了小学高年级时玩起了电子游戏，不仅成绩严重下滑，还叛逆、厌学。父亲没收其手机时，不大的孩子情绪暴烈，与父亲扭打起来，母亲劝阻时也受了外伤[10]。恋爱、婚姻是每个孩子成人后都需要面对的重要人生经历。有的年轻人在与异性交往时遇到各种问题，随之一蹶不振。父母长辈能否给他们更好的建议，帮助他们找到更合适的伴侣？

本章将谈谈如何帮助孩子们保持身心的健康。

第一节　健康的身体

一、肥胖

随着民众生活水平的提高，吃得多、吃得好成了许多孩子的常态。令人担忧的是，北京大学公共卫生学院、中国营养学会等机构的研究认为，如果不采取有效措施，预计到2030年，7岁及以上儿童的超重肥胖检出率将达到28%，相应超重肥胖人数将达到4948万[1]。长期肥胖会增加孩子患上心脏、脑血管疾病和糖尿病等严重疾病的风险[2]，会影响孩子的发育、身体机能，容易引发自卑、烦躁心态。美国医学会已将肥胖认定为一种疾病[11]。英国、芬兰学者的联合研究发现，肥胖很可能会使人提早衰老多达几十年，与正常体重者相比，肥胖者患简单多发疾病（在该研究中指有相关的2项健康问题）的风险高5倍，患复杂多发疾病（有相关的4项及以上健康问题）的风险高12倍以上[12]。国家卫健委、教育部等专门强调要遏制儿童青少年的超重肥胖流行态势，要求实施《儿童青少年肥胖防控实施方案》。以2002—2017年超重率和肥胖率年均增幅为基线，2020—2030年0—18岁儿童青少年超重率和肥胖率年均增幅要在基线基础上下降70%；陕西、北京、吉林、上海、江苏、山东等12个高流行地区的儿童青少年超重率和肥胖率在2020—2030年的年均增幅要在基线基础上下降80%[2]。

因此，父母长辈们在孩子的饮食方面不应过度"关爱"。对孩子的饮食，父母长辈不应一味强调"多吃"，或者单一种类的量不大，但要求吃的类别太多，饮食总量过多。吃得多，消耗得少，能量明显过剩，通常是肥胖的主要原因之一。吃得多还容易带来其他健康问题。"人民英雄"国家荣誉称号获得者、原天津中医药大学校长张伯礼指出，很多孩子吃得太多，手心热，舌苔厚，产生了食热，变得容易着凉、感冒[13]。

父母长辈应帮助孩子们实现饮食的合理、均衡。含糖高、脂肪含量高、含盐高的食物，不应过量食用。荤素搭配，保证主食，零食适量。考虑到餐厅、饭店制作的食品容易造成儿童超重肥胖，国家在《儿童青少年肥胖防控实施方案》中专门提出，儿童应减少在外就餐[2]。在少儿食品的烹饪方式上，应少采用爆炒、煎炸等高温、多油的方式。容易吸引人的饮料类食品，也需父母长辈们加以关注。据中国疾控中心营养与健康所所长丁钢强介绍，我国含糖饮料的青少年消费量越来越高[3]。中国疾控中心营养学首席专家赵文华指出，我国接近20%的6—17岁少年儿童，每周至少有5天会喝含糖饮料[14]。糖食用得过多，不仅容易导致肥胖，长期摄入含糖量高的食品，还容易使蛋白质流失、皮肤衰老，增加糖尿病风险和心血管风险[15]。

饮食的合理、均衡，不仅对孩子超重肥胖的防控很重要，而且对孩子少儿或成人时期其他方面的身体机能也影响重大。一名小学四年级的学生被诊断为痛风，脚拇指剧烈疼痛，还伴有发热症状。诊治的医生认为，患上痛风与他从小就喜欢喝碳酸饮料、几乎天天喝有很大关系[16]。风湿免疫科副主任医师闫永龙谈道，近几年痛风患者中的青少年比例越来越高，饮食不合理是主要原因，如过量食用油炸食品、红肉、海鲜、动物内脏、浓肉汤等高热量、高嘌呤食物。一名23岁的患者从小爱吃油炸食品、肉类、快餐食品、碳酸类饮料，导致肥胖、高脂血症、高血糖、高尿酸血症、痛风[16]。24岁的某男子，平时喜欢大量地吃烧烤、油炸品等高油脂高热量食物。一次突发危重的急性胰腺炎，身体中过滤出的血浆，一片乳白，含有大量油脂。该男子未能改变对高油脂高热量食物的喜好，已是多

次因突发急性胰腺炎而住院治疗[17]。38岁的王女士很爱吃烧烤，有时一周吃三四次，被确诊为胃癌。30多岁的某男士，经常隔天就吃一次烧烤，经常食用烟熏、烧烤、油炸食物，也成了胃癌患者[18]。而被一些年轻人热衷，甚至称为"续命水"的奶茶饮料，健康风险也相当高，应谨慎食用。《中国居民膳食指南（2016）》建议，每天糖的摄入量应不超过50克，最好在25克以下。在一次调查中，27杯标示正常甜度的奶茶，平均含糖量为33克，最高的一杯含量为62克[15]。糖食用得过多，会使大脑迟钝，记忆力下降，糖还会与皮肤的胶原蛋白进行结合，让皮肤过早松弛，加重皱纹，加速衰老[19]。奶茶中出现的奶精，也称"植脂末"，主要成分是反式脂肪酸，反式脂肪酸过量，会增加心血管疾病风险，还可能增加女性患乳腺癌和多囊卵巢综合征的概率，导致女性月经周期紊乱，会降低男性的生育能力[19]。上海市消费者协会在一次抽检中检测了51种奶茶，其中都有大量的咖啡因，含量最高达到了828毫克/升。有些人喝了外购的奶茶饮料，心慌手抖，晚上失眠，即源于摄入了过多的咖啡因[15]。

某位年青男士为了健体养身，推崇高蛋白饮食，在早餐之外都食用高蛋白的鸡胸肉袋装熟食，结果不到一个月就浑身无力，有时腰部酸痛。医生诊断，因摄入过多蛋白质，造成他肾脏代谢负担过重、肾损伤。某位女士与此相似，长期的高蛋白饮食，导致她患上了肾病[20]。世界卫生组织建议，成人每日需要摄入的蛋白质数量为0.75克/千克体重。如果体重60公斤，每天建议的蛋白质摄入量为45克左右。一般的饮食可以满足人体对蛋白质的需求[20]。

在我国居民的饮食中，往往油、盐摄入过多，而比较有利健康的全谷物、深色蔬菜、水果、奶类、鱼虾类和大豆类的摄入量则不足[3]。相关重要研究表明，多吃蔬果、多吃鱼虾等水产品，常吃奶类和大豆制品、谷类和肉禽类适量、烹调清淡少盐的人群，发生超重肥胖、2型糖尿病、代谢综合征和脑中风等疾病的风险均较低[3]。有研究发现，经常食用汉堡和炸鸡块等深度加工食品、西式快餐食品，少吃蔬菜，人体容易缺乏蔬菜纤维等，会对人体微生物群产生不利影响，容易患上炎症性肠病、I型糖尿病、风湿性关节炎等自身免疫疾病[21]。

控制体重时，不能过度节食，应保持摄入包括糖分在内的必要营养物质。50多岁的某女士因严重低血糖而突然行为怪异,在医院向医护人员骂脏话、吐口水。内分泌科医生指出,血糖浓度过低时,脑功能会出现障碍,严重时可能性情大变、举止异常,也可能肢体无力、言语不清、偏瘫,持续时间长了,会导致脑细胞的损伤[22]。

父母长辈应帮助孩子们做到学习、生活劳逸适当、体脑结合。我国居民的身体活动总量呈下降态势,这已成为重要的公共卫生问题[3]。按国家《儿童青少年肥胖防控实施方案》的主张,身体活动不足是儿童青少年超重肥胖的重要原因,要积极引导孩子进行户外活动和体育锻炼,中小学生每天在校内中等及以上强度身体活动时间要达到1小时以上[2]。父母长辈应向孩子们传授肥胖不利身体健康、预防肥胖、如何调整肥胖状态等健康知识。这有利于孩子们主动而非被逼迫地去改善身体状态。

如果通过合理的饮食调节、适当的身体锻炼,无法明显地减轻孩子的体重,可以考虑采用中医药治疗方法来改善肥胖问题。张西俭教授等认为,运动量减少、久坐、食物结构问题、偏食或学习、工作压力大、熬夜等原因,容易导致青少年的身体气机"升少降多,出少入多",呈现"气郁"状态,水谷精微之气因郁而运化不利,留滞在体内的三焦。气有余,易生火,扰乱脾胃,导致有些人食欲变得旺盛,能量摄取增多,进而加重气郁失运的情形,气郁火旺,中焦不运,出现常见的中心性肥胖,而且呈现出不同的类型,有些人偏向胃热湿阻,有些人偏向痰浊中阻,有些人偏向脾肾阳虚或肝气郁结、脾虚痰湿。有些人还由肥胖引发心脑血管疾病、糖尿病、痛风、呼吸窘迫综合征等[23]。据李娜等介绍,在某个肥胖中小学生样本群体中,约22%的受访者还并发了高血压。这些有高血压的肥胖小学生中,多数属于胃热湿阻类型,还有脾虚湿盛类型的(约19%)、肝郁气滞类型的(约13%)、脾肾两虚类型的(约6%)[24]。对肥胖的孩子,应由中医医生分析病因,采取相应的治疗方式,不能一概而治。

男青年卢某长期肥胖,体重250斤,腰围105厘米,多食易饿,怕冷,高血压。张西俭教授诊断其气郁化火、湿滞互结,给他开出清解郁热、湿热、醒脾除湿、疏肝理气等方面的中药药方,治疗5个月后,体重下降了约50斤[23]。另外,还可以通过针对脾胃经、任脉经络及相关穴位等的针灸方法来改善肥胖[25]。某中医院针灸科曾在一个时期内对肥胖持续1年至15年的患者进行了约两个月的治疗，主要涵盖脾胃实热、脾虚湿阻、脾肾阳虚等类型。减轻体重的总有效率达到约93%[26]。

二、近视

近视是我国儿童青少年面临的一大健康问题。近视既带来生活的不便，又影响学习、工作，减少了成年后的就业、择业机会，高度近视还容易引发多种严重并发症，如白内障、视网膜脱离和青光眼等[14]。据国家卫健委疾病预防控制局副主任再那吾东·玉山的介绍，2020年，我国儿童青少年总体近视率为52.7%，同比上升了2.5个百分点；高中生近视率为80.5%，初中生为71.1%，小学生近视率为35.6%[14]。对儿童青少年近视问题，父母长辈们应给予更多的重视，并帮助孩子加以预防、控制。

父母长辈需要帮助孩子们及早养成爱护眼睛、保护视力的良好习惯，不能等到孩子学业重了、看书多了的时候才来关注。2020年，年龄低至6岁的中国儿童中也有14.3%存在近视问题，有的地区5个6岁儿童中就有约1个是近视的；一年级小学生的近视率为12.9%，而六年级小学生的近视率为59.6%[14]。儿童青少年的近视问题如此严峻，相当程度上是因为孩子们很早就有了容易损伤视力的不当用眼习惯，例如通过电脑看视频，玩手机游戏，长时间看电视。父母长辈应尽量不让儿童使用电脑、手机，同时少看电视，避免电子产品屏幕影像对儿童视力造成严重损害。教育部指出，过多接触电子屏幕会对6岁及以下的儿童造成不可逆的眼部损伤，3岁及以下的幼儿应禁用手机、电脑等视屏类电子产品，3—6岁幼儿也应尽量避免使用，托幼机构尽量避免使用电子屏幕来开展教学[27]。使用电脑、手机等，除了容易导致儿童青少年近视问题，还容易带来其他眼部疾病。眼科主任医师庄静宜指出，目前患上干眼症的学龄儿童较多，长时间看电子屏幕，会使眨眼频率下降，变换的光影也对眼睛造成刺激[28]。

父母长辈应帮助孩子合理安排好用眼时间。眼科主任医师任小军说他接诊的一名4岁女孩的视力问题就与练琴、经常去上各种培训班所带来的过度用眼情况脱不了关系[29]。有研究发现，每天2小时的户外活动对延缓眼轴变长有明显的效果，而每周在户外多活动1小时，近视的可能性就能降低2%[29]。

除了少看电子产品屏幕、合理安排用眼时间，运用中医药方法对近视进行预防乃至治疗也有效果。再那吾东·玉山认为，应该推广中医药特色技术和方法在近视防控中的运用[14]。点穴名中医贾立惠对一名近视3年多的15岁中学生进行点穴治疗，治疗20次后，患者左眼视力由原来的0.1提升到1.0，右眼由原来的0.2提升到1.0，视物清楚[30]。山东省青少年视力低下防治中心，临床验证了中医外治方式对减少近视屈光度和眼轴增长的作用。山东省对以小儿推拿为主的中医药防治近视外治方案予以采用、推广[31]。中国疾控中心学校卫生中心教授马军谈道，中医耳穴压豆等技术，对近视的防控有一定的效果[14]。某妇幼保健院中医儿科则应用了熏蒸、眼部按摩、贴耳穴、小针刀等多种中医方法来治疗近视[32]。

三、不健康行为、不良行为

香烟盒上按规定印刷的"吸烟有害健康"字样往往并不被吸烟者所重视。国家呼吸医学中心主任王辰强调，"吸烟为致病之首恶"[33]。国家卫健委指出，吸烟可以导致肺癌、喉癌等多种恶性肿瘤的发生，导致动脉粥样硬化、冠心病、脑中风、高血压等心脑血管疾病，导致哮喘、多种间质性肺疾病等[33]。心内科副主任医师王翔飞谈道，有研究表明，40岁前急性心肌梗死的患者中，几乎个个吸烟[19]。刘先生30岁开始吸烟，一天大约抽三四包，吸了20年，发现一个月间小脚趾先开始变黑，接着三个脚趾头坏死。血管外科副主任医师杨林诊断，吸烟带来尼古丁对动脉内皮的损害，导致腿部动脉堵塞，缺血坏死，遇到的这类病症，基本都是吸烟造成的，也能导致心血管、脑血管堵塞，最年轻的患者只有18岁[34]。吸烟行为还经常使得他人被迫吸二手烟，危害他人健康。2018年，中国不吸烟者的二手烟暴露率为68.1%，相当于有7亿人被迫吸烟，严重侵犯了众多不吸烟者的健康[33]。一名52岁的男子，抽烟20多年，几乎每天要抽两三包香烟。他被确诊为肺癌的同时，48岁的妻子也被检查出肺癌[35]。在中国，吸烟导致的死亡人数高达每年100多万人。中国15岁及以上人群吸烟率虽然有所下降，但仍保持在较高的水平。2018年，中国15岁及以上人群吸烟率，男性为50.5%、约3亿人，女性为2.1%、1180万人[33]。

国家呼吸医学中心主任王辰认为，"控烟为防病之首善"，在影响人类健康的重大危险因素中，最可预防的就是吸烟问题[33]。吸烟行为常常是在青少年时期开始形成的。父母、长辈们在孩子成长的早期，就应向他们阐明吸烟的严重危害，引导他们远离香烟，或者劝诫吸烟的孩子尽早戒烟。

人类长期以来就有饮酒的习惯。但中医理论认为，酒性温乃湿热之物，气剽悍，有大毒，能痰阻气机等[36]。随着医学研究的深入，人类对酒的危害有了越来越多的认识。长期大量饮酒会导致心肌功能异常[19]，容易引发神经系统疾病、消化系统疾病、癌症等[37]，激发危险的胰腺炎[17]。某城市2020年参加结婚登记体检的男士中，有3069人患有脂肪肝，约占男性检出疾病总数的50%。该市健康妇幼指导中心认为，这与男性频繁过量饮酒、酗酒、运动量减少等因素有关[38]。英国研究人员对3万6千多人的脑部成像进行了分析，发现平均每天摄入40毫升酒精的人脑部灰质、白质与不喝酒的同龄人相比明显萎缩。例如同为50岁，平均每天摄入40毫升酒精的人与不喝酒的人相比，脑部相当于衰老了10岁以上，如果平均每天摄入10毫升酒精的人每天多喝10毫升酒精，即相当于喝了酒精度3度的1听330毫升啤酒，脑部会比原来衰老2岁[39]。一名60岁俄罗斯男子于网络直播中，在网络观众打赏鼓动之下，喝了1.5升的伏特加酒，在直播现场死亡[40]。饮酒总体上对身体几乎没有益处[19]。这一点，在世界知名医学期刊《柳叶刀》发表的一项历时20多年、涉及2800万饮酒者的研究中也得到了印证：该研究指出，酒精，即便是少量摄入对人体也是有害的[39]。

酒精对少年儿童的危害更大。少年儿童应杜绝饮酒。某8岁男童在近一个月的时间里，天天和外公一起喝酒，每天喝100毫升啤酒，导致急性肝损伤，其谷丙转氨酶是正常值的30倍[41]。啤酒看似酒精含量不多，但已足以对儿童造成严重伤害。

成年人中，男性一天饮酒对应的酒精量不应超过25克，女性不应超过15克[42]。国家提出，要开展控烟限酒行动[43]。世界卫生组织倡导"减少有害使用酒精全球战略"，希望在世界各国减少酒精的危害[37]。

火的使用是人类进化过程中的一个重大事项。火的使用让人类开始能够比较方便地吃到得以充分加热的食物、熟的食物。这不仅丰富了食物的滋味，而且使人类避开了生食食物的风险。可是，目前有不少人忽视了这种风险，越来越多地喜欢生食肉类、水产等食物。有的电视栏目把生食肉类、水产等作为平常事，纳入节目内容，将其视为可以推广、效仿的一个新时尚。胡女士听了他人提出的生吃螃蟹能壮骨的建议，买了30多只河蟹，捣碎后用米酒浸泡，全部生吃了。结果出现咳嗽、胃口差、胸闷症状，检查发现，她的胸腔里有大量的气体和液体，至少感染了肝吸虫、肺吸虫、弓形虫、包虫、裂头蚴、猪囊尾蚴等寄生虫[44]。王女士两个多月前长了红斑，皮肤痒到晚上睡不着，诊断为感染了肝吸虫。感染肝吸虫可能会导致腹胀、腹痛、皮肤感染、胆囊炎等。有些地区肝癌的发病率高，与当地人喜欢吃生鱼片有很大关系。肺吸虫，除了影响肺部，还可能进入脑组织，引发中风、偏瘫。据杭州市疾控中心寄生虫病防治所所长徐卫民介绍，油炸水产品未熟透，半生的咸鱼干、酱鱼干、鱼片粥等，都有可能使人感染肝吸虫，生吃海鲜可能会感染异尖线虫[45]。呼吸科主任汝触会强调，吃生肉也存在寄生虫风险[46]。

寄生虫既存在于生食肉类、水产中，也存在于食用未经必要处理的生水中，而且隐蔽、难以被发现。某男青年出现了头痛、呕吐、发热等症状，初步诊断可能是脑出血，住院后病症明显缓解。但出院10天后病况又恢复了，第二次诊断认为是脑结核，做了脑"脓肿"的清除手术。接着胸部疼痛，诊断为肺部感染。后来，医生观察到他肺部检查时阴影位置多次变化，才由此追索，检测出该男子感染了肝吸虫、肺吸虫、裂头蚴3种寄生虫。医生认为，寄生虫来自患者从前经常饮用的生水[46]。有名女患者多次咳血，治不好，也无法确诊病因。后来一位接诊的专家，认真地、反复地分析她所有的影像片子，发现其中一张有极其细小的异常，再加探究，才确诊为寄生虫感染[46]。

对很多人而言，毒品是个遥远的概念。然而，在毒品制造、贩卖暴利、化合制毒泛滥的推动下，一些人在精神空虚、追求刺激的驱动下，毒品、吸毒行为离我们越来越近了。据《2019世界毒品报告》，全球每年约有2.7亿人吸毒[47]。2019年，我国破获毒品犯罪案件8.3万起，抓获犯罪嫌疑人11.3万名，缴获各类毒品65.1吨[47]。云南某个自然村出现过有近一半人吸毒的现象[48]。

毒品有相当大危害。有的毒品让人冲动、亢进、偏执、妄想、有幻觉和暴力倾向;有的毒品让人焦虑、恐慌、出现被害妄想症;有的毒品让人心跳加速,血压升高,容易出现急性精神分裂;有的毒品让人出现思维障碍、精神错乱、妄想、多疑[49]。毒瘾患者的神经细胞也会受到损伤,记忆力下降,思维迟钝[50]。

毒品能伤人,也能置人于死地,还能造成更大的社会危害。《2019世界毒品报告》显示,全球每年约60万人直接死于吸食毒品[47]。2020年,某医学院男生盗取管制药品给同校的女朋友吸食,女友吸食后死亡[51]。2021年3月,埃及索哈杰省有两列火车相撞,导致32人死亡,多名涉案人员当天在事故前吸食了毒品[52]。钟南山院士、李兰娟院士告诫公众,"吸毒严重损害身心健康,是绝望和死亡的代名词","珍惜生命,远离毒品"[53]。

一旦吸了毒,要想戒掉,是痛苦而困难的。某省公安厅副主任法医师写道,"一旦染上毒瘾,就像是被接上了永不停止的吸血机"[54]。

四、关注中医、中药

1. 疾病对人类健康的挑战

2020年,新型冠状病毒汹涌而来,其传染性极强。大连市,2020年12月出现的新冠病毒疫情中,第35号病例参与11人的家庭聚会,造成其他10人全部感染;至2021年1月2日24时,由此带来的后续确诊病例、无症状感染者有33人[55]。至2020年4月16日24时,2020年4月9日哈尔滨确诊病例郭某引发的病毒传染链已导致哈尔滨市43人感染新冠病毒[56]。2021年5月25日,广州新冠病毒病例黄某(第三代)与鲁某(第四代)在鹅公村用餐,当时分别进入了鹅公村卫生间,病毒在双方无接触肢体的14秒内就完成了传播[57]。芬兰阿尔托大学等4个科研机构进行的病毒传播模拟实验显示,如果有新冠肺炎患者在超市这样的密闭空间里咳嗽,1分钟后,新冠病毒就蔓延到了整个通道,2分钟后,病毒扩散到了旁边的过道[58]。2020年4月,本大卫(斯坦福大学教授、传染病专家)等基于对美国山景城、洛斯加托斯和圣何塞3个城市、3300名没接受过新冠病毒核酸检测的居民进行的新冠抗体检测结果，估计190万人口的圣克拉拉郡有约2.5%-4.2%的人曾感染过新冠病毒，相当于4.8万—8.1万人，而当时官方确诊数字是956人[59]。

即便是防护措施强、防护知识多的医护人员，也有许多人被传染。据2020年4月的资料，当时西班牙已接近2万名医护人员感染新冠病毒[60]。至2020年5月下旬，德国约有2万名医护人员感染新冠病毒[61]。王广发医生（国家卫健委专家组成员）在武汉一家医院支援抗击疫情的工作时，穿了隔离衣，戴着N95口罩和帽子、手套，不久感染了新冠病毒。据他自己的分析，当时没戴护目镜，可能是通过眼睛黏膜感染了新冠病毒[62]。

新冠病毒不仅使人出现肺炎，还会引发其他严重病症。研究显示，30%-50%的国外新冠肺炎患者有各种后遗症[63]。某研究发现，英国有些新冠病毒感染者，患上了严重的脑部疾病，包括中风、周围神经病、神志不清、精神错乱等，即便是其中一些患者只有轻微的新冠肺炎表现。新冠病毒造成的脑部损伤可能要过好几年才能明显地呈现出来。类似情况在1918年的大流感疫情之后曾经发生[64]。对美国约24万名新冠患者的研究表明，高达34%的新冠患者在治愈后6个月内被诊断出患有神经或心理疾病[65]。据英国的研究，长期患新冠肺炎容易导致患者出现心脏病、糖尿病和慢性肝肾类疾病。据莱斯特大学和英国国家统计局调查数据，在英国第一批出院的4.778万人中，有29.4%的人在140天内因各种疾病重回医院，约12.3%的患者死亡[66]。谭德塞（世界卫生组织总干事）曾指出，新冠肺炎患者的病死率估计比流感高出10倍[67]。

由于新冠病毒传染性强、危害大，不少国家、地区不得不采取罕见的封锁措施。美国疾控中心主任雷德菲尔德谈道，美国方面犯了很多错误，轻视了新冠病毒的威胁，等意识到威胁、对欧洲发布旅行禁令时，已经有不少新冠病毒感染者从欧洲进入美国[68]。2020年3月，法国政府宣布，新冠肺炎疫情下，法国处于"战争状态"，法国人应最大限度减少出行，并避免与外界接触，无法证明其出行必要性的居民，将面临38至135欧元的罚款[69]。2020年12月，英国发现变异的新冠病毒后，法国总理卡斯泰不久便宣布，中断来自英国的人员流动；至少20多个国家为此而对英国采取了不同程度的封锁措施[70]。2021年4月，意大利政府要求民众在

复活节期间非必要原因不得外出,全面实施"封城"措施;法国总统马克龙宣布,"封城"措施扩大至全境实施[71]。

尽管采取了一定的国境封锁、区域封闭、人员戴口罩乃至一些停产、停业、停课措施,新冠病毒感染情况、带来的疾病状况依然相当严重。2020年4月,全球新冠病毒患者累计确诊超过200万人,默克尔(时任德国总理)声称,德国当前的新冠病毒传播率约为1,即一名确诊患者平均能感染一个人,如果传播率上升到1.1,德国的卫生系统将在2020年10月达到极限;上升到1.3,则德国的卫生系统在6月就会达到极限[72]。据2021年1月初的资料,美国洛杉矶新冠肺炎住院人数在近来的两个月内增加了10倍,送来患者的救护车都要在医院外排队7到8小时[73]。总人口不到7000万的英国,至2020年12月30日,新冠肺炎确诊总数约234万人,新冠肺炎死亡患者总数约7万人[74]。美国,新冠病毒肺炎确诊总数,2020年11月突破1000万人,2021年1月1日超过2010万人,2022年1月4日超过5600万人;美国新冠肺炎死亡患者总数,至2021年1月1日约35万人,2022年1月4日超过82万人[73,75]。2020年7月24日,美国得克萨斯州斯塔尔县宣布,成立委员会对斯塔尔县纪念医院的新冠病毒患者进行审查,以决定哪些可以继续留院救治。斯塔尔县法官维拉写道:"医院资源有限,我们的医生将不得不决定,谁将被送回家等死。"[76]

2. 中医药有许多独特的长处

世界卫生组织病原体顾问达扎克指出,在东南亚农村等新兴疾病热点地区的野生动物中,约有170万种未被发现的病毒[77]。中国科学院院士、中国疾病预防控制中心主任高福谈道,新冠病毒是感染人类的第七种冠状病毒,飞鸟、走兽、水生动物都携带冠状病毒,而且会发生重组变异,这给人类带来很大挑战。下一种冠状病毒,随时可能出现[78]。正如武汉国家生物安全实验室主任袁志明所指出的,病毒可能在任何时间、在世界的任何地方出现[79]。

有的病毒有很强的隐蔽性、潜伏期很长,还缺乏针对性的药物和疫苗。例如,2010年法国一名24岁的女性不幸在实验中感染了朊病毒。7年后,她才出现明显症状,右肩、颈部疼痛,随后疼痛蔓延至全身右侧，出现抑郁、记忆损伤和幻视等，失去语言、行动能力，没多久就去世了[80]。

面对多种多样的病毒、病菌等，按西医的治疗方法，常常需要花费较长的时间去研制抗病毒药、抗生素等新药物、新疫苗等。而中医药治疗方法强调分清患者的症状特点，分析患者身体机能的变化，把握病症的特性、类型，往往可以较快地、比较有效地进行辨证施治。

国医大师荣誉称号获得者、原广州中医药大学教授邓铁涛指出，中医的辨证论治不把治疗的着力点放在病原体，而放在病原体进入人体后邪气与正气斗争所表现出的证候。治疗相关疾病不能只知道对抗病毒，而应该既注意祛邪，更注意调护病人的正气，还要使邪气有排出的途径[81]。按原中国中医科学院院长曹洪欣的观点，中医对疫病注重观察其侵犯人体后的反应，四诊合参、辨证论治[82]。北京中医医院院长刘清泉指出，中医药对传染病的治疗，经常会采用清热、化湿、解毒的方式。清热，好比改变人体内部环境，使病毒难以躲藏；化湿，提升免疫功能；解毒，相当于打击病毒[83]。张伯礼强调，中医药治疗方式不仅针对病毒，更注重调节病人的身体功能，提高人体免疫力。在国家中医医疗队负责的武汉江夏方舱医院，除了中药，还采用理疗、按摩、灸法等来治疗新冠病毒感染者，还让患者练太极拳、八段锦以促进康复[84]。国家中医药管理局医疗救治专家组副组长、广东省中医院副院长张忠德介绍道，练八段锦、太极拳能增强体质，加快疾病康复，对患者非常有益[85]。中国疾病预防控制中心传染病所所长徐建国是西医专业背景的中国工程院院士，他谈道，自己也喜欢应用中医（药）[86]。

1956年，石家庄地区出现乙型脑炎，中医师们参考古代医学家张仲景的方法用白虎汤进行治疗，治疗效果高于世界水平。1958年，广州地区出现乙型脑炎，邓铁涛医师参与救治，中医的治疗有效率达到90%，而且没有后遗症。20世纪60年代，广东出现麻疹，不少幼儿因麻疹肺炎失去生命，一些中医师采用透疹清热的方式进行治疗，控制住了病亡问题。20世纪60年代，广州出现流感，中医师们参照古代医学家吴又可的达原饮进行治疗，取得了良好的效果[87]。

在"七五"期间某项流行性出血热治疗研究中，有的研究组对812例患者采用中医药治疗，病死率约1%，西医药对照组的315例患者的病死率约5%；另一研究组对273例患者采用中医药治疗，病死率为3.7%，西医药对照组的140例患者的病死率为10.7%[81]。

2003年，中国爆发了SARS非典型肺炎疫情。相关的冠状病毒传染性强，不少患者病情恶化很快，以致呼吸系统衰竭、病亡。广东省中医院护士长邓女士当时感染了非典型肺炎，高烧不退，生命危急。原广州中医药大学教授邓铁涛，不主张用抗生素、激素来治疗非典肺炎患者，对邓女士改用中药"仙方活命饮"进行治疗。三天后，邓女士退烧，病情缓解[87]。中国国际广播电台编辑姜君梅的丈夫当时感染了非典肺炎，住院病危。姜君梅向年近90岁的著名中医、卫生部原党组成员、中医局局长吕炳奎先生求教治疗方法，吕炳奎先生开了药方，该患者服用后由此治愈[88]。

科技部中医药专家林中鹏介绍，当时广州、香港的"非典"患者都是约一千七八百例，但广州患者的死亡率为3.6%，香港患者的死亡率为13%[87]。世界卫生组织派出专家来考察中医药治疗非典肺炎患者的效果[87]。世界卫生组织专家认为，中西医结合治疗非典肺炎患者，退烧时间较快，病情反复少[88]；中西药结合治疗可减轻患者气短、呼吸急促等症状，促进肺部炎症吸收，减少糖皮质激素和抗病毒药的用量及副作用[89]。香港医管局派出专家考察之后，邀请广东派出中医师到香港治疗非典肺炎患者。中医药随之成为香港舆论的中心议题[87]。广东省中医院赴香港医疗队为香港地区SARS疫情的控制作出了重要贡献。香港公立医院随即开始设立中医门诊，在许多人尊崇西方模式的香港，中医药不能进入公立医院的历史由此结束[90]。2003年5月，国家要求北京16家非典肺炎定点医院中的5家，运用中医药方法治疗非典肺炎患者；3天后发现，中医药治疗非典肺炎的效果相当好，从而北京16家非典肺炎定点医院开始全部运用中医药方法治疗非典肺炎患者[88]。中日友好医院临时SARS医院病区主任仝小林的治疗小组，完全运用中医药方法，不使用糖皮质激素、抗病毒药物、免疫调节剂等常规西药，从中医的温病理论出发，治疗了16位SARS患者。至2003年6月8日，16位SARS患者已全部治愈，平均退烧时间为4.5天。相关纯中药治疗SARS患者的报告，得到了世界卫生组织的肯定[90]。天津实行中西医结合治疗方式的两个SARS病区，相比西医治疗病区，患者的后遗症、并发症状况都较少[91]。

潘俊辉、杨辉、钟南山等分析了2002年12月底起，约半年内入院的71例SARS非典型肺炎患者的中西医结合治疗情况。其中，中医药全程参与治疗的有36例，中医药参与后期康复治疗的有35例。对发热期患者，注重清肺解毒、凉血行气等，采用抗炎1号方、鱼腥草注射液、天龙茶袋泡剂（医院制剂）等中药；对喘憋期患者，注重清热平喘、透营败毒等，采用抗炎2号方、参附注射液等中药；对恢复期患者，注重益气养阴、调补肺脾等，采用抗炎3号方、参麦注射液、天龙喘咳灵胶囊（医院制剂）等中药。从治疗结果来看，治愈70例，治愈率为98.6%；死亡1例，病死率1.4%。（西药）类固醇激素的应用极大地提高了非典型肺炎治愈率，但容易出现继发感染、继发出血、精神症状以及水、钠潴留等一系列不良反应。中西医结合治疗显著改善了患者症状，重症患者病死率低[5]。

2009年甲型流感大爆发时，中医药界也提供了流感防治方案。中日友好医院中医内科首席专家、国医大师荣誉获得者晁恩祥谈道，中国中医科学院专家牵头开发的"金花清感方"，在甲型流感时得到了有效应用，获得国内外专家普遍认可[86]。时任福建省防治传染病专家组中医组组长、福建人民医院主任医师李学麟等对所在医院患者进行中医药治疗，无一例患者转为重症[92]。

2019年底蔓延的新冠肺炎疫情一度相当严峻。中西医结合的治疗方式，在我国应对新冠肺炎疫情的过程中，得到了广泛应用。支援武汉的广东省中医院副院长的张忠德医生治疗了100多个病例后，认为大量新冠感染患者是以湿毒热为主、部分有寒。张忠德医生在湖北省中西医结合医院接诊了一名43岁的新冠肺炎重症女患者，其病情持续1周，高烧、寒战、头痛明显、体虚难起身。张忠德医生对她采用纯中医药治疗方式。患者第1天服用2次中药，开始退烧；第2天配合八段锦、穴位贴敷等；第3天完全退烧，症状改善明显；第8天，患者达到出院标准[93]。

张伯礼和刘清泉等曾用宣肺败毒颗粒对约500例轻症和普通型新冠感染患者进行治疗，患者发热、咳嗽、乏力症状得以明显减轻，CT影像显著改善[94]。

广州市第八人民医院中医科谭行华主任中医师、福建省立医院中医科郑星宇教授等共同研发了治疗新冠感染的中药——透解祛瘟颗粒，50例新冠感染轻症患者服用1周后，体温全部恢复正常，50%的患者咳嗽症状消失，52.4%的患者咽痛症状消失，69.6%的患者乏力症状消失，无1例患者转为重症[95,96]。透解祛瘟颗粒，参考了温病学的清瘟败毒饮、达原饮、清暑益气汤等，对轻型新冠感染患者的有效率达到约94%[97]。2020年2月，广东省药监局、广东省卫健委等通知，广东省新冠感染定点救治医院可以根据需要直接调剂使用透解祛瘟颗粒[98]。

解放军总医院第四医学中心李学秀教授在北京佑安医院开展的一项对照研究发现，服用参照古代药方的现有中成药——金花清感颗粒的新冠感染患者，核酸转阴的时间比对照组提前了2天半，肺部炎症好转的时间平均为8天，而对照组平均是10.3天[99]。

国家中医药局，至2020年2月4日，已在山西等4省试点运用清肺排毒汤救治了新冠感染患者214例，有效率达90%以上，其中60%以上患者症状和影像学表现改善明显[100]。据国家中医药管理局科技司司长李昱介绍，至2020年2月17日，观察的10个省医疗机构的701例新冠感染患者中，采用清肺排毒汤后，已有130例治愈，51例症状消失，268例症状改善，212例症状平稳。对有详细信息、服用清肺排毒汤的351位新冠肺炎患者的分析表明，51.8%的发热患者服用1天后体温恢复正常，46.7%的咳嗽患者服用1天后咳嗽症状消失，轻型、普通型患者没有1位转为重型，22位重症患者中有3位治愈、有8位转为普通型；共有46位治愈[101]。在一项研究中，肺部影像显示，服用清肺排毒汤6天后，占总数93%的53例新冠肺炎患者肺部病灶出现缩小、吸收[83]。

国家中医药管理局党组书记余艳红强调，中医药防治传染病，注重增强人体自身的抵抗力和修复能力，注重维护整体平衡，中医药在应对病因不明确、缺乏疫苗和特效药物的传染病时有用武之地[102]。德国病毒学家奇纳特尔表示，中西医结合疗法具有重要借鉴意义，中医药在防止病毒吸附细胞、病毒复制等方面有明显效果[103]。2020年3月3日至4日，钟南山向欧洲呼吸学会介绍道，针对新冠病毒，一些中药已经在P3实验室进行了细胞层面测试，结果证明，中药对抗病毒和抗炎有效[104]。日本传染病资深专家大曲贵夫谈道，新冠肺炎疫情发生后，日本的大学中很多研究者对中医药产生了兴趣[105]。

中医药还在艾滋病等"绝症"的治疗中发挥着重要作用。中国中医研究院广安门医院的中医专家接受国家指派,于1987年前往坦桑尼亚开展艾滋病中医药治疗援助工作。该医院的中医专家在西医"鸡尾酒疗法"尚未出现或还没有应用条件的情况下,用清心降火、滋阴清热、清热化痰等中医药治疗方式帮助了大量艾滋病患者,并且证实了几十味中草药具有除祛艾滋病毒的作用,一些中药组方和中药能明显改善患者感染艾滋病毒后的CD4T/微升细胞数量和功能。该团队研制的治疗艾滋病的益气养阴、化瘀解毒中药——艾灵颗粒,在坦桑尼亚和我国已使用推广了20多年[106,107]。

我国的中医专家还研制了不少艾滋病治疗药物。湘A2号中药颗粒在提高CD4细胞计数方面也表现出较好疗效[108]。国医大师荣誉获得者张震提出以气阴两虚为基本病机、以益气养阴、扶正祛邪为主要治法[109],适当应用疏调气机之法治疗患者体内因艾滋病病毒危害和正邪交争所致之紊乱的气机[110]。他开出的扶正抗毒方、康爱保生方治疗艾滋病患者上万例,患者不适症状明显减轻,继发性机会感染发病率减少,体重普遍增加[111]。

西药方式往往是采用一种或少数几种药物、人工化合物进行治疗;中药方式则常常采用多种药物、十几种乃至几十种药物进行治疗,对身体多种机能进行统筹兼顾、综合调整。清华大学生物信息学研究所研究人员李梢指出,一种天然植物药一般含有100种以上化合物,在干预疾病有关生物分子及相关基因表达、基因组合方面,中药方剂可能发挥了多因微效的整体调节作用[112]。王先生年近70岁,20多年来长期失眠,需躺3至5小时后才能入睡,天未亮即醒。接诊的林主任医师先予以疏肝清火,再让他服用具有宁心安神、开窍、燥湿降逆、清热祛湿、养阴润肺等多种药效的养心安神膏,一段时间后其睡眠恢复平常[113]。一名多囊肝继发肝癌的老年女性患者,肝区刺痛难忍,病情危重。中医学家方药中先生,诊断其属肝肾阴虚、气滞血瘀,以养肝滋肾、疏肝的方式治疗,又以清肺清胃方式进行调控,明显见效。患者间断用药2年,约20年后,因心梗去世[114]。西医专业背景的东南大学附属中大医院副院长邱海波谈道,多数的人工化合药物是单靶点的,中医药则更多的是多靶点的,中医药治疗更像团队作战方式[83]。

西医治疗往往对一类疾病采用一种或少数几种治疗方案，而中医药治疗则对患者辨证施治，细致地识别患者的病症表现，将一类病症进行具体的细分，综合考虑天时、地域等外部环境因素，有条件时对患者采用因人而异的治疗方案。1957年北京出现乙型脑炎疫情，在白虎汤治疗方式效果不明显的情况下，蒲辅周中医师采用了温病治疗方法，有效率达到90%[81]。北京市中医药管理局在《北京市新型冠状病毒肺炎中医药防治方案（试行第四版）》中，提出将成人确诊患者按正虚受邪、疫毒袭肺证、疫毒闭肺证、内闭外脱证等分类进行针对性的治疗[115]。国家卫健委在对新冠病毒感染疫情期间居家隔离的发热患者给出的治疗意见中指出，患者可按细分的症状分别选用解热散寒类中药、清热解毒、宣肺止咳类中药、化湿解表类中药、清热解毒利咽类中药、通腑泻热类中药[116]。

现代社会，人们的生活条件大大改善，但依然面临着不少健康问题。2019年，中国人的人均看病次数达到6.2次[117]。现代医学的发展，给我们带来了许多新的健康问题解决方法、新的医药产品。但与此同时，许多疾病的治疗费用大幅上涨，其中包括不少过度的医疗支出。据介绍，美国一年的过度医疗支出高达1万亿美元[118]。一些现代医疗方法的费用已经让普通人难以承担。而多数中医药治疗方法的费用往往较低。据国家中医药管理局党组书记余艳红介绍，中医药治疗方式，通常具有经济、易行的特点[83]。

中国医学科学院院长王辰等一项发表于美国《内科学年鉴》的研究表明，金花清感颗粒治疗甲型流感时疗效和西药达菲相当，同时副作用更少，治疗费用低[83]。某7岁男孩腺样体堵塞90%，西医医生提出用手术切除的方法，而某区妇幼保健院中医儿科对其采用中医治疗方式，其腺样体堵塞缩小到50%，避免了手术及相关一系列支出[32]。李某为治疗患了22年的难治性精神病，进行了某射频热凝术脑部手术，手术后发现右侧内囊前支少量出血并破入脑室，出现高烧症状，神志不清。采用抗生素、冬眠疗法、卧冰床、戴冰帽等进行治疗，治疗两个月未见好转。福建人民医院主任医师李学麟中医师后为他开了中药药方，并提出停止冬眠疗法、停用抗生素。患者服用中药后，体温逐步下降，神志转清，10天后体温恢复正常。中药药费是此前两个月的十几万治疗费用的零头[119]。至2020年3月15日，中国大陆的新冠病毒感染患者结算的医疗总费用约7.5亿元，人均医疗费用约1.7万元[120]。而不少中医药治疗方法的费用、成本，少得出乎许多人的意料。

气功相关疗法，不仅能治疗疾病，疗效突出，而且是中国传统养生保健方法的重要组成部分，有显著的养生保健功效，常常便于患者学习锻炼，成本更是低廉。高校教材《中医气功学》指出，气功是以古典哲学思想为指导，以调心、调息、调身融为一体的操作为内容，以开发人体潜能为目的的身心锻炼技能。气功是中华民族的瑰宝，气功疗法是中医学的重要组成部分。20世纪60年代，秦伯未、任应秋等著名中医学家向卫生部提出，要及早开设气功课程。20世纪80年代以来，已有10余所高等中医院校开设了气功课[121]。厦门市中医院创建人、原院长、厦门市第四至第七届政协副主席陈应龙撰写了《坐式保健练功十二法》一书，不少慢性肝炎、肾炎、肠炎、神经衰弱、高血压、心力衰竭、子宫下垂等疾病患者，锻炼此功，收到了良好的效果。陈应龙行医五十周年时，时任卫生部部长崔月犁为他题词："大力培养针灸气功专家，为中国和世界人民服务。"陈应龙医师83岁时，国家体委还组织拍摄了他锻炼气功的专题影片[122]。

教育部提出，应将五禽戏、八段锦、易筋经等传统健身功法纳入学校教育活动之中[8]。国医大师荣誉获得者张震年过90岁，仍坚持进行太极拳锻炼。他认为，太极拳集颐养性情、强身健体等多种功能为一体，可以调节经络，调节心神[123]。八段锦、太极拳等也被应用于艾滋病患者的治疗之中，较好地抑制了病毒的滋长[106]。张伯礼鼓励大家学习养生保健知识，特别是几千年积累下来的中医养生保健知识，由此不得病、少得病，这是健康问题的治本之策[124]。

针灸疗法也是中医药治疗方法的一大独特之处。针灸的疗效与人体的经络系统紧密关联。中国古代医学家发现了人体内部气的运行系统——经络系统，进而发展出了独特的经络理论和针灸等治疗方法。据原卫生部副部长胡熙明的介绍，在2000多年前问世的《内经》中，有关针灸的内容约占了全书的70%-80%[125]。

中国残疾人联合会主席张海迪幼年时高位截瘫，后来学习了中医。

1970年，她用针灸治愈了一名患者的哑症、瘫痪症。某青年患病导致聋哑已有十二年，厦门市中医院原院长陈应龙为他针灸两次，患者当场能够说话。患者张先生的左前额起一肿块，发热剧痛，内、外科医生会诊，认为脓液炎症将侵入脑膜，急需手术治疗。陈应龙医师为患者针灸后，患者疼痛减轻。第二天，患者额头肿块消失，X光复查，脓液已吸收[122]。某锡矿矿工中很多人是腰痛患者，张震医师当时毕业不久，采用局部封闭与针刺委中、承山等穴位进行治疗，比较满意地解决了大批患者的腰痛问题[126]。

对难治的精神疾病，针灸疗法也屡有良效。某农村妇女因家务不和，突然妄言高歌，打人骂人。原河南中医学院主任医师、中国针灸学会理事邵经明针刺其大椎穴、风池、神门、内关等穴，约五六次后患者恢复正常[125]。某外国5岁女孩，常常表情淡漠、眼神呆钝，对父母不甚亲热，被诊断为儿童精神分裂症，在其本国神经科医院治疗未见成效。原中国中医研究院气功研究室主任、针灸研究所研究员焦国瑞医生接诊后，判断其为痰湿内生、扰乱神明。对百合、脑户、哑门等穴针刺，进行约12天的治疗后，沉默状态好转。进行约2个月的治疗后，女孩言语渐多，精神状态继续好转，能跟着收音机学唱歌[125]。

据世界卫生组织统计，已有103个会员国认可使用中医针灸疗法[87]。北京冬季奥运会上，美国多名冬奥会参赛运动员表示，他们在训练过程中运用了穴位按摩，非常有效[127]。2023年，在美国空军第33战斗机联队，飞行医学住院医师项目成员参加了针灸和整骨疗法会议，并接受了拔火罐、针灸、刮痧等治疗[128]。

同样源于经络理论的点穴疗法，也是中医一大治疗手段。贾立惠医师曾对一名偏瘫患者进行点穴治疗，患者随即能够站立行走[129]。在教材《中医临床医学流派》中，编写者陈大舜等称，贾立惠医师用手指点穴结合按压、掐、叩打等方法治疗患者，取得了很好的疗效[130]。贾立惠医师的学生、深圳中医院教授陈荣钟提出"治瘫十法"，使众多偏瘫患者较快地恢复行走[131]。例如，他对一名坐轮椅的脑血栓患者采用点穴、弹击等方式治疗40分钟后，患者可以独自地站立、慢行[129]。陈荣钟医师还创立了治疗面部瘫痪的唇睑刺激法，疗效突出，被誉为"面瘫克星"[131]。贾氏点穴疗法项目，已入选国家级非物质文化遗产代表性名录。陈荣钟医师被确立为国家级非物质文化遗产贾氏点穴疗法项目代表性传承人[132]。

国家提出，要发挥中医药在疾病预防、治疗、康复中的独特优势，在"十四五"期间建设约20个国家中医药传承创新中心、20个中西医协同旗舰医院、20个中医疫病防治基地、100个中医特色重点医院[43]。支持通过地方政府专项债券等渠道，推进符合条件的公立中医医院建设，共建一批中医（含中西医结合）方向的国家医学中心和区域医疗中心，与其他国家共同建设友好中医医院[7]。鼓励街道社区为提供家庭医生服务的中医诊所无偿提供诊疗场所[7]。研究实施西医学习中医重大专项，将中西医结合工作成效纳入医院等级评审和绩效考核，对医院临床医师开展中医药专业知识轮训，使其具备相关常规中医诊疗能力，将中医药课程列为2021级本科临床医学类专业必修课，在综合医院、传染病医院等推广"有机制、有团队、有措施、有成效"的中西医结合医疗模式[7]。在院士评选、国家重大人才工程等高层次人才评选中，探索中医药人才单列计划、单独评价[7]。

教育部要求，让初中生学习中医成就与代表人物的相关知识；高中生应了解中医经典名著的主要内容、中医的基本理论和诊断方法，认识中医蕴含的整体系统思维、天人和谐等思想[8]。

匈牙利前总理彼得认为，中医药学是中国古代科学的瑰宝，对世界文明进步产生了积极影响，在欧洲乃至世界获得越来越广泛的认可。2019年5月，第72届世界卫生大会审议通过的《国际疾病分类第11次修订本（ICD-11）》中纳入了起源于中医药的传统医学章节，这被认为标志着中医药正式进入世界卫生组织体系，标志着世界卫生组织对来源于中医药的传统医学价值的认可[133]。

五、远离不健康物质、有害物质

近几十年来，我国的社会生产力水平快速增长，人民的生活水平有了显著提升。但人的某些身体机能却明显下降。例如，有关研究显示，2015年我国供精志愿者中，只有不足20%的男性精液参数达到合格标准，供精合格率水平下降到2001年的三分之一[134]。许多夫妇出现了生育机能问题。这种人体机能下降问题很可能与人越来越多地接触不利于健康的物质有关。

美国密歇根大学公共卫生学院研究人员对1120名中年女性进行了17年的研究。他们发现，普遍用于不粘锅中的全氟烷基和多氟烷基物质会使女性出现卵巢功能紊乱等，女性可能因此提前两年进入更年期，进而影响心血管和骨骼健康[135]。

复旦大学公共卫生学院曾对上千名8—11岁的儿童和516名孕妇进行检测，结果显示，儿童尿样中共检测出21种人用、兽用或人兽用抗生素，约80%的学龄儿童尿液中检出一种或几种抗生素，兽用抗生素可能引发儿童肥胖、性早熟。在江浙沪地区的孕妇尿液中检出16种抗生素，一种及以上抗生素的检出率为41.6%。据分析，一些淡水中的抗生素主要来自医院和药厂废水、水产和畜禽养殖废水、垃圾填埋场，在现有工艺下无法有效地去除大部分抗生素[136]。

据儿科主任医师曹松霞介绍，养殖的水产品、禽类、反季节水果等如果含有外源性激素，过多食用可能会促使少儿出现过早发育问题，进而发展成中枢性发育，虽然孩子早期会显得个子高，但最终身高反而变低了。王慧医生认为，孩子应避免长期接触塑料制品、一次性餐盒，尽量避开农药残留多的食物，否则也容易过早发育。某8岁多的女孩骨龄已经12岁了，发育过程加速，据其当前的骨龄预测，她成年后身高约为144厘米，而按父母身高推算出的遗传身高却应有约163厘米[137]。

色彩缤纷的食物常常会激发人们的食欲。对小朋友们更是如此。人工合成食用色素比天然色素成本低、色泽往往更明亮、持续时间更长。因而，食品制作者往往大量采用人工合成食用色素。相关研究表明，人工合成食用色素容易引发人体的炎症。美国南卡罗莱纳大学药学院教授霍夫塞斯指出，人工合成食用色素具有一定的致癌作用[138]。也有医生谈道，过量的人工合成色素、香精，对人的肝脏、肾脏器官有大的危害[19]。

有的水产品有过高的重金属含量，如市场监管部门发现有些梭子蟹的重金属镉超标，可能会带来肾和骨骼损伤等[139]。某地大批养殖户用剧毒农药来清除海参养殖区域的某些植物，有的甚至在50亩的池塘里使用了20箱敌敌畏农药[140]。

有些地方比较流行喝凉茶，但一些商家却为了增强所谓"功效"，在凉茶中违规添加了西药甚至罂粟碱等。某地抽样的40份凉茶中，有15份含有西药"对乙酰氨基酚"或"氯苯那敏"、"甲硝唑"等[141]。

聚丙烯等塑料制品被大量地制作成食品器具。爱尔兰都柏林三一学院的研究人员对10种聚丙烯制成的或有基于聚丙烯配件的婴儿奶瓶测试了塑料微粒释放量。研究发现，样本奶瓶在21天的试验期内会持续释放塑料微粒，各个奶瓶释放的塑料微粒在130万个至1620万个之间[142]。众多的细小塑料微粒，在塑料食品用具的使用过程中进入人体，会带来一定的健康风险，例如引发自身免疫性疾病[143]。

一些人工合成药物也有相当的健康风险。服用或使用土霉素、雷尼替丁等某些抗菌药物、心血管药物、消化系统药物、降血糖药、抗肿瘤药物后，暴露于日光或类似光源下容易产生水肿性红斑、水疱等[144]。曾在我国广泛使用的安乃近片，被国家药品监督管理局注销了药品注册证书。研究显示，服用安乃近片可能导致粒细胞缺乏症、再生障碍性贫血、荨麻疹、剥脱性皮炎等[145]。

被污染的空气已被发现是许多疾病的病因，它会影响心脏、呼吸系统，导致全身性炎症、高血压、糖尿病、中风等。据美国哈佛大学学者对超过6300万人的住院记录的研究，即便是污染水平较低的空气，长期吸入也会增加心脏病、中风、肺炎的风险[146]。

综上，我们应该远离不健康物质、有害物质，拥抱健康和幸福的生活。

第二节 健康的心态

一、避免对电子信息产品与应用的沉迷

计算机技术、通信技术等信息技术可谓是近30年来对人们影响最大的一类科技。例如，智能手机从简单的通信工具演变成了灵巧的多功能信息终端。据工信部相关负责人介绍，2015年中国大陆手机用户每月平均数据流量约为288M，2020年约为11G，增长了38倍[1]。

手机等电子信息产品功能的显著增强、通信技术的快速进步等因素，

使得电子信息产品应用的危害趋于普遍化、严重化。许多人因电子游戏的危害而称其为现代"电子毒品"[2]。而许多电子游戏包括知名企业提供的网络游戏，故意通过规则和玩法来诱使用户沉迷其中[3]。即便国家出台了多项限制未成年人网络游戏行为的规定，一些游戏企业为了利润依然做着被称为"阴奉阳违"的故意放纵之事[4]。

很多孩子从两三岁就开始接触电子产品，只要能玩手机，饭都可以不吃，对手机、互联网以外的事情漠不关心，甚至因沉迷电子产品，导致学习"一落千丈"，乃至逃学、离家出走。未成年人过度使用电子信息产品与应用，已经不是少数个别现象，而是具有相当的普遍性。据调查，我国62.5%的未成年互联网用户经常玩互联网游戏，13.2%的未成年手机游戏用户在非假日玩手机游戏的平均时间超过每天2小时[2]。某市涉及约2千名中学生的调查显示，有些地方的学生群体执迷于互联网游戏的情况相当严重：26.2%的学生两三天玩一次互联网游戏，11.7%的学生几乎每天都玩，1天内玩互联网游戏的时间在1—2小时的学生占53.9%。该市一名中学老师指出，学生玩互联网游戏的实际情况比调查结果更严重，一个60人的班级只有约20名学生能合理控制玩互联网游戏的时间[2]。

不仅是许多孩子过度使用电子信息产品，连自制力较强的成年人中也容易沉迷其中。一些人常常在使用手机时陷入一种"自己也不知道在干什么"的状态，手指失控似地、不停地在手机上滑动，晚上即使很困，也不忍心将手机放下，常常是毫无目的地看手机。一些人为了改掉沉迷电子信息产品的行为，特意安装了防沉迷软件，还不得不去接受心理辅导。更有甚者，某市一位区国税局办公室副主任马某痴迷于电子游戏，常常会因不玩电子游戏而"坐立不安、浑身难受"。马某为付费欠下高额债务，为还债贪污税款40余万元[5]。廖女士的前夫整天除了吃饭、上厕所，就是玩电子游戏，游戏键盘都用得形成了凹坑，母亲住院了也置之不理。最后廖女士不得不与其离婚。这种现象并不罕见。

过多使用电子信息产品，既占用孩子的学习时间、精力，还会对他们的思想、性情产生严重的不良影响。一些人容易感到焦虑、做事缺少耐心，注意力下降，甚至无法长时间阅读、思考[6]。浏览短视频似乎能带来短暂的乐趣，但如果沉迷其中，常常会感到精神空虚，精力无法集中，甚至会变得无法完整地看完一部电影[7]。韩国崇信女子大学研究人员通过一项研究发现,睡前长时间使用手机会使人抑郁的可能性上升20%、焦虑的可能性上升14%[8]。某中学在关于不带手机进校园的倡议书中指出,学生过多使用手机,不利健康,不利学习,易受不良信息污染,易造成非正常人际关系,易形成消费攀比,易形成不良学风[9]。

有些孩子在网络游戏等互联网应用中还会遭遇其他用户的欺骗、凌辱、精神暴力,心灵倍受摧残。代号"星无火"的某游戏用户利用一些未成年用户提出道具请求、想获取帮助等机会,骗取账号、密码,侵占、盗卖游戏资源,将对方用户名改为侮辱性名称,不仅以肮脏的词汇辱骂对方,还要求未成年用户做出受辱举动[10]。

一些电子游戏及网站发布的相关信息含有一些不健康内容,对孩子的思想、行为产生了严重的误导。如北京青少年法律援助与研究中心对某热门电子游戏提起公益诉讼,认为该热门游戏网站及社区大量存在不适宜未成年人的低俗内容,其抽奖模式也违反了国家规定,还涉嫌篡改历史人物形象,践踏中华传统文化[11]。

过多使用电子信息产品,不仅影响孩子的心理健康,还能严重影响孩子的身体健康。在黑暗环境下长时间看手机屏幕,很容易使眼部疲劳,影响聚焦能力,导致视网膜血管阻塞。视网膜缺血超过90分钟,视网膜光感受器组织将出现不可恢复的损伤,超过2小时,视网膜就会出现萎缩,视力受损[8]。电子信息产品发出的蓝光,能造成皮肤细胞DNA氧化损伤,减少胶原蛋白和弹性蛋白的产生,导致皮肤粗糙、黑色素沉着、长斑、皱纹增多,加速皮肤衰老[8]。

有研究发现,睡前看2小时手机屏幕,人的褪黑素分泌水平会下降22%,容易引发入睡困难、频繁醒来等睡眠问题[8]。据儿科医生介绍,过多、过早使用手机、电脑、电子游戏机等电子信息产品,过多地看电视,降低了褪黑激素水平,容易导致孩子发育过早甚至性早熟、成年时变矮[12]。某市妇幼医院毛主任医师一天中接诊了3个患卵巢早衰的女大学生,3个女生都是长期熬夜玩电子游戏。有的长期熬夜玩电子游戏的女大学生,由此可能失去怀孕能力[13]。

一项医学研究发现,电子信息产品使用者尤其是女性,在手机、电脑等产品产生的蓝光影响下更容易患上癌症[8]。

为了孩子的多方面健康，父母、长辈们应该从多方面来引导、约束孩子使用电子信息产品的行为。

第一，在工作需求之外，要做到合理地使用电子信息产品，为孩子们做好表率。许多成年人也有过度使用或不合理使用电子信息产品的行为。要帮助孩子们养成良好的电子信息产品使用方式，大人们应该首先身体力行。

第二，应了解合理使用电子信息产品的相关知识，重视过度使用电子信息产品的危害，从小就对孩子的不合理行为加以约束。未成年人过早、过多使用电子信息产品的问题，往往与父母、长辈没有从小约束，乃至主动安排他们使用是紧密相关的。一些家长把使用手机当作安抚孩子的平常事，一些家长拿手机游戏来逗孩子玩。

第三，多关心孩子，多和孩子交流，了解和帮助他们解决现实的困难。有分析指出，当孩子们缺少关爱，就容易去借助电子信息产品来寻求精神支持[14]。过多使用电子信息产品，很可能是因为它们能在自尊、社交、情感等方面满足了孩子的需求[15]。有些孩子性格内向、孤独感强、不善表达，负面情绪难以调整，便向电子信息产品伸出"求救"之手；有些则不愿和现实中的人打交道，容易沉溺于幻想与虚拟的世界中；有些是受到了别人的欺负，不知如何解决，通过电子信息产品来寻求排解[16]。

第四，帮助孩子认识过度使用的危害，丰富其学习、生活内容，帮助其形成恰当的人生目标。有的孩子心智发育尚未成熟，思考方式比较简单，自控力弱，没能避开电子信息产品的诱惑；有的是沉迷于相关的感官刺激，对学习和正常生活失去兴趣；有的性格比较敏感细腻，非常在意别人的评价，和现实交往相比，更容易偏好网络社交；有的孩子认为，"同学们都在玩手机，自己不玩就融不进圈子"[16]。而有些网络平台、游戏服务商，特意让游戏软件与网课软件相衔接，特意让学生在下课后可以迅速地进入游戏应用，特意让学生在电子游戏上相互竞赛、攀比[2]。因此，尽管国家正实施未成年人网络游戏电子身份认证等更严格的沉迷限制措施[17]，但防范、纠正孩子过度使用电子信息产品的关键还是在于丰富其学习、生活内容，形成恰当的长期、短期人生目标，让孩子在正常的生活中找到乐趣、找到满足感,逐步地自觉规避过度使用电子信息产品的风险。父母、长辈,可以与孩子就使用电子信息产品做出合理的约定,适当地予以精神、物质奖励。

二、避免挥霍铺张、追求暴富

原全国政协副主席、原中国人民银行行长周小川谈道,我国民众的储蓄率,特别是年轻人的储蓄率,呈现下降的态势[18]。储蓄率的持续下滑,很大程度上反映了许多民众,尤其是许多年轻人过度追求享受,甚至挥霍铺张的问题。

除了吃穿支出,很多年轻人把大量的钱用在追求娱乐休闲享受之上,如旅游、买动漫衍生产品、买盲盒、玩剧本杀。还有不少未成年人在网络游戏、网络直播平台"慷慨"地充值、给赏钱,以至于最高人民法院要在审理指导意见中做出相关限制规定[19]。

昂贵的奢侈品,尤其是国际名牌奢侈品,越来越多地成为不少人,尤其是年轻人的追逐之物。贝恩公司的研究报告指出,2020年中国奢侈品消费额在全球相应消费需求明显下滑的情况下大幅上升,达到约3460亿元,预计2025年中国将成为全球最大的奢侈品消费国。千禧一代的年轻人在天猫网站奢侈品消费中占了70%以上,而年龄更低的"Z"世代,其奢侈品消费增速最高[20]。

有些人为追求外在虚荣,更是形成了比较强烈的攀比心态。一些人还把追求外在虚荣、攀比,延伸到了躯体,"轻松、随意"地去修整自己的躯体。英国知名整容医生克雷莫称,越来越多的未成年人为了整出特定容貌、为了获得更多的点赞和关注来到他的诊所。他呼吁,应将未成年人整容手术列为非法[21]。2020年,英国有超过4.1万的未成年人整了容,如打肉毒杆菌素、皮肤填充等,收到整容失败投诉2083起。英国规定,从2021年10月1日起,除医疗原因外,禁止对未成年人进行注射肉毒杆菌素或皮肤填充物等整容手术。奥地利已禁止对16岁以下的未成年人进行整容手术。澳大利亚则禁止18岁以下未成年人接受整容手术[21]。

中银消费金融、时代数据的研究报告显示,超前消费成为35岁以下年轻消费者的日常行为[22]。据一项调研结果,所谓3线至5线城市中有约70%的单身年轻人会花光每月可支配收入,成为月光族[23],4、5线城市单身年轻人的相应比例更高达76%[24],1线、新1线城市、2线城市的单身年轻人虽然月平均可支配收入明显高于3线至5线城市,但也有约40%的单身年轻人会花光每月可支配收入[23]。

薪资收入,父母、长辈的资助不够花了,怎么办?不少人为了追求享受、高消费,就把大量的时间耗费在兼职工作上,在校生即便旷课也在所不惜。更有一些大学生、年轻人超出自己的偿还能力去借款消费,甚至滑向债务深渊。

许多人的消费欲望、购买冲动在相关金融企业的刺激、诱导甚至哄骗下愈加泛滥。有的金融企业,以借了网络贷款就答应婚事为题材的广告,以聚餐、面试、工作、相亲等生活全景的广告,鼓励、诱导互联网借贷[25]。有的金融企业,以教农民工"轻松"获取"备用金"、以开通贷款"报答"快递员为广告内容,宣扬网络贷款行为。有的金融企业不仅以各类普通民众借款为主题发布互联网贷款广告,还直接鼓动"借钱过生日""借钱环球旅行"等过度消费、追求享受的行为[26]。一些互联网小额贷款机构,以大学校园为目标,通过虚假、诱导性宣传,发放互联网消费贷款,诱导大学生在互联网购物平台上过度消费,导致部分大学生陷入高额贷款陷阱[27]。

一项研究显示,在抽样的18—29岁年轻人中,有86.6%使用了信贷产品,使用互联网分期消费贷款的比例达到61%[28]。有的调查结果显示,约60%的大学生借过互联网贷款[29]。2021年的研究显示,该时期所谓90后年轻人中只有约13%没有负债[22]。

据2019年的一项统计,20世纪90年代生的年轻人平均负债12万。据中国人民银行的研究,2020年第3季度末,逾期半年未还的信用卡债务额为906亿元,比10年前增长了9倍多,其中20世纪90年代生的年轻人在欠款人中所占比例接近一半[30]。融360公司的调查显示,在20世纪90年代出生的贷款人中,约47%的人未能到期还款[31]。

负债是一把抹了蜜的刀[25]。为纠正一些金融机构的错误倾向、减少大学生的过度贷款行为,国家规定小额贷款公司不得向大学生发放互联网消费贷款,不得将大学生设定为互联网消费贷款的目标客户群体,不得针对大学生群体精准营销;贷款机构的外包合作机构,不得采用虚假、诱导性宣传等不正当方式诱导大学生超前消费、过度借贷;银行业金融机构及其合作机构不得针对大学生群体线上精准营销;银行业金融机构,应获取具备还款能力的父母、监护人或其他管理人等第二还款来源表示同意相应大学生的贷款行为并愿意代为还款的书面担保材料[32]。

有些人为了追求暴富、追求享受、追求铺张的生活,力求使自己成为影星、歌星或其他明星、某种偶像。不少年轻人把几年、十几年的时间、精力放在某些艺术培训上,向相关艺术专业考试涌去,向影、剧、歌唱类高校、专业涌去,向相关演艺学院、培训机构、经纪公司涌去。一些人为了追逐利益,还把艺术技能抛在一边,刻意去"求奇""搞怪",甚至滑向低俗之路。

而实际上,这些抱着享受、暴富心态的人中大多数并不具备相关的艺术条件,或者不具备那种少之又少的、出名的"运气"。当明星、偶像这条路看似是光明大道,实则是狭窄小道。抱着投机取巧的心态去从艺,更多的是徒耗精力、一场空。北京电影学院张老师谈道,约99.5%的演员没有代言收入,没有所谓流量收入,收入全靠拍戏。据某制片人介绍,大部分演员三四个月的出演收入约几万元,扣除所在公司的抽成、缴纳的税款,平均月收入是几千块[33]。几年前,刘先生从一知名大学表演系毕业,通过台词、形体、声乐3项考察,成为一名合同制话剧演员。同一届毕业的同学中,大部分成了艺术考试培训教师,从事"专业对口"演艺工作的是少数人。开始的两年里,刘先生参加了超过150场演出,每一场演出费300元,平均月收入为四五千元,有了编制后增加的收入也不多,不久也去当了艺术考试培训教师。有专业人士谈道,"在纽约曼哈顿的餐厅里可能有60%的服务员都是学表演专业的"[34]。据相关资料,中国的演艺练习生群体约有几万人,能"出道"的大概占10%,能成名的则连1%都没有[35]。某文娱企业负责人指出,两三千人中才能选出2—5个明星培养人选[36]。不少艺术专业技能出众的人,因需求有限、机会不多,也没有了成为"明星"的可能。单单在中央电视台一些栏目中代唱的、不出名的优秀歌手就有许多。

一些人为了求暴富、求享受,还开始从事赌博活动。某银行柜台业务员借工作之便将客户资金占为己有,其中约30万元资金被其用于网络赌博[37]。在外企工作的张某,受到赌博赚快钱的吸引,把工作辞了,赌注从几元一次增加到十几万元一次,输光了积蓄,卖车、卖房,四处借钱[38]。谈某在父母的帮助下,还清了在金融机构的高额欠款,可不久,他进入了一个赌博网站,想要暴富,结果反而又欠下了100多万元的债务[30]。赌博不仅容易让人沉迷,而且容易被骗、倾家荡产、负债累累,乃至犯下严重罪行。严某迷上赌博,曾向父母下跪承诺戒赌,他向妻子索要20多万元以偿还赌债,被拒后,严某向妻子捅了三刀,致妻子身亡[39]。经商的孙某与两位朋友,参加了包吃住、包机票的赌博境外游。3天后,要回国了,却被追要所谓在赌场欠下的458万元赌债,写下还债承诺书,到了境内机场,就被人带往附近银行办理虚假转账,赌债被伪装成私人借贷。孙某最终被犯罪团伙起诉追债,强占住处[40]。

2020年至2021年初,公安部门打掉了网络赌博平台3400余个、非法支付平台和地下钱庄2800余个、非法技术团队1300余个、赌博推广平台2200余个[41]。

此外,一些人还试图通过投机取巧的方式,甚至不惜越过法律界线来求享受、求暴富。一些年轻人通过"出借"身份证、银行卡、手机卡等来获取收益,却因"出借"银行卡而背上几十万元的债务,银行卡成了赌博网站的支付通道。

金钱、财富,应该怎么用?

200元,可以是一个人吃顿饭的钱,也可以被郑医生用来资助带着20元为孩子看病的母亲[42]。7000元,可以买一件名牌服装,也可以被女医生借给上消化道出血患者、补足手术费、救患者一命[42]。几万元可以买一个名牌皮包,也可以被魏女士和朋友用来支付所开的慈善餐厅一个月的费用,每天早晨免费为几百名环卫工人、孤寡老人、留守儿童、流浪者供应一顿早餐[43]。几百万元可以买1辆豪华汽车,也可以被徐女士用来资助贫困大学生,设立"育人基金"[44]。几千万元可以买1套大豪宅,也可以被生物学家卢先生用来捐助教育事业[45],也可能被军工专家黄先生用来资助研究、教育、科普工作[46]。几亿元可以用来办一场奢华的婚礼,可以买几百平方米的高级住宅,也能用于在新疆偏远地区修建约80公里的路,大大推动乡村发展,让几十个孩子不必在一批大人的护送下攀悬崖、蹚冰河,走上四天三夜到县城上学[47]。

首先,要让孩子们不去过度追求享受、挥霍铺张、追求暴富,应该从小培养孩子的自理能力、从事家务劳动的能力,帮助孩子形成通过劳动、学习去创造生活、实现理想的意识。让孩子通过力所能及的自理活动照顾自己,通过家务劳动协助家人,孩子们就不容易形成好逸恶劳、贪图享受、懒散的作风。国家提出,要引导学生崇尚劳动、尊重劳动,明确不同年级劳动教育的要求和学生参加劳动的内容,让学生在实践中学会劳动,养成劳动习惯[48]。甘先生为培养儿子的劳动意识,让6岁的儿子到自己经营的企业里"打工",贴标签赚零花钱,贴1张1分钱。儿子能坚持1小时以上,有时1天能贴七八百张,十几天的劳动赚了几十元。父亲让儿子在电影院买盒15元的爆米花时,孩子知道爱惜自己的劳动成果,不愿买,觉得太贵了[49]。

其次,父母、长辈应该帮助孩子们培养简朴生活、不攀比物质享受的价值观。自古以来,许多贤明的人士就倡导适当节俭、简朴的生活方式。汉文帝注重节俭,当皇帝的23年间没有新修宫苑,去世前颁布指令,批评"厚葬以破业",带头破除铺张厚葬的风气,要求缩短自己的祭祀典礼时间[50]。三国时期一代霸主曹操亦以自身为例劝导他人简朴生活,他住所的帷帐屏风打着补丁,依然在用[51]。

国家指出,应从小培养孩子的勤俭节约意识,及时纠正超前消费、过度消费、从众消费等错误观念[32]。其实,品质良好的商品并不非得出高价才能买到。例如,许多900克罐装婴儿奶粉的零售价超过300元,而某知名品牌奶粉企业负责人介绍道,国内婴儿奶粉零售价太高了,几十元的生产成本,却卖四五百元。

晚清著名水师将领、海军大臣彭玉麟告诫道,一些人"居堂厦矣,而尚思亭榭池台之胜;食肥甘矣,而尚思驼峰象白之嗜。衣必极锦绣之奇,饰必炫珠翠之珍,养尊而处优,骄纵不自敛束,皆覆亡之道也"。有了不错的住所,还想着豪宅,吃着鸡鸭鱼肉,又想着吃稀少的骆驼峰、大象脂肪,衣服要穿锦绣之极的,首饰要带珍珠翠玉的,骄纵而养尊处优,这是衰败之路[52]。

人类正在面临高强度碳排放、高强度物质消耗等带来的气候变化危机。而全球单单每年浪费的食物价值就高达上万亿美元，重量超过13亿吨[53]。中国提出了2030年前碳达峰、2060年碳中和的战略目标。要实现这一艰巨目标，需要全体人民增强节约意识，遏制奢侈浪费，破除奢靡铺张，倡导简约适度、绿色低碳的生活方式[54]。

三、避免过度追求刺激

江苏有年幼的兄弟两人和他人仿效某动画片中"绑架烤羊"的情节，结果被严重烧伤[55]。河北一位屡获表彰、成绩优秀的11岁男孩，为感受电子游戏中"空中飞翔""复活"的感觉，带着9岁妹妹从4楼跳下，伤情危重[56]。在国外，有一些人意图通过大脑缺氧、窒息来获得某种快感、刺激，为此在社会化媒体软件上发起了所谓"眩晕挑战"。意大利某10岁女孩仿效着用带子绕住脖子，屏住呼吸，用手机录下视频，以参加"眩晕挑战"，结果导致死亡[57]。

在传播范围广泛的知名互联网平台、网站上，存在着一些死亡游戏、诱导自杀等信息，容易被过度追求刺激的孩子们模仿。国家互联网信息办公室就曾查处了有关平台[58]。

对于此类情况，父母、长辈应让孩子了解基本的安全知识与相关的人体生理知识，减少孩子因追求刺激、盲目模仿他人行为、文艺作品、电子游戏内容而造成危害的可能。

此外，父母、长辈应让孩子少观看、接触影视、视频中的暴力内容、打斗情节。许多暴力内容、打斗情节，特别是电脑虚构制作的、"酷炫"的暴力、"神奇"的打斗，容易引发观众的刺激感、满足感，也容易引发模仿意愿。现实中的暴力、打斗行为，也容易引发一些人的刺激感、满足感，让一些未成年人效仿而派生新的暴力行为。某市检察院指出，平均年龄17岁的某犯罪团伙形成、发展的根源之一就是暴力行为，"是典型的暴力催生暴力"[59]。

四、避免沉迷追星或迷信活动

一些人为了寻求某种情感寄托,过度追捧明星、偶像,不仅花费了大量钱财,而且耗费了大量时间、精力,虚度光阴、虚度青春。在一些文艺领域,更是形成了追星炒星、过度娱乐化等不良风气[60]。有的"明星"、娱乐机构怂恿追星者以购物、充会员等方式用钱为偶像投票[61]。为了增加投票数、追捧明星,一些人拆开大批的乳酸菌饮料、扫码投票后,将饮料直接倒入沟渠,浪费物资,挥霍钱财[52]。围绕某明星的集资活动,曾经半个月就有十几场,集资金额从数百万元至数千万元[62]。19岁的河南高校学生小玉,用信用卡借款约10万元来支付偶像的第一次公演应援物资,在别人的赞许下更忘乎所以,最后为追偶像而欠款38万元[31]。

过度追捧明星、偶像还容易引发孩子狭隘、自私的偏执行为。据北京互联网法院介绍,一些青少年、大学生为了提高所追捧明星的人气、获取关注,故意贬低其他明星,对批评意见进行不当的言论攻击,以致谩骂、侮辱、诽谤[63]。

有些人的偏执发展到迷信的程度,盲目地把个人成事的意愿寄托在少数个人、某种事物,甚至某个神那里。在一些年轻人中,流行着"大事问八字,小事问塔罗,无事问星座"。有调查显示,30岁以下的年轻人中,有62%的人参与过各类算命。在岁末年初,一些年轻人便指望着通过看手相、卜卦、占星和塔罗盘等算命和"转运"[64]。也有专业人士把投资成功的意愿寄托在某种自己也弄不明白的理论那里。证监会在机构监管通报中,批评有的证券企业专业人士利用风水理论对证券市场走势进行预测,并出具警示函[65]。

对此,父母、长辈应鼓励孩子树立恰当的短期、长期人生目标,鼓励孩子更多地把精力用于学业、事业、合适的爱好上,充实孩子的文化涵养、精神世界。劝导孩子客观看待所喜欢的明星、名人,对明星、名人不正确的言行应引以为戒,不能因喜欢而盲从。为帮助未成年人健康成长,国家要求,禁止义务教育阶段未成年人参加偶像团组和线下应援活动[66]。

父母、长辈还应帮助孩子培养求真务实的世界观,遇到困难、不明白

的事物多向确有才能的专家、专业人才请教，不要盲从、迷信。据《第三次中国公众对未知现象的抽样调查报告》，有不少人相信某种据说能阐明神秘现象的理论[67]。一些人更是对带上神仙的事物迷信不已。其实，神仙未必有，而借着神仙之名、谋财害人的，却比比皆是。有的人还收买宗教人士、伪造宗教身份，以隐蔽方式借迷信行骗。王某通过给某佛教寺院负责人几十万元的资助，成了寺庙弟子，伪造身份资料，借助"隆重仪式"，在宗教人士舞弊"相助"下伪装成"活佛"。然后，王某借助虚假资料，在多地行骗，发展了超过3000人的信徒，获得的不法钱财近2亿元，其中大部分给了自己的儿子[68]。有的人甚至利用神仙传说、宗教名义、劫难说法、世界灭亡说法等威逼利诱，引诱他人产生迷信，发展为其谋私利的邪教组织。赵某在20世纪90年代假借基督教的名义成立了"全能神"邪教组织，要求信徒向组织上交钱财，交得越多，就是离神越近。上交的钱大多被转往境外，反对信仰"全能神"的人则被邪教视为魔鬼，要建立属于神的国度和政权[69]。

五、保持心态平和、宽广，积极有为

为人应当争取做到心态平和、宽广。许多人生病，甚至病重难治，实际上是生的心病。明朝洪武年间，太子朱标和皇帝朱元璋意见不一，朱元璋还听到儿了朱标挖苦自己，拿起座椅，扔了过去，太子朱标没被砸中，但回去就生了重病[70]。

心态不平和、不宽广、心胸狭隘，还容易让人突破道德约束，甚至法律的界限，引发祸事，损己害人。因为曾与高中同学、在读研究生谢某产生争执，周某便在餐厅用匕首将谢某刺死[71,72]。有的人因与亲人存在矛盾等原因，心胸狭隘到置亲人生命于不顾的地步。为了索要5万元，一位16岁女生捆绑、殴打母亲，不给母亲食物，导致母亲死亡[73]。更有一些人，心怀不满时拿他人的无辜生命来发泄。投资受挫，刘某便驾车在人行横道上故意撞人，至少造成5人死亡[74]。

平和、宽广、积极有为的心态，是治疗心病的好药。原全国政协副主席、最高人民法院院长谢觉哉指出，人要身体好，医药、饮食等客观物质虽然重要，但是最主要是心怀宽大、精神快乐。这样，能增强自己的生命

力,善于与危害身体的东西作斗争。客观物质有时会受限,而主观的精神是没有限制的[75]。国医大师荣誉获得者刘尚义医生强调,帮助病人克服畏惧心态很重要,做好病人的心灵安抚跟药物治疗一样关键,高明的医生要既能治病又能治心[76]。

平和、宽广、积极有为的心态,还是常葆年轻的益寿良方。很多人希望自己青春常在,或是福寿延年。德国女子阿布登88岁还在从事健身教练工作[77];伊丽莎白二世95岁仍在开着汽车[78];98岁的周先生常常自己坐公交车到场地打羽毛球[79];钟南山院士的舅妈、103岁的陈锦彩经常参加唱歌活动、做早操[80]。按国医大师荣誉获得者张震教授的主张,人不应偏执于自己的年龄,应该像百岁医生魏淑珍所说的,适当忘记自己的年龄[81]。

要培养孩子形成平和、宽广、积极有为的心态,父母、长辈应帮助孩子争取做到时时待人以善,以善意待人。谢觉哉先生谈道,要心怀宽大,要经常抱着为"别人好"的心思,不能只顾自己[75]。近代思想家、翻译家严复曾批评有的人待人以恶,乐于见到他人之苦[52]。

父母、长辈,也应帮助孩子克服斤斤计较、患得患失的不良心态。有的父母、长辈,经常"教育"孩子要多占点便宜,多拿些好处,不能吃亏。结果,可让人处也不让,自己有过也要拿着别人的错处、不依不饶。长大后,很可能如晚清著名水师将领、海军大臣彭玉麟所说,一会儿嫌父母"待我不慈"、亲人"待我太苛",一会儿怨别人"太啬太薄",结果"德损""福折"[52]。

要帮助孩子培养平和、宽广、积极有为的心态,还应让孩子多培养一些社会责任感。比较有社会责任感的孩子,更容易在学习、事业上自求上进、积极进取,在力所能及的范围内多做一些对社会有益的事,遇到困难、烦闷的事情时,不容易怨己尤人、抑郁其中,常常能放开心境、着眼未来、"柳暗花明又一村"。

六、婚恋心态

成年后,孩子的婚恋问题成了父母、长辈们经常挂念乃至焦虑的事情。婚姻是人生大事。秉持恰当的婚恋心态,是孩子处理好婚恋问题的一个关键。怎样的婚恋心态,是比较恰当的呢?

第一,家长对孩子的婚恋问题应多加用心,不能毫不在意,但也不要急于求成,让婚恋成为沉重的思想负担。一女士学业出众,尚未成家。她的父亲去参加婚宴时常对人说,女儿掉价了,嫁不出去,自己的脸被女儿丢尽了。她的父亲在某国庆节期间对她多次逼婚,导致该女士患上了抑郁症。某医院精神科李副主任医师谈道,接诊的不少患者都是被家长逼婚而得了抑郁症[82]。

父母、长辈的过度催促,容易加重孩子的思想负担,或让孩子形成逆反心态,或匆忙应付、选择了不适当的婚恋对象,甚至匆忙中陷入了诈骗分子的骗局,反而不利于孩子找到合适的伴侣。男子郝某曾在境外被迫从事诈骗活动,该团伙有五六十人专门在中国大陆社会化媒体软件上物色有钱的单身女性,诱导她们在诈骗平台里投资。曾有女性被该团伙成员诈骗约300万元,也有女子被骗几十万元后,又被同一团伙的其他成员诈骗几十万元,有的女性被骗后试图自杀[83]。

第二,应引导孩子在设置择偶条件时不应好高骛远、过于苛刻,必要时应适当调整。婚恋问题与人的人生观念紧密相关。孩子在考虑择偶条件时,应多问问自己,"你想过一个怎样的人生?""你在青年阶段、中年、老年阶段想实现哪些人生目标?""要实现那些人生目标,什么样的伴侣比较合适?"择偶条件是否恰当,常常决定了择偶的结果,常常决定了一个人能否找到较合适的伴侣。孩子在思考自己的择偶条件时,应尽量全面一些,尽量结合自己的人生观、多征求一些待人诚恳的亲友的建议,有必要时及时调整。

许多人把婚恋人选收入作为择偶的最重要条件。财富固然重要,但不是婚恋中最重要的。婚恋追求的是几十年的人生幸福。夫妻的幸福更多地是来自男女双方在性格、志趣、待人处事等方面的相互适合,来自双方经常自然流露的深情、关爱。

许多人择偶时,常常会忽略了一些重要的事实:对婚恋对象的要求越多、要求越高,可选择人选的范围就会缩小,找到符合条件对象的难度则会显著增加。某网站调查显示,仅约10%的单身男女会为了尽快进入婚恋阶段而降低择偶条件。

革命家徐特立在儿子离世后对儿媳谈道,选择再婚对象,主要的不是择财产,不是择地位,是择前进的分子,有希望的人,"你要知道,你择人,人也择你"[75]。择偶,不是选择一个待在一起一时痛快的朋友,而是选择一个能够相依相伴几十年的亲人;不是找一个追逐光鲜亮丽、不久喜新厌旧的人,而是找一个能够相互支持、长期风雨同舟的人;不是寻觅一个一口甜言蜜语、擅长恭维逢迎的人,而是寻觅一个具有真情实意,能够真心关爱自己的人。

第三,应引导孩子在交往恋爱阶段多与对方相互了解,多探讨各方面的议题,避免凭短时间的、片面的认识来确定婚姻大事。1987年至2020年,我国离婚登记数量从58万对上升到373万对[84]。2003年起,我国离婚率长期连续上升,2019年离婚率达到0.34%[85]。离婚率较高的主要原因之一,就是一些夫妻在成婚前相互了解不足,导致并不合适的婚姻难以持续。

男女双方在交往初期,往往有很强的获得对方好感、认可的意愿,常常有意、无意地凸显自己的优点,掩饰自己的缺点。这就容易使得开始交往时的相互认识,经常与交往较长时间后的认识存在着相当的差异。孩子可通过最不喜欢哪些、最喜欢哪些、最看重、最不看重等议题的交流来了解对方的价值观、世界观。要以长远的眼光来分析双方是否相互适合。

第四,对父母、长辈、亲友的婚恋意见,要虚心听取、客观分析,不应一味排斥,也不应盲目依从。婚恋是人生大事。七大姑、八大姨、好朋友、同事,常常会就此提出各种意见,乃至直接推荐婚恋对象。父母,作为通常与孩子关系最亲近的一类人,就更有可能对此操心挂念、满腹主张。这样、那样的意见,不仅多,而且杂,甚至各自相左。

多数意见是出自关心,其中一些很可能会带来不小的帮助,应该谦虚以对,虚心思考。对父母的意见,应耐心地听取,耐心地交流。出于立场、成长环境差异、知识、性格差异等原因,父母的婚恋意见不一定就适合于孩子。在有明显分歧的领域,最好早做沟通、早做协调。父母、长辈们应对孩子的婚恋问题,多多参谋,又不越俎代庖,不要过度偏执,让它变成家庭矛盾的"火药桶"。他人的婚恋意见是一种建议,孩子是自己婚恋问题的真正责任人。建议孩子结合人生观,将他人意见合理的部分纳入自己的择偶观之中。

孩子应适当地学习婚恋知识、婚恋经验。向情感、婚恋知识比较丰富的人请教,从相关书籍资料中求知。

参 考 文 献

一、第一节及之前内容的参考文献

[1] 南方都市报.六部委出手防控儿童肥胖,中国孩子超重严重到什么程度?[EB/OL].[2020–10–25].https://www.sohu.com/a/427182326_161795?spm=smpc.home.top-news4.3.1603619740033BmIjnWN&_f=index_news_14.

[2] 国家卫健委,教育部,等.关于印发儿童青少年肥胖防控实施方案的通知[EB/OL].[2020–10–23].http://www.nhc.gov.cn/jkj/s7916/202010/9357ae09af9f4ba8850dacac5093e250.shtml.

[3] 中新网.《中国居民膳食指南科学研究报告(2021)》发布[EB/OL].[2021–02–26].https://www.chinanews.com/business/2021/02–26/9419647.shtml.

[4] 央视新闻.钟南山院士:目前磷酸氯喹是有效药物,它的优势是安全[EB/OL].[2020–02–20].http://finance.sina.com.cn/videonews/2020–02–20/doc-iimxyqvz4379124.shtml.

[5] 潘俊辉,杨辉,喻清和,王峰,邱志楠,钟淑卿,曾庆恩,钟南山.71例SARS患者中医药介入治疗的临床研究[J].中国中西医结合急救杂志,2003,10(4):204–207.

[6] 陈晓,周国琪,等.中医古典理论精华[M].北京:中国协和医科大学出版社,2004.

[7] 国务院办公厅.国务院办公厅印发关于加快中医药特色发展若干政策措施的通知[EB/OL].[2021–02–09].http://www.gov.cn/zhengce/content/2021–02/09/content_5586278.htm.

[8] 教育部.教育部关于印发《革命传统进中小学课程教材指南》《中华优秀传统文化进中小学课程教材指南》的通知[EB/OL].[2021–02–05].http://www.moe.gov.cn/srcsite/A26/s8001/202102/t20210203_512359.html.

[9] 王君平.刘志明 仁心仁术为病患(走近国医大师(36))[N].人民日报,2021–11–15(13).

[10] 邓宁.因为一台手机 父子"大打出手"[N].厦门日报,2021–01–08(A10).

[11] 新浪财经.美国逾四成人口肥胖 近十分之一人口严重肥胖[EB/OL].[2020–02–27].https://finance.sina.com.cn/stock/usstock/c/2020–02–27/doc-iimxyqvz6220046.shtml.

[12]环球时报.英国、芬兰联合研究：肥胖会让人身体比实际年龄老几十年[EB/OL].[2022-03-29].https://www.sohu.com/a/533480659_162522?editor=张媞媞%20UN978&scm=1104.0.0.0&spm=smpc.home.top-news6.1.164853795720321HQTpL&_f=index_news_24.

[13]黄建高.应对奥密克戎，天津要为全国积累经验[N].今晚报，2022-01-12（01）.

[14]国家卫健委.国家卫生健康委员会2021年7月13日新闻发布会文字实录[EB/OL].[2021-07-13].http://www.nhc.gov.cn/xcs/s3574/202107/2fef24a3b77246fc9fb36dc8943af700.shtml.

[15]成都商报红星深度."秋天的第一杯奶茶"刷屏，医生看完坐不住了[EB/OL].[2020-09-26].https://www.sohu.com/a/420985539_617717?spm=smpc.home.top-news6.3.1601121309543F3OtkOi.

[16]颜梅丽，邱丽莎.碳酸饮料天天喝 小学生患上痛风[N].厦门晚报，2021-04-17（B5）.

[17]血液变"油脂"浙江天台24岁小伙"吃进"ICU[EB/OL].[2020-05-31].http://www.chinanews.com/sh/2020/05-31/9199379.shtml.

[18]刘蓉，钟婷婷.爱吃烧烤十几年 不到四十就患癌[N].厦门日报，2021-01-22（A11）.

[19]许舒昕，陈嘉俊，陈鹭.心梗！脑梗！老年病"光顾"年轻人[N].厦门日报，2021-01-24（A06）.

[20]钱江晚报.一个月吃空160袋鸡胸肉！杭州30岁肌肉男拿到体检报告傻眼：我的肾怎么会这样[EB/OL].[2021-10-19].https://www.sohu.com/a/495966381_120914498?spm=smpc.home.top-news5.4.16346430189720CdOfwb&_f=index_news_21.

[21]新浪科技.快放下汉堡！研究称西式快餐会破坏人体免疫系统[EB/OL].[2022-01-13].https://finance.sina.com.cn/tech/2022-01-13/doc-ikyakumy0068650.shtml.

[22]匡惟，陈嘉俊，王一军.温和的她为何突然说脏话吐口水？[N].厦门晚报，2020-11-21（B5）.

[23]刘计财，唐翠遥，陆思宇，朱丹平，张西俭.全国名中医张西俭基于"气变理论"浅谈青少年中心性肥胖中医病机特点[J].海南医学院学报，2020，26（8）：624-628.

[24]李娜，张葆青，张桂菊.济南市儿童青少年肥胖病并发高血压的中医证型及相关因素研究[J].中医药导报，2017，23（20）：82-83.

[25]辛妍妍，丛德雨，张伟，张桂菊.山东省济南市市中区高中生超重肥胖现状及中医干预探讨[J].中国医药导报，2018，15（35）：50-53.

[26]宋鹏.腰腹部取穴为主针刺治疗中心型肥胖51例疗效观察[J].四川中医，2010，28（5）：113-114.

第一部分 参考与建议

[27] 教育部.学前、小学、中学等不同学段近视防控指引［EB/OL］.［2021-05-11］.http：//www.moe.gov.cn/jyb_xwfb/xw_fbh/moe_2606/2021/tqh_0511/sfcl/202105/t20210511_530650.html.

[28] 许舒昕,王思佳.暑期狂刷屏 眼睛"干旱"［N］.厦门日报,2021-08-08（A06）.

[29] 刘蓉,陈芳.是啥透支了孩子的"视力存款"？［N］.厦门日报,2021-12-19（A06）.

[30] 贾立惠,贾兆祥.点穴疗法［M］.济南：山东科学技术出版社,1984.

[31] 国家卫健委疾病预防控制局.甩掉"小眼镜"打造清晰世界山东省积极探索中西医结合防控新模式［EB/OL］.［2021-04-18］.http：//www.nhc.gov.cn/jkj/s5899tg/202104/5bb4bd5e9097414a8a3a3085d5690920.shtml.

[32] 楚燕,白贤龙,黄文选,张俊.这位女中药师,真牛［N］.厦门日报,2021-07-26（A10）.

[33] 李纯.中国发布吸烟危害健康报告：烟民数量超3亿,吸烟率仍处较高水平［EB/OL］.［2021-05-26］.http：//www.chinanews.com/gn/2021/05-26/9486252.shtml.

[34] 上海广播电视台看看新闻,陕西都市青春频道.男子抽烟20年致血管堵塞,三个脚趾坏死保不住了［EB/OL］.［2021-08-29］.https：//www.sohu.com/a/486384609_120914498?spm=smpc.home.top-news5.6.1630218283591H7c9AHA&_f=index_news_23.

[35] 楚燕.丈夫"老烟枪"夫妻双双患肺癌［N］.厦门日报,2021-07-21（A08）.

[36] 白丽,钟婷婷.阳气生发 清明养肝正当时［N］.厦门晚报,2021-04-03（A7）.

[37] 吉宁,刘敏,徐建伟,许忠济,白雅敏.有害使用酒精对健康的危害［J］.中国慢性病预防与控制,2017,25（9）：714-717.

[38] 澎湃新闻.温州去年婚检男女头号病为脂肪肝和贫血,病因含男酗酒女节食［EB/OL］.［2021-02-20］.https：//www.sohu.com/a/451635936_260616?spm=smpc.home.top-news4.6.1613809970292i5L7tNo&_f=index_news_17.

[39] 新浪科技.每天多喝一杯酒,你的脑子可能会衰老5岁,而且是全脑萎缩［EB/OL］.［2022-03-20］.https：//finance.sina.com.cn/tech/2022-03-20/doc-imcwiwss7093649.shtml?cre=tianyi&mod=pchp&loc=30&r=0&rfunc=54&tj=cxvertical_pc_hp&tr=12.

[40] 人民日报海外网.俄男主播喝下1.5升伏特加后死亡 网友目睹全程［EB/OL］.［2021-02-04］.https：//www.sohu.com/a/448715688_162758?spm=smpc.home.top-news3.5.1612445050927EA6ljFv&_f=index_news_10.

[41] 上海广播电视台看看新闻.每晚100毫升啤酒连喝一个月 8岁男孩险些肝衰竭［EB/OL］.［2020-09-01］.https：//www.sohu.com/picture/415960770?spm=smpc.home.top-news4.4.1598965917434gbgkIGI&_f=index_news_15.

[42] 中国营养学会.《中国居民膳食指南（2016）》核心推荐［EB/OL］.［2016-05-12］.http：//dg.cnsoc.org/article/04/8a2389fd5520b4f30155be01beb82724.html.

115

[43] 新华社.中华人民共和国国民经济和社会发展第十四个五年规划和2035年远景目标纲要[EB/OL].[2021-03-13].http://www.gov.cn/xinwen/2021/03/13/content_5592681.htm.

[44] 健康杭州,杭州市红十字会医院.血液里有近十种寄生虫!浙江大姐懊悔不已:朋友推荐了这道偏方[EB/OL].[2020-09-18].https://www.sohu.com/a/419353424_349109.

[45] 都市快报.身上突发大片红斑奇痒难忍 原来是肝吸虫作怪[EB/OL].[2013-07-31].https://hznews.hangzhou.com.cn/kejiao/content/2013-07/31/content_4831268_2.htm.

[46] 何丽娜,张弛,金薇薇.小伙莫名头痛呕吐发热,真凶竟是3种寄生虫[N].钱江晚报,2021-11-16(A0011).

[47] 人民日报.国际禁毒日|为什么对艺人吸毒必须较真[EB/OL].[2020-06-26].https://www.sohu.com/a/404242134_260616?spm=smpc.home.top-news5.2.1593198553545IpJNg0b&_f=index_news_19.

[48] 国家移民管理局.国家移民管理局举行"边境移民管理一线的缉毒先锋"媒体记者见面会[EB/OL].[2021-06-25].https://www.nia.gov.cn/n897453/c1423972/content.html.

[49] 南方都市报.警惕这种"眼药水"!几秒之内让人昏睡,已有多名女性被侵害[EB/OL].[2020-06-27].https://www.sohu.com/na/404332368_161795.

[50] 龚小莞,陈鹭.收治"瘾患"上千人 助解身心之痛[N].厦门晚报,2020-06-27(A7).

[51] 澎湃新闻.川北医学院一男生偷麻药给女友吸食致其死亡?校方称属实[EB/OL].[2020-08-09].https://www.sohu.com/a/412231108_260616?spm=smpc.home.top-news4.3.1596969621486ma6Nl5Q&_f=index_news_14.

[52] 环球时报.火车相撞事故原因查明:多名相关人员吸毒[EB/OL].[2021-04-12].https://finance.sina.com.cn/jjxw/2021-04-12/doc-ikmyaawa9152332.shtml?cre=tianyi&mod=pchp&loc=8&r=0&rfunc=56&tj=cxvertical_pc_hp&tr=12.

[53] 央视.钟南山:吸毒是绝望和死亡的代名词[EB/OL].[2020-06-26].https://news.sina.com.cn/c/2020-06-26/doc-iirczymk9061525.shtml?cre=tianyi&mod=pchp&loc=21&r=0&rfunc=62&tj=none&tr=12.

[54] 秦明.无声的证词[M].桂林:漓江出版社,2013.

[55] 大连市卫健委.大连本次疫情"传播链"公布[EB/OL].[2021-01-04].http://hcod.dl.gov.cn/art/2021/1/4/art_1844_510890.html.

[56] 澎湃新闻.1传43,哈尔滨聚集性疫情出现"跨省"传播[EB/OL].[2020-04-18].https://www.sohu.com/a/388541293_260616?spm=smpc.home.top-news4.1.1587193120754vTnL768&_f=index_news_12.

[57] 健康时报.广州出现最短14秒传播案例!专家:两米内都有可能[EB/OL].[2021-06-23].https://www.sohu.com/a/473642762_120046968?spm=smpc.home.

[58]央视财经.新冠病毒蔓延到底有多迅猛?1分钟扩散整个超市通道![EB/OL].[2020-04-14].https://finance.sina.com.cn/world/2020-04-14/doc-iirczymi6266122.shtml?cre=tianyi&mod=pchp&loc=3&r=0&rfunc=90&tj=none&tr=12.

[59]新浪科技.斯坦福抗体检测结果出来了:结果让人大吃一惊[EB/OL].[2020-04-19].https://tech.sina.com.cn/it/2020-04-19/doc-iirczymi7108456.shtml.

[60]人民日报.西班牙近2万医护人员感染新冠病毒[EB/OL].[2020-04-06].https://news.sina.com.cn/w/2020-04-06/doc-iimxyqwa5381475.shtml?cre=tianyi&mod=pchp&loc=20&r=0&rfunc=35&tj=none&tr=12.

[61]田颖.德国2万余名医护人员感染新冠病毒[EB/OL].[2020-05-19].http://www.xinhuanet.com/2020-05/20/c_1126006915.htm.

[62]中国青年报.卫健委专家组成员王广发出院了,回答了我们8个问题[EB/OL].[2020-02-02].http://news.cyol.com/app/2020-02/02/content_18348760.htm.

[63]黄建高.应对奥密克戎,天津要为全国积累经验[N].今晚报,2022-01-12(01).

[64]界面新闻.英国研究发现新冠可造成脑损伤,轻症患者也难逃[EB/OL].[2020-07-09].https://www.sohu.com/a/406635075_313745.

[65]界面新闻.研究发现超三分之一新冠治愈者出现脑部问题[EB/OL].[2021-04-07].https://www.sohu.com/a/459383318_313745?spm=smpc.home.top-news2.4.1617779082749uXScZyX&_f=index_news_3.

[66]环球时报.连累心脏肾脏受损、引发免疫系统异常,新冠肺炎后遗症有多严重?[EB/OL].[2021-01-20].https://www.sohu.com/a/445589355_162522?spm=smpc.home.top-news6.2.1611140826873cfVKRPE&_f=index_news_25.

[67]刘曲.世卫组织:新冠肺炎病亡率估计比流感高10倍[EB/OL].[2020-04-10].http://www.xinhuanet.com/world/2020-04/10/c_1125837350.htm.

[68]澎湃新闻.美疾控中心主任首次承认:疫情主要来自欧洲,对病毒判断失误[EB/OL].[2020-07-29].https://www.sohu.com/a/410304069_260616?scm=1002.580041.10403380339.PC_ARTICLE_FOCUS&_f=index_pagefocus_5&spm=smpc.content.pic-group.2.1596010280657HcDsA5b.

[69]环球时报.这个数了,马克龙宣布法国处于"战争状态"[EB/OL].[2020-03-17].https://mil.news.sina.com.cn/2020-03-17/doc-iimxyqwa1126741.shtml?cre=tianyi&mod=pchp&loc=31&r=0&rfunc=100&tj=none&tr=98.

[70]每日经济新闻.最新!英国外有3个国家发现变异新冠病毒!欧洲股市集体大跌,原油也崩了[EB/OL].[2020-12-21].https://www.sohu.com/a/439630179_115362?spm=smpc.home.top-news3.2.16085636175936wHqc7f&_f=index_news_7.

[71]证券时报券商中国.多国新一轮疫情告急 印度、巴西彻底失控单日确诊均超美国[EB/OL].[2021-04-06].https://finance.sina.com.cn/china/2021-04-06/doc-ik-

mxzfmk4737922.shtml.

［72］界面新闻.全球确诊加速跨过200万：德意印"走钢丝"解封，英法日继续"家里蹲"［EB/OL］.［2020-04-16］.https://news.sina.com.cn/w/2020-04-16/doc-iirczymi6692602.shtml?cre=tianyi&mod=pchp&loc=2&r=0&rfunc=89&tj=none&tr=12.

［73］人民日报海外网.美加州医疗系统濒临崩溃：太平间和殡仪馆容量已满拒绝再收［EB/OL］.［2021-01-01］.https://news.sina.com.cn/w/2021-01-02/doc-iiznezxt0223931.shtml?cre=tianyi&mod=pchp&loc=33&r=0&rfunc=61&tj=none&tr=12.

［74］微信号牛弹琴（新华社刘洪创办）.年底最让人唏嘘的新闻，又有三位名人去世了！［EB/OL］.［2020-12-30］.https://news.sina.com.cn/s/2020-12-30/doc-iizncyke9259516.shtml.

［75］中新网.中新网评：确诊破百万创纪录 美国却依然忙着"栽赃"中国［EB/OL］.［2022-01-08］.https://www.sohu.com/a/514905384_123753?editor=姚暖%20UN980&scm=1104.0.0.0&code=72f47f882ecbe222f8a4515993a6fdc6&spm=smpc.home.top-news1.11.1641630672697U2T0G3q&_f=index_cpc_9.

［76］观察者网.连续4天病死数破千，美国150多专家联名要求"封国"［EB/OL］.［2020-07-27］.https://www.sohu.com/a/409896261_115479?scm=1002.580041.10403380339.PC_ARTICLE_FOCUS&_f=index_pagefocus_2&spm=smpc.content.fspic.3.1595850351760uIiy4aM.

［77］观察者网.《柳叶刀》新冠委员会：世卫赴华专家退出溯源调查［EB/OL］.［2021-06-25］.https://www.sohu.com/a/474078799_115479?spm=smpc.home.top-news5.4.1624627652390CDQ006m&_f=index_news_21.

［78］环球时报.高福：下一个冠状病毒就藏在某个地方休眠，而这种休眠随时可能被打破［EB/OL］.［2020-10-30］.https://www.sohu.com/a/428383842_162522?spm=smpc.home.top-news5.5.1604059381592sNvJNBE&_f=index_news_22.

［79］新华社."给溯源研究一个理性环境"——武汉国家生物安全实验室主任袁志明回应新冠病毒溯源等问题［EB/OL］.［2020-06-01］.http://www.xinhuanet.com/politics/2020-06/01/c_1126061448.htm.

［80］环球科学杂志科研圈.实验事故导致一人感染"疯牛病"病原体死亡，法国五机构叫停相关研究［EB/OL］.［2021-08-01］.https://finance.sina.com.cn/tech/2021-08-01/doc-ikqciyzk8719581.shtml?cre=tianyi&mod=pchp&loc=34&r=0&rfunc=39&tj=cxvertical_pc_hp&tr=12.

［81］邓铁涛.论中医诊治非典［J］.天津中医药，2003，20（3）：12-15.

［82］王延斌.中医药防治新冠肺炎 疗效导向就是硬道理［N］.科技日报，2020-02-18（02）.

［83］国务院新闻办公室.国新办举行中医药防治新冠肺炎重要作用及有效药物发布会［EB/OL］.［2020-03-23］.http://www.scio.gov.cn/xwfbh/xwbfbh/wqfbh/42311/42768/

index.htm.

[84] 李劲峰，王作葵，黎昌政．"治疗轻症患者中西医结合很有效，不鼓励人人吃药来预防"——专访中国工程院院士、天津中医药大学校长张伯礼［EB/OL］．［2020-02-17］．http：//www.xinhuanet.com/politics/2020/02/17/c_1125588555.htm.

[85] 湖北省卫健委．"新型冠状病毒感染的肺炎疫情防控工作"新闻发布会第二十四场［EB/OL］．［2020-02-15］．http：//wjw.hubei.gov.cn/bmdt/ztzl/fkxxgzbdgrfyyq/xxfb/202002/t20200215_2034303.shtml.

[86] 中国中医科学院．中国中医科学院组建多学科协作的中医药防治流感技术体系［EB/OL］．［2019-07-05］．http：//www.catcm.ac.cn/zykxy/dtyw/201907/a76e5b4434cd-4f28923a992387155c9e.shtml.

[87] 凤凰卫视．回眸百年中医［EB/OL］．［2019-02-22］．http：//www.sohu.com/a/296641262_662935.

[88] 凤凰卫视．"凤凰大视野"彷徨——回眸百年中医［EB/OL］．［2019-05-27］．https：//www.bilibili.com/video/av53779893?p=5.

[89] 黄璐琦．平战结合推动中医药事业发展［N］．学习时报，2020-03-23（A1）．

[90] 中国中医药网．改革开放40周年中医药大事记④丨1997-2004年［EB/OL］．［2018-11-30］．http：//www.satcm.gov.cn/xinxifabu/meitibaodao/2018-11-30/8495.html.

[91] 现代快报．武汉每天3万多份中药送到医院和隔离点，免费的！［EB/OL］．［2020-02-12］．http：//society.people.com.cn/n1/2020/0212/c1008-31584207.html.

[92] 福建省人民医院．全国"最美中医"李学麟主任为流感防治献方［EB/OL］．［2018-01-03］．http：//www.srmyy.com/index.php?m=search&a=show&id=338.

[93] 南方日报南方+．非典九死一生，孤身出征武汉，中医"国家队"队长的特别战疫［EB/OL］．［2020-02-16］．https：//news.sina.com.cn/gov/2020-02-17/doc-iimxyqvz3528580.shtml.

[94] 耿堃．大医张伯礼（下篇）［N］．天津日报，2020-03-16（01）．

[95] 广东省药监局行政许可处．透解祛瘟颗粒通过广东省医疗机构传统中药制剂应急审批备案［EB/OL］．［2020-02-05］．http：//mpa.gd.gov.cn/xwdt/sjdt/content/post_2884692.html.

[96] 中央广电总台中国之声．立项到量产仅一周！独家揭秘"肺炎1号方"如何闯关［EB/OL］．［2020-02-09］．https：//tech.sina.com.cn/roll/2020-02-09/doc-iimxyqvz1432334.shtml.

[97] 广州市卫健委．速看｜广州用中医战"疫"显成效！中医诊治参与率达九成以上…［EB/OL］．［2020-02-25］．http：//www.satcm.gov.cn/xinxifabu/gedidongtai/2020-02-25/13402.html.

[98] 广东省药监局，广东省卫健委，广东省中医药局．广东省药品监督管理局 广东省卫生健康委员会 广东省中医药局关于透解祛瘟颗粒（曾用名"肺炎1号方"）临床使用有关规定的通知［EB/OL］．［2020-02-08］．http：//mpa.gd.gov.cn/zwgk/gzwj/con-

tent/post_2888223.html.

［99］中国日报.张伯礼：中药金花清感治疗轻度和普通型新冠肺炎患者疗效确切［EB/OL］.［2020-03-13］.https://news.sina.com.cn/c/2020-03-14/doc-iimxxstf9042598.shtml.

［100］国家中医药管理局.中医药有效方剂筛选研究取得阶段性进展［EB/OL］.［2020-02-06］.http://bgs.satcm.gov.cn/gongzuodongtai/2020-02-06/12866.html.

［101］国家卫健委宣传司.2020年2月17日新闻发布会文字实录［EB/OL］.［2020-02-17］.http://www.nhc.gov.cn/xcs/yqfkdt/202002/f12a62d10c2a48c6895cedf2faea6e1f.shtml.

［102］田晓航,魏婧宇.中医在防治疫病中何以与西医结合发挥作用［EB/OL］.［2020-03-16］.http://www.xinhuanet.com/politics/2020-03/16/c_1125720883.htm.

［103］人民日报.国际社会积极评价中医药抗疫［EB/OL］.［2020-03-24］.https://www.chinanews.com.cn/gn/2020/03-24/9135404.shtml.

［104］环球网.欧洲也请了钟南山［EB/OL］.［2020-03-11］.https://news.sina.com.cn/c/2020-03-11/doc-iimxxstf8139659.shtml.

［105］央视新闻.日本留学生防新冠应该注意什么？中国哪些经验日本也适用？中医院士张伯礼解"疫"释疑［EB/OL］.［2020-04-07］.https://www.sohu.com/a/386115224_362042?code=7aa53d72411ae5f1e77886a8af4f56e1&spm=smpc.home.top-news1.6.15862655636574uENzXq&_f=index_cpc_4.

［106］中国中医科学院广安门医院艾滋病研究室.世界艾滋病日，中医人的抗艾之路［EB/OL］.［2020-12-01］.https://www.gamhospital.ac.cn/gzb/knowledge/essay/2759.html.

［107］危剑安,孙利民,陈宇霞,黄霞珍,宋春鑫,周伟,薛柳华.艾灵颗粒治疗国内HIV/AIDS患者104例临床研究［J］.河南中医学院学报,2006,（4）：4-6.

［108］张云皎,贾丽燕,牟钰洁,王丽琼,任君,刘兆兰.中草药治疗艾滋病随机对照临床试验的系统综述［J］.中国中西医结合杂志,2017,（7）：863-869.

［109］云南省中医中药研究院.走近国医大师张震丨中医药治疗艾滋病的领路人［EB/OL］.［2018-01-24］.https://www.sohu.com/a/218558439_169286.

［110］田原,王莉,田春洪,张震.国医大师张震论艾滋病的中医病机与治疗［J］.云南中医中药杂志,2019,40（1）：2-5.

［111］云南日报.国医大师张震：深耕中医学杏林春满园［EB/OL］.［2017-08-17］.http://big5.xinhuanet.com/gate/big5/www.yn.xinhuanet.com/newscenter/2017/08/17/c_136532536.htm.

［112］李梢,王永炎,季梁,李衍达.复杂系统意义下的中医药学及其案例研究［J］.系统仿真学报,2002,14（11）：1429-1431.

［113］白丽,钟婷婷.调补用"膏方"养生正当时［N］.厦门晚报,2021-01-23（B8）.

［114］许家松.中医"治未病"的丰富内涵及指导意义［J］.世界中医药,2008,

3（4）：195-197.

［115］北京市中医药管理局.北京市新型冠状病毒肺炎中医药防治方案（试行第四版）［EB/OL］.［2020-03-08］.http：//www.satcm.gov.cn/xinxifabu/gedidongtai/2020-03-08/13717.html.

［116］国家卫健委.社区居家发热患者中西医结合医学管理专家建议（第一版）［EB/OL］.［2020-02-02］.http：//rlzyshbzj.cnbz.gov.cn/index.php/cms/item-view-id-16164.shtml.

［117］21世纪经济报道.中国人均一年看病6.2次，三大疾病成"致命杀手"［EB/OL］.［2020-12-05］.https：//finance.sina.com.cn/china/gncj/2020-12-05/doc-iiznezxs5268739.shtml.

［118］安格斯·迪顿.诺奖得主：很多富人靠牺牲他人利益赚钱［EB/OL］.［2018-01-15］.http：//finance.sina.com.cn/zl/international/2018-01-04/zl-ifyqinct9485743.shtml.

［119］福建省人民医院.一个真实的神话——李学麟主任医师灭瘟记［EB/OL］.［2009-10-26］.http：//www.srmyy.com/index.php?m=search&a=show&id=338.

［120］中央纪委国家监委网.国家医保局：以人民为中心，切实保障患者医疗费用［EB/OL］.［2020-03-29］.http：v.ccdi.gov.cn/2020/03/27/VIDEDMwkHHUZoXv10VGdJUXN200327.shtml.

［121］刘天君，等.中医气功学［M］.北京：人民卫生出版社，1999.

［122］刘蓉，许舒昕，金海鹏，李琪彬.银针虽小丹心在 匡世济民兴中医［N］.厦门日报，2020-12-01（A11）.

［123］中国中医药报.国医大师张震：人活三口气，九十岁仍年轻［EB/OL］.［2019-04-04］.http：//szyyj.gd.gov.cn/zyyfw/ysbj/content/post_2269757.html.

［124］北京日报.张伯礼：印度疫情令人警觉，战斗还没有结束，不可掉以轻心［EB/OL］.［2021-04-28］.https：//news.sina.com.cn/c/2021-04-28/doc-ikmxzfmk9508116.shtml?cre=tianyi&mod=pchp&loc=15&r=0&rfunc=61&tj=cxvertical_pc_hp&tr=12.

［125］陈佑邦，邓良月.当代中国针灸临证精要［M］.天津：天津科学技术出版社，1987.

［126］云南省中医中药研究院.走近国医大师张震｜耄耋之年的他仍对中医事业有着执著的追求［EB/OL］.［2017-11-23］.https：//www.sohu.com/a/206069706_169286.

［127］白丽，江昌铭，倪晶莹.运动损伤 中医技术疗效好［N］.厦门晚报，2022-02-19（A6）.

［128］环球网.美军战斗机联队晒士兵拔火罐照片：为保持战斗力［EB/OL］.［2023-04-12］.https：//www.sohu.com/a/666172935_115362?edtsign=29B02E85D013EF396D-F77B24DE8E58F54E7BAB0B&edtcode=%2Fnhpz2%2BCxdlkgSxEOgi9DQ%3D%3D&scm=1103.plate：280：0.0.1_1.0&spm=smpc.home.top-news2.1.1681351117642eLeUBOy_1467&_f=index_news_0.

［129］央视《探索发现》栏目.纪录片《国医奇术》（四）正骨术［EB/OL］.

［2019-11-26］. https://tv.cctv.com/2019/11/26/VIDEyJvcRmHBCIft3XyX8ccT191126.shtml?spm=C53121759377.PCO7tSikSFa8.0.0.

［130］陈大舜，易法银，袁长津. 中医临床医学流派［M］. 北京：中医古籍出版社，1999.

［131］深圳市文旅局. 陈荣钟［EB/OL］.［2020-08-25］. http：//www.sz.gov.cn/cn/zjsz/szfy/intangible_human/content/post_8055729.html.

［132］深圳特区报. 深圳中医陈荣钟当选 国家级非遗代表性传承人［EB/OL］.［2018-06-02］. http：//news.eastday.com/s/20180602/u1ai11487070.html.

［133］界面新闻. 板蓝根金银花在纽约遭抢购，全美疫情蔓延需求急增［EB/OL］.［2020-03-11］. https://www.sohu.com/a/379279208_313745?spm=smpc.home.top-news5.5.1583928764840ckxCUT0.

［134］南方都市报. 供精者精液合格率不足两成，广东专家建议20-40岁可捐精［EB/OL］.［2021-09-24］. https://www.sohu.com/a/491868348_161795?spm=smpc.home.top-news4.5.16324948062442SxxBJU&_f=index_news_16.

［135］生命时报. 不粘锅使用太久 更年期可能提前［N］. 厦门晚报，2020-07-25（B6）.

［136］《瞭望》新闻周刊. 长江流域抗生素污染调查［EB/OL］.［2020-04-26］. https://www.sohu.com/a/391120703_260616?spm=smpc.home.top-news2.6.158788071450230kvAx5&_f=index_news_5.

［137］汪燕妮，匡惟，厦童宣，李琪彬. 孩子常玩电脑 当心性早熟［N］. 厦门晚报，2020-04-18（A11）.

［138］新浪科技. 最新研究：人造食品色素可能导致癌症和DNA损伤［EB/OL］.［2021-12-22］. https://finance.sina.com.cn/tech/2021-12-22/doc-ikyamrmz0462049.shtml.

［139］上海市市场监督管理局. 爱吃梭子蟹的你注意了！这些梭子蟹抽检不合格［EB/OL］.［2020-11-18］. https://finance.sina.com.cn/chanjing/gsnews/2020-11-18/doc-iiznezxs2451016.shtml.

［140］央视，人民日报健康客户端."315晚会"曝光这些企业后，道歉、整改、下架、调查……［EB/OL］.［2020-07-17］. https://www.sohu.com/a/408167353_359980?scm=1002.590044.0.28b5-4ab?_f=index_select_1&spm=smpc.home.choice.2.1594966783724B7rd2Zb.

［141］新京报. 警惕凉茶里被非法添加西药，11家凉茶店被查封［EB/OL］.［2020-07-01］. https://www.sohu.com/a/405152670_114988?spm=smpc.home.top-news4.3.1593619332237rOBporJ&_f=index_news_14.

［142］中国科学报. 婴儿可能喝下大量微塑料：含有聚丙烯的奶瓶普遍释放塑料微粒［EB/OL］.［2020-10-20］. https://finance.sina.com.cn/consume/puguangtai/2020-10-20/doc-iiznezxr6940635.shtml.

［143］新浪科技. 快放下汉堡！研究称西式快餐会破坏人体免疫系统［EB/OL］.［2022-01-13］. https://finance.sina.com.cn/tech/2022-01-13/doc-ikyakumy0068650.shtml.

[144]北京青年报.吃了这些药 可别晒太阳[N].厦门晚报,2020-11-02(A16).

[145]解放日报上观新闻.速查!这款"退烧神药"被注销了[EB/OL].[2021-11-15].https://baby.sina.com.cn/news/2021-11-15/doc-iktzscyy5602153.shtml?cre=tianyi&mod=pchp&loc=9&r=0&rfunc=56&tj=cxvertical_pc_hp&tr=12.

[146]杜晓蕾.医学新知[N].厦门日报,2020-02-28(A05).

二、第二节的参考文献

[1]国务院新闻办公室.国新办举行"十三五"工业通信业发展成就新闻发布会[EB/OL].[2020-10-23].http://www.scio.gov.cn/xwfbh/xwbfbh/wqfbh/42311/44045/index.htm.

[2]经济参考报.网游对未成年人影响触目惊心,"精神鸦片"竟长成数千亿产业[EB/OL].[2021-08-03].https://news.sina.com.cn/s/2021-08-03/doc-ikqcfncc0577178.shtml.

[3]新华社.中央宣传部、国家新闻出版署有关负责人约谈腾讯、网易等游戏企业和平台[EB/OL].[2021-09-08].http://www.news.cn/politics/2021/09/08/c_1127841712.htm.

[4]中新网.中新微评:游戏不是人生,防沉迷不容儿戏[EB/OL].[2021-08-31].https://finance.sina.com.cn/tech/2021-08-30/doc-iktzscyx1274173.shtml?cre=tianyi&mod=pchp&loc=37&r=0&rfunc=18&tj=cxvertical_pc_hp&tr=12.

[5]徐菱骏.保持廉洁本色 守住生活关[N].中国纪检监察报,2022-04-17(1).

[6]新京报.我们正在经历一场注意力危机[N].新京报,2021-01-22(B08).

[7]教育部.教育部关于印发《革命传统进中小学课程教材指南》《中华优秀传统文化进中小学课程教材指南》的通知[EB/OL].[2021-02-05].http://www.moe.gov.cn/srcsite/A26/s8001/202102/t20210203_512359.html.

[8]中国科协科普中国.长期在睡前玩手机,这6个危害可能悄然而至!癌症、痴呆,都与它有关[EB/OL].[2022-01-28].https://www.sznews.com/news/content/2022-01/28/content_24906709_0.htm.

[9]光明网.江西一中学全面禁用手机 每班配备一部老年机供与家长联系[EB/OL].[2020-09-25].https://www.sohu.com/a/420866903_162758?spm=smpc.home.top-news5.3.1601042438526EBkGOCV&_f=index_news_20.

[10]搜狐极昼.儿童游戏里的恶魔:欺骗、辱骂,诱导孩子沦为"奴隶"[EB/OL].2021-06-23.https://www.sohu.com/a/473428208_120146415?spm=smpc.home.top-news4.6.1624432328966n731RB6&_f=index_news_17#comment_area.

[11]证券时报券商中国.腾讯"王者荣耀"被告上法庭:游戏形象设计过于暴露 篡改历史践踏文化[EB/OL].2021-06-02.https://finance.sina.com.cn/chanjing/gsnews/2021-06-02/doc-ikmyaawc8874825.shtml.

[12]汪燕妮,匡惟,厦童宣,李琪彬.孩子常玩电脑 当心性早熟[N].厦门晚报,2020-04-18(A11).

[13]扬子晚报紫牛新闻.3名女大学生熬夜打游戏恐终身不孕,医生:最好10

点就睡觉[EB/OL].[2021-01-10].https://www.shobserver.com/staticsg/res/html/web/newsDetail.html?id=330536.

[14] 赵丽,杨轶男.一玩手机精神焕发 一提作业萎靡抗拒[N].法治日报,2021-08-07(04).

[15] 楚燕,陈鹭.女儿沉迷游戏,扬言不让玩就自杀[N].厦门日报,2021-03-28(A06).

[16] 许舒昕,楚燕,陈鹭.孩子沉迷手机不能自拔,打骂无用 家校不妨试试这些方法[N].厦门日报,2020-12-27(A08).

[17] 中新网.国务院:实施国家统一的未成年人网络游戏电子身份认证[EB/OL].[2021-09-27].https://www.chinanews.com/gn/2021/09-27/9574845.shtml.

[18] 新浪财经.周小川:中国储蓄率未来或进一步下降 年轻一代储蓄率在明显下调[EB/OL].[2020-10-24].https://finance.sina.com.cn/money/bank/bank_hydt/2020-10-24/doc-iiznctkc7396029.shtml.

[19] 央视新闻.最高法明确未成年人网络打赏可退还[EB/OL].[2020-05-19].http://finance.sina.com.cn/money/lczx/2020-05-19/doc-iircuyvi3931700.shtml.

[20] 封面新闻.2025年中国将成全球最大奢侈品市场 电商平台成为增长新引擎[EB/OL].[2020-12-17].https://www.sohu.com/a/438829742_120952561.

[21] 搜狐狐度.容貌焦虑是世界性难题吗?英国都决定禁止未成年整容了[EB/OL].[2021-09-08].https://www.sohu.com/a/488382460_665455?spm=smpc.home.top-news4.5.1631070741776o0iBXR6&_f=index_news_16.

[22] 界面新闻.仅13%的年轻人没有负债,90后占据消费贷"半壁江山",年轻人的钱花哪去了?[EB/OL].[2021-10-25].https://finance.sina.com.cn/money/roll/2021-10-25/doc-iktzqtyu3461900.shtml.

[23] 新浪科技.每天多喝一杯酒,你的脑子可能会衰老5岁,而且是全脑萎缩[EB/OL].[2022-03-20].https://finance.sina.com.cn/tech/2022-03-20/doc-imcwiwss7093649.shtml?cre=tianyi&mod=pchp&loc=30&r=0&rfunc=54&tj=cxvertical_pc_hp&tr=12.

[24] 央视财经频道.超2亿人单身!一线城市4成单身青年为"月光族"[EB/OL].[2021-04-18].https://www.sohu.com/a/461443241_114988.

[25] 殷万妮.当所有互联网公司都在催你借钱[EB/OL].[2020-12-18].https://finance.sina.com.cn/money/bank/dsfzf/2020-12-18/doc-iiznctke7244896.shtml.

[26] 都市快报.身上突发大片红斑奇痒难忍 原来是肝吸虫作怪[EB/OL].[2013-07-31].https://hznews.hangzhou.com.cn/kejiao/content/2013-07-31/content_4831268_2.htm.

[27] 银保监会,等.中国银保监会等五部委有关部门负责人就《关于进一步规范大学生互联网消费贷款监督管理工作的通知》答记者问[EB/OL].[2021-03-17].http://www.cbirc.gov.cn/cn/view/pages/ItemDetail.html?docId=971270&itemId=915.

[28] 黄海波,郑明鸿,刘梦妮."醒悟过来"的年轻人正在挣脱网贷泥沼[N].新华每日电讯,2021-03-19(12).

[29] 新华关注.让青春不被"贷"走[N].新华每日电讯,2021-03-19(12).

[30] 新华社.中华人民共和国国民经济和社会发展第十四个五年规划和2035年远景目标纲要[EB/OL].[2021-03-13]. http://www.gov.cn/xinwen/2021/03/13/content_5592681.htm.

[31] 河南青年时报东风新闻.超前消费漩涡里的00后:以贷养贷负债110万 月薪4000买豪车[EB/OL].[2021-04-03]. https://www.sohu.com/a/458659126_121023959?spm=smpc.home.top-news6.2.1617475499397BlSFgeV&_f=index_news_25.

[32] 银保监会办公厅,中央网信办秘书局,等.中国银保监会办公厅 中央网信办秘书局 教育部办公厅 公安部办公厅 中国人民银行办公厅关于进一步规范大学生互联网消费贷款监督管理工作的通知[EB/OL].[2021-03-17]. http://www.cbirc.gov.cn/cn/view/pages/ItemDetail.html?docId=971269&itemId=928&generaltype=0.

[33] 四象工作室.国产烂片致富经:主演1部片酬=普通人上班千年[EB/OL].[2020-07-13]. https://www.sohu.com/a/407376054_157078?spm=smpc.home.top-news5.3.1594639611117pIeh374&_f=index_news_20.

[34] 陈玉琪.话剧演员月薪三千,影视演员片酬千万,这合理吗?[EB/OL].[2021-03-03]. https://finance.sina.com.cn/chanjing/cyxw/2021-03-03/doc-ikftssaq0013163.shtml.

[35] 界面新闻."回锅肉"之痛:"少年图鉴"背后的选秀真相[EB/OL].[2020-07-01]. https://finance.sina.com.cn/roll/2020-07-01/doc-iircuyvk1357494.shtml.

[36] 证券时报e公司.白花花牛奶成桶倒,新华社、央视发文痛批[EB/OL].[2021-05-05]. https://finance.sina.com.cn/chanjing/cyxw/2021-05-05/doc-ikmxzfmm0651945.shtml.

[37] 中国基金报.谎称理财!90后银行女员工诈骗近230万:部分用于网络赌博 判决来了[EB/OL].[2021-09-22]. https://finance.sina.com.cn/money/bank/bank_hydt/2021-09-22/doc-iktzqtyt7339572.shtml.

[38] 柯恺筠,厦公宣.涉案数十亿 落网59人 特大跨境赌博犯罪集团被端[N].厦门日报,2021-05-14(B03).

[39] 南方都市报.上海杀妻焚尸案:海归男要钱还赌债被拒,刀杀27岁新婚妻子[EB/OL].[2020-11-05]. https://www.sohu.com/a/430029929_161795?spm=smpc.home.top-news6.4.16046879931084obDuI8&_f=index_news_27.

[40] 东方网.几天内欠下480万!多人参加"境外免费游"后倾家荡产[EB/OL].[2021-01-18]. https://www.sohu.com/a/445305170_612784?spm=smpc.home.top-news4.2.1610988312924cRNAkGp&_f=index_news_13.

[41] 公安部.打击治理跨境赌博工作取得显著成效 侦办案件1.7万余起 打掉网络赌博平台3400余个 有力逆转了跨境赌博犯罪上升趋势[EB/OL].[2021-04-08]. https://www.mps.gov.cn/n2253534/n2253535/c7831469/content.html.

[42] 匡惟.10年前借钱给患者 如今收到还款[N].厦门晚报,2020-11-03(A3).

[43]河南广播电视台映象网.爱心餐厅连续五年提供免费早餐 每天门前排起百米长队[EB/OL].[2021-12-23].http://henan.sina.com.cn/news/2021-12-23/detail-ikyamrmz0634675.shtml.

[44]佘峥."百万"情深 全场齐刷刷起立致敬[N].厦门日报,2021-04-06（A03）.

[45]慈善公益报.无言赤子心 蕴育三春暖[EB/OL].[2019-04-11].http://www.xinhuanet.com/gongyi/2019-04/11/c_137968508.htm.

[46]中新网.致敬！黄旭华再捐1100万！已将奖金几乎全部捐献[EB/OL].[2021-10-29].https://finance.sina.com.cn/jjxw/2021-10-29/doc-iktzqtyu4262405.shtml.

[47]央视新闻.11年前攀悬崖上学的新疆姑娘,如今加入了公安队伍[EB/OL].[2022-09-29].https://www.guancha.cn/politics/2022_09_29_659935.shtml.

[48]新华社.中共中央 国务院印发《深化新时代教育评价改革总体方案》[EB/OL].[2020-10-13].http://www.gov.cn/zhengce/2020-10/13/content_5551032.htm.

[49]成都商报红星新闻.以工换酬教育半月后,孩子抠门得让爸爸担心,问题出在哪了[EB/OL].[2021-02-26].https://www.sohu.com/a/452816680_116237?spm=smpc.home.top-news4.6.1614360486394QZAHVD8&_f=index_news_17.

[50]欣敏.中国君臣家书精品[M].成都:四川辞书出版社,1995.

[51]宋宇晟.【古人有瘾】为什么总有人想去盗曹操墓？他那么抠[EB/OL].[2020-08-21].http://www.chinanews.com/cul/2020/08-21/9271289.shtml.

[52]天人,杨飞,等.中国历代名人家书:永恒的处世哲学[M].呼和浩特:内蒙古人民出版社,2003.

[53]中国青年报.正价产品的1-3折 年轻人撑起临期食品市场[EB/OL].[2020-12-08].https://finance.sina.com.cn/chanjing/cyxw/2020-12-08/doc-iiznctke5329481.shtml.

[54]国务院.国务院关于印发2030年前碳达峰行动方案的通知[EB/OL].[2021-10-26].https://www.dl-by.com/play/65308-5-24.html.

[55]中新网.教坏孩子？又一部动画片被家长列入黑名单[EB/OL].2021-06-06.https://www.sohu.com/a/470705603_162522?spm=smpc.home.pic-group.4.1622966515573rMl7Txk&_f=index_focus_6.

[56]成都商报红星新闻.11岁男童带9岁妹妹从4楼跳下,"模仿游戏中'飞'和'复活'场景"[EB/OL].[2020-05-14].https://www.sohu.com/a/395165792_116237?spm=smpc.home.top-news4.3.1589455257167A8EV1CA&_f=index_news_14.

[57]观察者网.被卷入10岁女童死亡事故,TikTok在意大利有麻烦了[EB/OL].[2021-01-23].https://www.sohu.com/a/446313103_115479?spm=smpc.home.top-news3.4.1611403376833xchdUYD&_f=index_news_9.

[58]国家互联网信息办公室.国家网信办依法查处一批存在涉未成年人在线学习违法违规行为的网站平台[EB/OL].[2020-08-07].http://www.cac.gov.cn/2020-08/06/

c_1598277656513147.htm.

［59］澎湃新闻.马上评｜平均年龄17岁的恶势力团伙是怎样坐大的？［EB/OL］.［2021-10-25］.https://www.sohu.com/a/497115268_260616?spm=smpc.home.top-news4.4.16351540239300Jnegpf&_f=index_news_15.

［60］广电总局.广电总局举办2020年广播电视文艺节目创新创优培训班［EB/OL］.［2020-07-28］.http：//www.nrta.gov.cn/art/2020/7/28/art_114_52266.html.

［61］国家广播电视总局办公厅.国家广播电视总局办公厅关于进一步加强文艺节目及其人员管理的通知［EB/OL］.［2021-09-02］.http：//www.nrta.gov.cn/art/2021/9/2/art_113_57756.html.

［62］新华社新华视点."爱豆"的脸面靠粉丝的钱来撑？"饭圈"圈钱，stop！［EB/OL］.［2021-04-06］.https://m.gmw.cn/2021/04/06/content_1302213686.htm.

［63］徐伟伦.解密"饭圈黑话"，别为流量破底线［N］.法制日报，2019-12-29（05）.

［64］央视网.央视网评"云算命"：收割了多少年轻人［EB/OL］.［2022-02-16］.https://finance.sina.com.cn/tech/2022-02-16/doc-ikyakumy6172526.shtml?cre=tianyi&mod=pchp&loc=28&r=0&rfunc=9&tj=cxvertical_pc_hp&tr=12.

［65］时代周报.用天干地支、阴阳五行预测股市，2家券商被罚！证监会：零容忍［EB/OL］.［2022-04-01］.https://finance.sina.com.cn/money/lczx/2022-04-01/doc-imcwiwss9294653.shtml.

［66］新华社.中央宣传部印发通知，部署文娱领域综合治理工作［EB/OL］.［2021-09-02］.http：//www.news.cn/politics/leaders/2021-09-02/c_1127822209.htm.

［67］教某.壹娱观察.抖音里拜大佛，B站上追塔罗，玄学类短视频会成下个风口？［EB/OL］.［2020-09-15］.https://finance.sina.com.cn/chanjing/cyxw/2020-09-15/doc-iivhvpwy6905992.shtml.

［68］南方都市报.假活佛10年敛财近2亿，性侵女弟子声称"身加持"！一封举报网帖揭开真面目［EB/OL］.［2021-02-02］.https://m.sohu.com/coo/heisha/448225690_398039.

［69］新华社.邪说蛊惑 戕害社会——揭开"全能神"邪教真面目［EB/OL］.［2018-08-12］.http：//www.xinhuanet.com/2018/08/12/c_1123258301.htm.

［70］当年明月.明朝那些事儿.第一部：洪武大帝［M］.杭州：浙江人民出版社，2011.

［71］封面新闻.中科院谢雕案凶手被执行死刑：与死者系高中同学 接受宴请时将对方捅伤身亡［EB/OL］.［2021-01-13］.https://www.sohu.com/a/444296445_260616?spm=smpc.home.top-news4.1.16105317709355sPR7jB&_f=index_news_12.

［72］中国新闻网.起底中科院研究生被杀案：同学会结怨，两年后复仇［EB/OL］.［2019-05-22］.http：//www.chinanews.com/sh/2019/05-22/8844052.shtml.

［73］央视今日说法栏目.16岁少女虐杀亲妈将其饿死 在父亲眼里她却心地善良

[EB/OL].[2017-01-13].http://news.youth.cn/jy/201701/t20170113_9035401.htm.

[74]中新网.大连宝马故意冲撞人群致5死 系报复社会[EB/OL].2020-05-23.https://news.sina.com.cn/2021-05-23/doc-ikmxzfmm4160136.shtml.

[75]王河.中华家书[M].南昌：江西人民出版社，2012.

[76]程焕.刘尚义 让中医造福更多人（走近国医大师（22））[N].人民日报，2018-12-24（11）.

[77]搜狐跑步.不开玩笑！这位德国健身女教练已经88岁了[EB/OL].[2021-03-03].https://www.sohu.com/a/453710479_314192? scm=1002.3c0039.17601d9.PC_24H_HOME&spm=smpc.home.list.4.1614782204137K2Ja8vk.

[78]环球网.医生建议休息，95岁英国女王选择开车出门兜风[EB/OL].[2021-11-02].https://www.sohu.com/a/498831508_162522?spm=smpc.home.top-news3.2.1635872115848TKpSI9x&_f=index_news_7.

[79]戴懿.98岁老兵每周五天奋战羽毛球场[N].厦门晚报，2021-04-01（A5）.

[80]吴慧泉.有人说起钟南山，她总是微微一笑[N].厦门晚报，2020-02-03（A4）.

[81]中国中医药报.国医大师张震：人活三口气，九十岁仍年轻[EB/OL].[2019-04-04].http://szyyj.gd.gov.cn/zyyfw/ysbj/content/post_2269757.html.

[82]钱江晚报.学霸女儿被父母"逼婚"患抑郁症，医生：问题已经很严重[EB/OL].[2021-11-17].https://www.sohu.com/a/501669019_120914498?spm=smpc.home.top-news4.3.1637144334243nqxbYup&_f=index_news_14.

[83]中国青年报."杀猪盘"骗子：不骗女性只骗男性 女性对爱情有极度渴望男的都是裸聊[EB/OL].2021-05-28.https://finance.sina.com.cn/money/2021-05-28/doc-ikmxzfmm5109671.shtml.

[84]央视财经频道.超2亿人单身！一线城市4成单身青年为"月光族"[EB/OL].[2021-04-18].https://www.sohu.com/a/461443241_114988.

[85]舒静，白阳，孙少龙.离婚冷静期刷屏，权威专家回应网民四大热议话题[EB/OL].[2020-12-08].http://www.xinhuanet.com/2020-12/08/c_1126837235.htm.

第四章　家庭教育知识的传承

第一节　家庭教育的传承

我们的后代，天然地带着我们身心的一部分，是个体生命的延续。我们应该为后代的健康成长付出更多的努力。后代的健康成长，离不开教育。家庭教育是教育至关重要的一个组成部分。全国人大常委会法工委社会法室主任郭林茂指出，家庭教育已成为重要的"国事"[1]。我们应该把家庭教育的知识、日积月累的经验，尽可能地传授给后人。生于1915年的革命家、著名作家马识途先生，在2022年7月1日迎来了又一个建党节，他的党龄已超过84年。马识途先生谈道，父亲留给他们"胆大心细，智圆行方"的家训让他终身受用，并将它传给了子女[2,3]。华侨领袖、著名社会活动家、教育家陈嘉庚先生创办集美幼稚园时，将一座教学楼起名为"养正楼"，希望一代又一代的孩子们能从小改正不当行为、培养良好习惯[4]。

原国务院总理李克强指出，机会公平中，教育公平是最大的公平[5]。基础教育方面，不同地区的孩子，因基础教育资源分布的差异，客观上存在着教育不公的现象。高等教育方面，有些省市高等教育资源丰富，本地区考生考上大学的概率大；有些则相当缺乏，本地考生考上大学的机会少得多。恰当的家庭教育，能对学校教育进行较好的补充，能够对学校教育不够"公平"、不够有针对性的方面进行一定的弥补。

大到自由的限度、爱国爱家，小到衣、食、住、行，家庭教育涵盖了方方面面。关于家庭教育知识、经验，建议父母、长辈们关注以下方面：

第一，德智兼顾。一些父母、长辈很关注孩子的智力发展、特长培养，请老师、买教辅、上培训班，忙前忙后，却对孩子品德、品行的培养漫不经心，轻描淡写。国家提出，家庭教育最重要的是品德教育，是教导如何做人[6]。父母、长辈们，应该对德与智的培养都给予重视，德智并重，以德为先。

勤勉。古语云，"一生之计在于勤"[7]。想成长、进步，又想不劳而获，几乎是不可能的。一些孩子小学、中学时期比较勤奋，考上大学，便认为大功告成，或被所谓"玩命的中学、快乐的大学"思想所误导，于是在学业上三心二意、自我放松。教育部高等教育司司长吴岩主张，要抓好高校的学生工作，让大学生勤于学习、创新创业、勤于提高知识、能力，改变一些大学生好打游戏、好睡懒觉、好吃吃喝喝的风气[8]。著名翻译家许渊冲先生曾获国际翻译界最高奖项"北极光杰出文学翻译奖"，他将《楚辞》翻译为英文，被美国学者誉为"英美文学领域的一座高峰"[9]。著名文学家钱锺书认为许渊冲先生的翻译作品是"带着音韵和节奏的镣铐跳舞，灵活自如，令人惊奇"[10]，称他的英译作品《李白诗选一百首》会让李白成为知己[11]。他70岁退休后翻译了约120本书，90多岁仍每天工作约6小时[12]，94岁起翻译了14本莎士比亚著作[13]，百岁时还每天创作书稿《百年梦》（如图4-1）[14]。2022胡润全球白手起家女企业家榜中，中国女企业家占了约63%，排第二的美国约占20%[15]。中国女企业家所占比重能这么高，与中国女性的勤勉是分不开的，"卓越皆自奋斗来"[16]。

图4-1　翻译家许渊冲百岁时创作书稿

谦虚。按刘少奇的看法，在旧社会，当革命事业成功后，多数革命者就变得腐化、堕落了，丧失了原有的进步性，反倒成为社会进步的障碍，一些共产党员也在成功和胜利后放肆、骄傲,成了追求特权的官僚[17]。著名的贤明皇后——明朝马皇后临终前留给明太祖朱元璋的一项重要遗愿,就是希望朱元璋谦虚、能够尊重他人意见、尊重人才,"求贤纳谏,慎终如始"[18]。谦虚是中国人应该坚持的传统美德。美国前总统尼克松认为,与苏联人不同,中国人并不骄傲自负,中国人常常自我批评,周恩来的自我批评也体现了他的自信[19]。谦虚也是尊重他人的表现。英国著名记者威尔逊(Wilson)谈道,周恩来总理注重贯彻人人平等的精神,他曾对敬礼的站岗士兵说,"我们都是同志,所以不用向我行礼"[20]。

宽厚待人。有的人心胸狭隘,待人刻薄。这不仅可能伤害他人,往往还"失道寡助"、损人害己。高考考生要考上大学,尤其是大学招生规模大幅扩大前,常常被形容为"千军万马过独木桥"。考上大学后,如果因为入学体检不合格而被退学,是相当可惜的事情。侯炳辉(曾任清华大学管理信息系统系副主任)曾就6名清华大学新生体检不合格的事情,主张要慎重再慎重,"退学对学生及其家庭意味着什么,大家都清楚"。他与学校沟通,争取一个新生也不退学;让相关人员帮助6名新生注意休息和营养,以尽快恢复健康,争取复查通过。最后,这6名同学都留下了[21]。吴孟超(肝胆领域著名医学家)常劝导他人,医、药是有穷尽的,要用不竭的爱去照亮受苦的患者[22]。

适当的分享。孩子应学会与人分享,与亲人分享,与同学、朋友分享,乃至与社会分享。王娅女士为了让困难学生能更好地接受教育,停掉了癌症放疗进程,将仅有的一套住宅捐赠给教育基金会[23]。小徐,曾受到兴华青少年助学基金会的资助,从甘肃小镇考入吉林大学;之后,参军入伍。他提出,请助学基金会停掉资助,以帮助其他更困难的学生[24]。华人富豪谢家华,长期居住拉斯维加斯市中心的房车里,被认为"抠门";但他多年来捐资于当地建设事业,2013年就捐3.5亿美元以重建市政厅大楼[25]。台湾老人周咏棠,生活简朴,穿地摊卖的衣服,吃关店之前打折的面包;却常年向母校厦门大学捐款,累计约千万元,提出,"人在天堂,钱(要)在厦大"[26, 27]。

第二,适当地安排超前学习。如果孩子能接受、能承受,可以在某些时期适当地安排超前的学习任务。这有利于充分利用时间,还能开发自己的潜能。据研究，人类大脑的利用率不到10%[28]。中国科学院院士江雷初一时，数学考试成绩曾居全班倒数第二。受到老师的鼓励后，他在暑假自觉地把物理和平面几何课程全部进行了预习，"老师上课一出题，我就举手"[29]。江雷院士曾谈到著名围棋手陈祖德提到的"红绿灯现象"。他认为，不要慢慢悠悠地做事，当赶上了绿灯，下个路口可能还会是绿灯，如果一路错过绿灯，一停再停，或许永远落在别人之后[30]。

第三，完成学历教育后，仍保持好学向上的心态，不应在业余时间一心享受、一味娱乐。国家强调，要建设学习型社会，完善终身学习体系[31]。人应该适当地更新知识、补充知识，跟上社会发展、进步的步伐。陈金英女士年逾古稀，10年间辛勤劳作、还清企业经营债款上千万元后，开始学习医师资格考试知识，要争取通过中医医师资格考试[32,33]。据国家统计局2018年全国时间利用调查公报，中国民众学习培训每天平均用时27分钟[34]，高收入群体平均每天阅读20分钟，分别是中等收入、较高收入群体的1.9倍和1.3倍[35]。按知名投资集团、伯克希尔哈撒韦公司副董事长芒格的观点，倡导持续学习是中国文化值得尊重之处[36]。

第四，对孩子不应溺爱。许多家长可能会舍不得批评孩子的错误行为，甚至纵容其继续进行。许多错误行为，如果不及时加以纠正，容易发展成大错误。祖父母辈常常更容易溺爱孩子。父母除了互相协调好对孩子的批评、纠正事宜之外，还应与父母辈协调好；避免这里批评、纠正，那里宽大、纵容。

第五，父亲也要适当"主内"，多参与对孩子的家庭教育活动。俗语有"男主外，女主内"之说，很多男士对此颇以为然。很多家庭中，父亲不太参与对孩子的教育活动。实际上，男女往往各有其知识特点、知识优势。父亲多参与对孩子的教育活动，会对孩子有相当的益处。有时，父亲对孩子教育的影响是非同寻常的。据张建华等人的研究，父亲受教育程度对子女受教育年限有显著影响。给定其他条件不变，如果父亲的受教育程度提高1个层次，则子女受教育年限平均增加0.285年；在高等教育资源丰富省份，与全国水平相比，1999年高校招生规模大幅增加前，父亲受教育程度对子女受教育年限的影响更大[37]。

第二节　英才的培育

有很多父母"望子成龙"。英才就是高层次人才。本节将阐述一些英才培育的方式、方法。

一、比较可行的远大目标

父母、长辈，应适时引导孩子在正确人生观的引领下，树立比较可行的远大目标。没有比较可行的远大目标的指引，随波逐流，要成为英才，要取得较大的成就，是不太容易的。被称为漫画大师的蔡志忠称，立志要早，要从小有梦想，长大后去争取实现自己的梦想[38]。一位姓李的小女孩，曾立下一个大的愿望，要争取获得诺贝尔奖。在美国读完本科时，她想探索藏医药学与西医学的医理差异。为此，她与1200位竞争者去竞争一笔研究资助款。她获得了资助，但也放弃了高薪的工作机会。之后，她投入1年的时间、精力去研究。后来，她把探索的方向对准了信息技术领域。多年后，她成为美国斯坦福大学人工智能研究所联席主任、美国国家医学院院士、美国国家工程院院士[39]。陈杲18岁时，考取了美国纽约州立大学石溪分校数学博士生，成为微分几何领域世界最高奖项得主陈秀雄教授的学生，26岁攻克了一道复微分几何领域的"世界难题"。陈杲认为，自己的成就源于远大的志向、较强的自学能力、勤奋和机遇。陈杲的父亲主张，将引导孩子树立大的志向作为家庭教育的一个关键点。他让孩子多读名人传记、多听创业故事等，培养孩子的人生理想[40, 41]。

人难免会遇到困难，如果有比较远大的目标、抱负，就不容易灰心失意，而是能化困难为动力，更容易取得成功。按诺贝尔和平奖获得者、孟加拉经济学家尤努斯的观点，人不应把眼前的工作、事务视为整个人生而忽略了世界之大[42]。如果没有形成正确、可行的远大目标，孩子即便取得一些成绩，在成长过程中也容易在一些因素的干扰下选错方向，乃至步入歧途。

二、较强的社会责任感

应争取参与有重要社会意义的活动,培养社会责任感,这样,既能为社会贡献自己的力量,又有助于争取机遇、成就个人事业。华为公司创始人任正非年轻时曾参加了一个大型化纤项目的建设工作。在沈阳自动化研究所技术人员、东北大学李诗久教授的帮助下,任正非研制出项目短缺的某种仪器,得到表彰,还被推荐参加了全国科学大会、党第十二次全国代表大会。这些经历为他后来成功创业打下一定基础[43]。日本福岛核电站泄漏期间,华为员工冒险在两周内恢复了相关灾区680个基站。印尼大海啸时,47名华为员工在13小时内修复了海啸灾区668个基站。按任正非的主张,如果创办、经营企业时追逐物质利益、不考虑社会效益,那就会目光短浅、不容易成功[43]。

小学没毕业的杨女士,从农村来到城市谋生。她有着一种对学校的向往。1995年,杨女士开办了一所从幼儿园至中学的十五年制学校。学校长期亏损,而开办的其他企业经营压力大,她曾常年靠安眠药才能入睡。但20多年来,大多数同时期的民办中小学都终止了,她却没有放弃,将经营其他企业获得的数亿元收益不断投入教育事业上,学校培养了超过2万名学生。杨女士谈道,兴办教育能让自己心态平和,能获得金钱无法比拟的成就感。她告诫后人,办教育,要想着担起那份责任,不能想着谋财,"如果你有能力,可以参与管理,如果没有,由职业团队去管"[44]。

"得道多助,失道寡助"。有较强的社会责任感,积极参与有重要社会意义的活动时,经常能"得道多助",取得出乎意料的成绩。美国科学院院士、厦门大学第二任校长林文庆之子林可胜,是民国时期北平协和医学院第一位华人教授,抗战期间曾任中国红十字会救护总队总队长。华侨许肇堆等倡议成立的美国医药助华会,为林可胜所在的救护总队筹集了大量的物资、资金。华侨华人、国际友人、友好组织,在1938年至1942年间,向林可胜所在的救护总队资助了6600万美元,而国民政府有时一年向美国贷款的金额也才1500万美元。中国红十字会救护总队在大量的外部援助下,于1937年至1942年间组建了150支救护队,有3420名队员,遍布全国主要战区,在1938年至1945年间,救治军民超过2200万人次,并在贵阳建成了抗战时期中国规模最大、最完备的战时医疗救护中心和军医培训基地，建成了疫苗制造企业、血库[45]。

有较强的社会责任感，积极参与有重要社会意义的活动，也能让人不易骄傲自满、懈怠退步。麦考莲女士1978年当选加拿大密西沙加市市长，之后又多次当选。她虽年事已高，却并未怠慢工作，在市长岗位上先后工作了36年，将密西沙加市从一个以农业为主的小城发展成为人口近80万的加拿大第六大城市。2014年，93岁的她卸任市长。2022年，她又以101岁高龄出任加拿大多伦多机场管理局主任，指导这一加拿大最大机场的运营工作[46]。

美国哈佛大学哈佛学院前院长路易斯（Lewis）主张，大学的首要任务是让学生成为能承担得起社会责任的人[47]。青年人也应该以承担一定的社会责任作为自己的重要成长目标。

三、学业、职业规划

孩子成长到一定年龄后，未来的学业安排、职业方向就应该成为父母、长辈、孩子着手考虑的重要事项了。对有志成为英才的孩子而言更是如此。诺贝尔和平奖获得者、孟加拉经济学家尤努斯强调，人应当思考，要选择怎样的发展方向来实现自己的人生目标[42]。

一位姓邓的农村少年，家庭贫困，9岁失去母亲，11岁失去父亲。他不得不退学，但常常在路过学校时，在窗外听老师授课，又以树枝、瓦砾为笔在地上练习。后来，他在一家商店做工，这时的他已经认识到，"只有读书才会有前途"。工作半年后，只正式上了2年小学的他考上了初中。后来又考上了研究生，最终成长为著名的财政学家，成为中国财政学的奠基人之一[48]，被称为财政学功勋人物[49]。邓子基从一名失去双亲的农家贫困少年，成长为受到广泛尊重的著名学者，很大程度上就源于他较早地对自己的学业进行了一定的规划、安排。如果没有那些学业规划，他大概只会是一位店员或"店长"。

按中国科学院院士江雷先生的观点，在学业、职业发展过程中，如果能抓住有利条件加快前行，"赶上绿灯"，就有可能再"赶上绿灯"，争取到良好前景[30]。与江雷先生同一批公派日本的100多名中国留学生中，有的忙于打工，有的忙于提高日语水平，江雷则专心本专业的学习、研究。江雷毕业时，恰是全球纳米界面材料研究的起步期，他在该领域的研究较快地得到认可，发表了大量论文。他回国时，相关科研机制正在改革，他的科研工作得到了相当的助力[30]。据国际著名学术期刊《自然》（*Nature*）的评估，江雷已成为2015—2020年间，仿生与纳米材料领域全球最具影响力的论文作者[50]。

孩子思考学业规划、职业规划，父母、长辈提出学业、职业建议时，应与孩子自身的兴趣、爱好、优缺点适当地结合。江雷先生在指导研究生时，注重发挥兴趣的引导作用。他为了加强学生的研究兴趣，有时先安排学生做相当容易的研究课题，激发他们的兴趣和积极性，之后再安排正常的研究课题。这样很可能使学生取得较好的研究成效[51]。梁启超先生曾对孩子谈道，应该把不太喜欢学习生物专业的事情早点告诉自己，即便是"我推荐的学科"，也应该由孩子"自己体察作主"，结合自己的兴趣来安排学业，"因自己性之所近"，学习往往就能事半功倍[52]。

在进行学业、职业规划时，父母、长辈要做好孩子的参谋，做好辅导者，不应急功近利，不应将自己的意志强加给已逐渐具备自我判断能力的孩子。民国时期著名的西南联合大学主张，大学新生应该适当地学习其他专业的知识，开阔视野，让新生有找到适合专业、调整专业的机会。该校规定，新生学习一年，甚至两年后，也允许申请转院、转系[53]。不少父母、长辈热衷于让孩子选择艺术类相关专业，专攻艺术技能。但实际上，艺术类专业毕业生的就业空间并不大，能取得成就者寥寥无几，甚至要考上相关专业已变得难上加难，要面临"僧多粥少"的苛刻竞争。

如果父母、长辈缺乏相关知识、经验，可以协助孩子与一些在学业、职业规划领域知识、经验较丰富的人多交流、多探讨。中国青年报社对大学生进行的一项调查显示，79%的受访者都有过改变专业的想法。据北京大学教育学院的一项研究，约42%的在校本科生没有清晰的学业、职业规划[54]。中国科学院院士杨卫指出，要有大批优秀学者来导航引路，科研人员才能较好地成长[55]。教育部、科技部等在实施的基础学科拔尖计划2.0的过程中，主张进一步探索导师制培养，鼓励适合的优秀学者来引导相关学生的学术成长和人生成长[56]。家境优越的罗广斌，聪明但不愿意

认真学习,父亲对他的学业相当担忧,请人加以劝导、辅导。之后,罗广斌转变很大,像变了一个人似的,开始勤奋学习了。他考上了知名高中,考上了大学,成为学生会负责人,筹划了进步学生运动,他从散漫的富家子弟转变成成绩突出、思想进步的有为青年。从国民党的"魔窟"——重庆渣滓洞监狱侥幸逃生后,与他人一起创作出名著《红岩》[53]。

四、多领域知识、技能

英才在知识、技能方面,既要有专攻,又要博采众长。父母、长辈应鼓励孩子掌握适当的多领域知识、技能。经济的发展带动了广泛的社会分工,并呈现出高度细化的分工态势,现代的高等教育也类似地出现了高度细化的专业分类状况。按中国科学院院士、原华中科技大学校长杨叔子的观点,专业分类过于细化,容易出现所学的知识、技能过于狭窄的情况[57]。中国工程院院士、原西安交通大学校长郑南宁也强调,人才培养要注重宽口径、厚基础[58]。很多公司在招聘时也喜欢选用多技能人才。某知名公募基金管理公司在选拔、培养基金经理时,着重关注候选者是否有丰富的知识储备,是否能较透彻地分析相关企业的公司治理、运营质量、运营趋势、行业趋势等多领域状况[59]。斯坦福大学人工智能研究所联席主任李飞飞在本科时期读了物理类专业[60],毕业时她争取到学校的资助,开展了为期一年的关于藏医药学和西医学医理比较的研究[39],并在研究生期间学了人工智能专业[60]。多领域的知识积累,帮助她取得了相当丰富的研究成果。她先后被选为美国国家工程院院士、美国国家医学院院士、美国人文与科学院院士[39]。

原中共中央政治局常委、国务院副总理李岚清强调,要高度重视学科的交叉、文理学科的交叉[61]。2020年,国家自然科学基金委员会专门成立了资助交叉研究的交叉科学部。国家自然科学基金委员会主任李静海指出,要应对前沿科学问题、越来越复杂的全球性挑战等,依靠单一学科的知识、方法、工具往往无法实现,强化学科交叉等是实现科技快速发展的必由之路[62]。清华大学柔性电子技术研究中心主任冯雪指出,一个时期内再出现类似20世纪量子力学那样的变革性科技的机会是很少的,学科交叉是取得良好研究成效的一大突破口[63]。

教育部指出，在未来技术教育领域，要构建多学科交叉机制[64]，促进理工结合、工文渗透、医工融合等，以有效培养复合型人才[65]。在现代产业学院建设方面，教育部也要求推进新工科与新农科、新医科、新文科融合发展[66]。在经济专业领域，清华大学较早地开展了学科交叉融合教学工作。30多年前，该校设立了"经济管理数学和计算机应用技术"专业[21]。2021年初，清华大学未来实验室有70多位师生，而他们分别来自30多个专业。清华大学未来实验室主任徐迎庆，每月都会要求团队学生至少读一部本学科之外的书籍。令不少人意外的是，他是美术学院的教授[63]。重庆大学在新工科建设中，突破以专业为基础的人才培养模式，着重打破传统学科分类界限，设立了明月科创实验班。实验班的学生可以选修不同领域的交叉创新课程。重庆大学意图通过这些方式来培养能适应"新经济、新业态、新产业、新技术"的产业创新人才[67]。

五、科技素养

随着社会的进步、科学技术的较快发展，社会的发展越来越需要具备相当科学素养的劳动者。因此，建议父母、长辈们应适当加强孩子在科学技术领域的素养。除了掌握一定的数学、物理、化学、生物等基础学科知识外，还应多了解一些科技发展的重要态势。

人工智能技术被认为是第四次工业革命的标志性成果[68]，人工智能专业也成为2021届研究生就业竞争力排名第一的专业[69]。人工智能软件多次战胜人类一流棋手。人形机器人能做出后空翻的动作。一组机器人在清华大学校庆期间开展了乐队演奏表演[63]。南京蔚蓝科技公司研发的机器狗，行走速度最快可达4.15米/秒，创下新的世界纪录[70]。自动机器学习技术的应用，使得数千万部手机视频摄影原型算法的复杂度降到了极低的水平[71]。人工智能信号灯的应用，使海口市滨海大道汽车通行时间从原来的12分钟以上减到9分钟[72]。韩国三星高级技术研究院研究人员等，提出了通过纳米电极提取人脑神经网络连接图、再存入存储芯片网络、再现人脑功能的设想[73]。一些企业开展了自动驾驶汽车的研制、试验工作，宣称几年后就能成功研制自动驾驶汽车。郑南宁（中国工程院院士、曾任国家"863计划"信息领域首席科学家）带领的研究群体，在2000年就开始了自动驾驶汽车的研究。他们研制的"先锋号"自动驾驶汽车,连续4年蝉联"中国智能车未来挑战赛"冠军。在取得成绩的同时,郑南宁于2021年指出,实现自动驾驶是一个令人兴奋却望而生畏的挑战,自动驾驶是犯了错误不能重来的人工智能领域,自动驾驶无法那么快就进入大众的生活;在人工智能发展热潮中,要避免不切实际的预言和承诺,以免给社会公众带来误导[74]。人工智能技术的应用,也使深度伪造行为广为泛滥。深度伪造行为,将他人的相貌与表情转移至目标视频中,能伪造出以假乱真的视频、破解人脸识别功能等。国家互联网信息部门、公安部门曾就深度伪造行为约谈了11家互联网企业[75]。按朱民(清华大学国家金融研究院院长、原国际货币基金组织副总裁)的观点,人工智能技术这一与人最相似的事物所带来的消极影响,很难控制[76]。这是值得我们深思和警惕的重要事项。

二氧化碳减排技术、碳捕获技术,已是越来越重要。据薛其坤(南方科技大学校长、中国科学院院士)的估计,地球上已知的石油和天然气储量按照目前的发展水平和用量很可能在50年后就会耗尽[77]。而另一方面,石油、煤、天然气等化石能源的消耗带来了巨大的温室气体排放量,导致全球气候变化的危险越来越近,这也是为何大多数人觉得天气越来越热的根源所在。二氧化碳排放不断增多,使得更多热量进入大气和海洋[78]。中国气象局国家气候中心副主任罗勇指出,自从100多年前科学家发现温室效应以来,人类活动导致气候变化,已成为当前全球科学家的主流共识。而1900年到2005年,人口总数不到全球20%的发达国家,排放了全世界80%的温室气体;其中,1950年前排放的温室气体95%都源自发达国家[79]。

20世纪90年代,南极思韦茨冰川每年融化约100亿吨冰,现在差不多是800亿吨。该冰川的坍塌将使全球海平面上升约65厘米,同时会释放出南极洲西部的其他主要冰体,这些冰体的融化可能会使海平面上升2至3米。而如果海平面升高1米,本来千年一遇的风暴,可能每10年就会发生一次[78]。挪威科学家利用减复杂度地球系统(ESCIMO)模型进行模拟研究的结果显示,在人为导致的温室气体排放于2030年达到峰值、2100年降为零的条件下,2500年全球气温很可能将比1850年时升高3℃，海平面升高3米[80]。特斯拉首席执行官（CEO）马斯克打算捐赠1亿美元给碳捕捉技术大赛，以推进碳捕捉技术的研发[81]。欧盟通过法案，要求27个成员国在2030年前将温室气体排放量在1990年的水平基础上削减55%，并在2050年前成为净零排放经济体[82]。全球已有超过120个国家和地区提出了碳中和的目标[83]。联合国秘书长古特雷斯，呼吁世界各国宣布本国进入"气候紧急状态"，直到实现碳中和的水平[84]。

　　科学素养，应涉及对宇宙的认识。一些人错误行为的根源就在于对宇宙认识的偏差。从全世界来看，许多人受宗教、迷信思想的影响，认为宇宙由神主宰，人是神创造的，人要听从神的安排。科学研究成果表明，宇宙是由混沌状态逐渐演化而来的。人是由初级生物经过漫长的演化而形成的。古语说得好，"一生二，二生三，三生万物"。中国科学院院士、中国科学院古脊椎动物与古人类研究所研究员朱敏等研究者在化石中发现了已知最古老的有颌类动物——奇迹秀山鱼，将完整有颌类的化石记录大大前推了1100万年。该研究进一步证实了，4.4亿年至4.1亿年前的志留纪期间，更多样、更大型的有颌类属种出现并扩散到整个地球，开启了鱼类登陆并最终演化为人类的过程[85]。

　　2020年4月29日，美国国防部公布了三段由红外摄像机拍到的不明飞行物视频。美国科学杂志《大众机械》指出，这些物体的空中机动动作，"以目前人类航空技术不可能做到"[86]。美国政府在2021年6月发布的报告显示，军方留意到一些不明飞行物似乎能在高空保持静止或逆风移动，或在没有明显推进装置的情况下以相当快的速度移动[87]。美国军方收集了2004年11月至2021年3月的144起"未知空中现象"记录，这些事件主要由军队飞行员目睹，并被美国政府认为可靠的系统所记录[88]。而关于一份被泄露的不明空中现象特别调查小组调查报告，美国国防部发言人承认，照片和视频是由美国海军军人拍摄的。在由美国"罗素"号驱逐舰海军军人2019年7月拍摄的该视频中，有一个金字塔形物体，在约700英尺高处盘旋。被泄露的报告，明确金字塔形飞行物不是美军现役或秘密项目的装备，也不是外国军队的[89]。2020年，俄罗斯宇航员瓦格涅尔在国际空间站拍摄南极光时，看到5个不明物体飞过南极

洲上空[90]。有电视主持人曾向美国前总统奥巴马提问,"(不知你是否)询问过(关于不明飞行物 UFO 存在与否)的问题?"奥巴马回答,"当然问过,但我不能告诉你(详情)"。主持人接着说,"如果(你得到的)答案是否定的,你肯定会说没有(外星人)"。奥巴马回应道,"随你怎么想"[91]。

有天文科学家在金星的酸性云层中探测到磷化氢气体,推测金星可能存在生命迹象[93]。日本"隼鸟号"探测器 2007 年登陆了一颗小行星,并带着小行星样本于 2010 年 6 月返回地球。英国伦敦皇家霍洛威大学研究人员对小行星样本中的一粒尘埃进行测试,首次发现小行星表面拥有地球生命所必需的物质,如有机物和水[93]。而英国诺丁汉大学研究人员依据地球上的生命演化规律估算,银河系可能存在 36 个能够发射通信信号的外星智慧文明[94]。"人外有人,天外有天"。宇宙中,应该还有一些星球存在着智慧文明、高级生命体。地球文明估计也不会是宇宙中最高层次的智慧文明。人类应该对创造的文明保持谦逊、自省的态度。

六、历史素养

李岚清主张,一个人要有大的成就,不能没有足够的人文底蕴。原华中科技大学校长杨叔子认为,人才培养,特别是高级人才,急需加强人文领域的教育[57]。历史素养、历史知识,就是英才的人文底蕴、人文素质的重要组成部分。习近平主席强调,领导干部要提高经济工作能力,既要懂经济知识,也必须学习历史知识[95]。

历史素养、历史知识可以为人生的重大抉择提供指引方向。全国政协常委、北京大学新结构经济学研究院院长、原世界银行副行长林毅夫,1952 年出生于台湾省,小时候喜欢了解历史知识,初中时读了《细说中国历史丛书》《中国历朝通俗演义》等书,不仅增长了历史知识,还认识到中华民族的许多先辈、志士仁人常常抱着牺牲自我的意愿来奉献国家,自己也应该争取为民族的复兴贡献力量。1971 年,林毅夫考上台湾大学,被选为该校大一学生会主席,他和其他大学生一起积极投身到抗议美国将中国钓鱼岛"给予"日本、保卫钓鱼岛的运动中。之后,他转学到陆军官校。学习期间,结合历史而领悟到民族复兴要依靠祖国大陆的发展和强大。政治大学企业管理研究生毕业后，他回到军队，在距离祖国大陆很近的金门担任连长[96]。1979年，他借着夜色、借着解放军广播声音的指引，冒着生命危险，从海上游到了祖国大陆[97]。后来，林毅夫在经济领域成就卓著，曾出任世界银行副行长兼首席经济学家，打破由美、欧著名经济学家独揽这一职位的历史，也是首位成为英国科学院外籍院士的中国经济学者[96]。

适当学习历史知识，提高历史素养，可以增进对先辈创造的物质成就、精神成就的了解，从而更加尊重中华文明，增强作为中华文明的传承者的自信。正如新加坡前驻联合国大使马凯硕所说，中华文明历来是最具韧性的文明，中华文明正在经历伟大的复兴[98]。我们要理解世界、理解现实乃至理解自己，常常要有相当的历史素养作为基础，要"知古"才能"鉴今"。唐太宗主张，"以古为鉴，可知兴替"[99]。人类社会有许多客观规律会反反复复地重现，"代代人不同，事事总相似"[99]。"忘记过去就意味着背叛"[100]，许多时候，忘记过去，就容易违背客观规律，导致挫折与失败。

回顾历史，不应忘记众多先辈为民族的复兴作出的伟大贡献。例如，周恩来总理长期身居高位、功勋卓著，但他常常严于律己甚至舍己为人。为了端正风气，周总理要求，他老家淮安的故居，不让人参观，不能把现在的住户强制搬出，失修的房屋不能以公款再建。1946年，从延安飞往重庆的飞机在飞越高山时，机翼外表结冰严重，飞机因此下降，机长不得不命令乘客抛掉行李。飞机面临迫降的危险，乘客们背起了降落伞，但叶挺女儿的座位没有降落伞，周恩来就将自己的降落伞给她背上[20]。周总理为防范领导干部子女"借父辈的权力谋私利"，要求国务院领导人、直属机关领导干部共407人带头对子女高要求、严责备，不能养出一批少爷、小姐[101]。华人学者陈缵汤在美国读了《蒋经国传》《宋家王朝》《周恩来传略》等关于中国现代传奇人物的传记后感叹道，中国庆幸有了个周恩来。

七、管理知识与技能

管理是力求对有限的各类资源进行有效调配、以实现组织或个体目标的活动。按杨叔子的观点，管理领域可以说是最重要的社会科学领域，具有科学、哲学的复合特性[47]。关于人才培养、大学生的培养，西安交通大学主张，应该力争让大学生们于在校期间学习管理学、数理化、文史哲等多学科知识[102]。

随着一个人在某一领域积累了丰富的知识、技能，那么未来他很可能成为该领域的行家里手、专家，也可能成为相关组织的管理者、领导者。作为某领域的专家，例如从事研发工作的专家，他需要对基层职员进行指导、与不同部门的人员进行协调，需要与组织的中高级管理者沟通。如果他掌握一定的管理知识、技能，理解组织各职能间的关联，理解组织在战略、营销、财务等多方面的目标，就有利于其引导基层职员、争取其他部门的配合、获得中高级管理者的支持。国家自然科学基金委员会交叉科学部常务副主任陈拥军指出，在研究工作中，良好的管理能起到引领和保障的作用[62]。而对于即将成为管理者、领导者的人，提前具备一定管理知识、技能将有助于他更快地成长为卓越的领导者。如果他是已开发出优良产品的创业者，假如缺乏营销、战略、运营等管理知识、技能，也很可能无法实现较好的经济效益。杨叔子指出，企业经营的成败，七分源于管理，三分源于技术[47]。

领导者带领着一大批下属、员工，应该多了解下属、员工各自的强项，扬长避短，合理地分配任务、安排分工，对组织的人力资源进行恰当的调配，组建出高效的团队。明朝著名的马皇后曾对明太祖朱元璋说道，皇上虽然圣明，但不可能靠自己一个人来管理天下，每个人都有优缺点，希望皇上能让他们扬长避短、各尽其才，"人主虽有圣明之资，不能独理天下，必择贤才。人无全才，愿陛下随其长短而用之"[18]。

国家提出，实施人才强国战略，应着力培养战略科学家，战略科学家既要有深厚的科学素养，又要有较强的组织领导能力[103]。2022年，生于天津的计算机科学家蒋濛被推选为美国研究生教育水平排名第四、最有影响力公立大学之一的普渡大学校长[104]。该校董事会主席伯格霍夫（Berghoff）表示，蒋濛不仅取得了卓越的学术成就，还具有卓越的管理才能，与学术界、政府和商业伙伴构建了有效的合作关系。蒋濛此前还被美国南卡罗来纳大学邀请就任该校校长[104]。

经营好一个企业不仅需要超强的个人能力，还需要较强的组织领导能力和知人善用的本领，王安先生留学美国时，用3年时间就完成了硕士、博士学业。他被世界第一台大型计算机Mark I 的发明者艾肯招募到哈佛大学计算机实验室工作。王安用3周就解决了艾肯所困扰的计算机存储理论难题，后发明了磁芯存储器，大大缩小了计算机的体积，使计算机的应用进程大大加快。20多年间，他发明的磁芯存储器一直是计算机的主流部件。他创办的王安电脑公司，成功研发了"洛赛"台式电脑、自动打字机、无线电打字印刷机等，在美空军基地信息管理系统招标中成功中标，成为著名企业美国IBM公司强有力的竞争者。王安曾被美国总统授予"总统自由奖章"，成为美国第五大富豪；回到中国时，受到领导人邓小平的接见。但王安长期轻视了个人计算机的市场前景，出现了严重的经营战略错误，他违背了选贤任能原则，让儿子王烈出任公司经营负责人，几年之间，企业经营就濒临绝境，不久以破产终结[105]。

控制、监督职能在组织管理中起着重要的作用。1927年，中国共产党认识到了组织内部监督的重要性，首次设立了内部监督机构——中央监察委员会，开始了加强党内监督的历程[100]。2022年，知名企业腾讯公司加强了内部审查、内部控制工作的力度。腾讯公司负责人马化腾看完内部审查结果后指出，公司很多业务做不起来，就是因为有那么多的贪腐漏洞，业务被掏空了[106]。在组织管理中，尤其应当注意，对下级、下属机构的信任不能代替监督、控制。

八、坚强的意志

成为英才的人，并不一定是最聪明的，也不一定是学习成绩位居前列的，但往往是意志坚强、勇于迎难而上的人。

黄禹尘在小学一年级时对机器人产生了浓厚兴趣，小学四年级开始参加机器人竞赛，后来在全国中学生信息学奥林匹克联赛中获普及组一等奖。老师认为，他的一个突出优点就是具有坚韧的意志[107]。

张桂梅女士，1996年到云南华坪县任教，后创办了面向贫困山区女学生的免费高中——华坪女子高中。她辛勤办学，每天五点多起床、深夜才休息，曾经两个月吃不下饭，瘦了20斤。家访的里程累计达十几万公里，

她长期搭乘摩托车,曾颠断两根肋骨。她倾力捐资助学,累计将100多万元工资、奖金,捐给山区教育和社会事业。虽然有些生源入学成绩不佳,但华坪女子高中连续9年高考综合上线率达到100%,综合排名位居丽江市第一名,走出了超过1645名大学生[108]。

科技专家马伟明在开展军舰用的十二相同步发电机整流供电系统尖端技术研究时,缺实验室,只好将原先的洗脸间加以改造;经费不足,买不起正规设备,只能请人手工制作了两台外观粗陋的实验电机。他带领团队逐渐突破了国际电机界多年未解决的理论难题,研制出领先的军舰集成化发供电系统,并当选为中国工程院院士。他还在美国21年间投入32亿美元的舰载机电磁弹射领域取得重大成果,被誉为"中国(航母)电磁弹射之父"[109,110,111]。

"白发人送黑发人"是人生一大伤心事。学者赵淳生正准备去国外留学时,12岁的小女儿遭遇车祸去世。妻子不愿他远行,不少人也如此劝他。他晚上睡觉,经常梦到女儿,心情沉重。但他强忍悲痛,远赴国外,用3年时间完成了博士生的学业。六十多岁时,赵淳生被诊断为肺癌,切除了右肺及三分之二的胃。治疗期间,他一边化疗,一边坚持研究,瘦了近30斤,却研制出了多家单位未能攻克的、用于巡航导弹的超声电机。2005年,赵淳生当选为中国科学院院士。他在84岁时,为力争做出更多的贡献,每天依然工作到深夜,并坚持健身、增强体质[112]。

参 考 文 献

[1]蒲晓磊.家庭教育由"家事"上升为"国事"[N].法治日报,2021-10-25(08).

[2]中纪委国家监委网.著名百岁作家马识途:"终亲见,我中华崛起美梦成圆"[EB/OL].[2018-02-09].http://v.ccdi.gov.cn/ltdj/ltdj/mashitu/index.shtml.

[3]成都商报红星新闻.党龄84年,108岁马识途神采奕奕迎七一[EB/OL].[2022-07-01].https://www.sohu.com/a/562778426_116237.

[4]林桂桢,吴秀娜,汪乐萍.百年前,陈嘉庚就提出全面发展育人观[N].厦门日报,2021-10-21(A04).

[5]中国政府网,新华网.国务院总理李克强回答中外记者提问[EB/OL].

〔2021-03-11〕. http://www.gov.cn/zhuanti/2021qglhzb/live/20210311bzljzh8672915.html.

［6］新华社. 习近平：在会见第一届全国文明家庭代表时的讲话［EB/OL］.〔2016-12-15〕. https://www.chinanews.com.cn/gn/2016/12-15/8095432.shtml.

［7］竞鸿，等. 中国古典启蒙画库：识字篇、训诫篇［M］. 长春：吉林美术出版社，1997.

［8］教育部. 教育2020收官系列新闻发布会2：介绍"十三五"期间高等教育事业改革发展、高校人才培养、思政工作、科技创新情况［EB/OL］.〔2020-12-03〕. http://www.moe.gov.cn/fbh/live/2020/52717/.

［9］中新网. 中国翻译界泰斗许渊冲去世 享年100岁［EB/OL］. 2021-06-17. https://www.sohu.com/a/472517786_123753.

［10］应妮. 中国翻译泰斗许渊冲：挥洒着诗意走完百岁人生［EB/OL］. 2021-06-17. http://www.hi.chinanews.com/hnnew/2021-06-17/586308.html.

［11］广州日报. 被誉为"诗译英法唯一人"获国际翻译界最高奖项 98岁仍为中国文化走向世界而奔波［EB/OL］. 2018-09-13. https://www.sohu.com/a/253572012_267106.

［12］王梦悦. 许渊冲：活到老 译到老 狂到老［EB/OL］. 2014-10-27. http://cpc.people.com.cn/n/2014/1027/c68742-25915970.html.

［13］新京报. 许渊冲逝世：未完的《百年梦》，永远的"唯一人"［EB/OL］. 2021-06-17. https://www.sohu.com/a/472564119_114988.

［14］中新网. 中国翻译界泰斗许渊冲家中安详离世 留下未竟著作《百年梦》［EB/OL］. 2021-06-17. http://www.chinanews.com/cul/shipin/cns-d/2021/06-17/news892033.shtml.

［15］左宇坤. 包揽全球前五！中国白手起家的女企业家有多强？［EB/OL］.〔2022-03-29〕. http://www.chinanews.com.cn/cj/2022/03-29/9714214.shtml.

［16］西安交通大学钱学森学院. 进步多从灾难出，卓越皆自奋斗来——西安交通大学举办2020届钱学森学院荣誉毕业生授予典礼［EB/OL］.〔2020-06-29〕. http://bjb.xjtu.edu.cn/info/1010/2123.htm.

［17］刘少奇. 论共产党员的修养［EB/OL］.〔1962-08-01〕. http://www.people.com.cn/item/lsq/newfiles/a1090.html.

［18］毛佩琦. 毛佩琦细解明朝十七帝（第一部）［M］. 北京：光明日报出版社，2006.

［19］方钜成，姜桂侬. 西方人看周恩来［M］. 北京：中国和平出版社，1989.

［20］Dick Wilson. 周恩来传［M］. 李维周，等，译. 北京：中共中央党校出版社，1989.

［21］侯炳辉. 感想与小故事——献给经济管理工程系建立35周年［EB/OL］.〔2013-10-01〕. https://xsg.tsinghua.edu.cn/info/1003/1233.htm.

［22］央视新闻. 又一巨星陨落！"中国肝脏外科之父"吴孟超逝世［EB/OL］. 2020-05-22. https://new.qq.com/omn/20210522/20210522A07C2D00.html.

［23］丰捷，邓晖. 生命如此更绚烂［N］. 光明日报，2018-11-27（01）.

［24］韩瑞瑞.赵家和：晚霞光暖人间［EB/OL］.［2021-09-09］.https://www.tsinghua.edu.cn/info/1179/86788.htm.

［25］21世纪经济报道.46岁华裔"鞋王"去世！20多岁就创业成为亿万富翁，终生未婚［EB/OL］.［2020-11-29］.https://finance.sina.com.cn/world/2020-11-29/doc-iiznctke3923775.shtml.

［26］佘峥，欧阳桂莲.厦大百年校庆标志和吉祥物发布［N］.厦门日报，2020-06-11（A8）.

［27］佘峥.他曾说"人在天堂，钱在厦大"［N］.厦门日报，2021-11-25（B02）.

［28］西安交通大学钱学森学院.西安交大召开未来技术学院建设方案研讨会［EB/OL］.［2020-07-08］.http://bjb.xjtu.edu.cn/info/1010/2144.htm.

［29］中国科学院理化技术研究所.【国科大】江雷院士：虽然无法报答导师，但可以把爱传递给学生［EB/OL］.［2021-12-27］.http://www.ipc.cas.cn/xwzx/mtsm/202112/t20211227_6328096.html.

［30］郑千里.科学家的用"兵"之"道"——记中科院纳米专家江雷［J］.神州学人，2003，（5）：32-35.

［31］新华社.中共中央关于制定国民经济和社会发展第十四个五年规划和二〇三五年远景目标的建议［EB/OL］.［2020-11-03］.http://www.gov.cn/zhengce/2020-11-03/content_5556991.htm.

［32］新华社.浙江丽水"诚信奶奶"十年还债路［EB/OL］.［2021-02-08］.http://csj.xinhuanet.com/2021-02/08/c_139729307_13.htm.

［33］中央广电总台央广网.为诚信点赞！90岁奶奶10年还款2077万元［EB/OL］.［2021-02-07］.http://china.cnr.cn/xwwgf/20210207/t20210207_525409838.shtml.

［34］国家统计局.2018年全国时间利用调查公报［EB/OL］.［2019-01-25］.http://www.stats.gov.cn/tjsj/zxfb/201901/t20190125_1646796.html.

［35］国家统计局.国家统计局社科文司高级统计师金红解读2018年全国时间利用调查数据［EB/OL］.［2019-01-25］.http://www.stats.gov.cn/tjsj/sjjd/201901/t20190125_1646799.html.

［36］证券市场红周刊.对话查理·芒格：建议中国的投资者，少"赌博"多投资［EB/OL］.［2022-05-01］.https://finance.sina.com.cn/chanjing/cyxw/2022-05-01/doc-imcwiwst5067167.shtml?finpagefr=p_111.

［37］张建华，万千.高校扩招与教育代际传递［J］.世界经济，2018，（4）：168-192.

［38］都市快报.出家后的蔡志忠亮相杭州新书签售会：4岁就定人生目标［EB/OL］.［2020-11-29］.http://zj.sina.com.cn/news/m/2020-11-29/detail-iiznezxs4235428.shtml?cre=tianyi&mod=pchp&loc=39&r=0&rfunc=15&tj=none&tr=12.

［39］留美学子.从成都到硅谷，华人科学家李飞飞的美国之路［EB/OL］.［2021-05-04］.http://k.sina.com.cn/article_5705191799_1540e517702001cxs9.html.

[40]黄子宁.呵护孩子的创新能力[N].广州日报，2021-03-01（SDA13）.

[41]中国青年报.年仅26岁！这所双一流大学的特任教授，攻克世界难题[EB/OL].[2021-02-28].https://www.sohu.com/a/453134713_162758?spm=smpc.home.top-news4.6.1614485719996L7DvwWQ&_f=index_news_17.

[42]搜狐教育.诺贝尔奖得主穆罕默德尤努斯：教育的目的是培养对自己人生做好准备的年轻人[EB/OL].[2020-12-12].https://www.sohu.com/a/437766059_484992?scm=1002.590044.0.10421-1195?_f=index_select_3&spm=smpc.home.choice.4.1607777536788Zef5lUi.

[43]新浪财经.任正非：宁愿关闭公司 也不会被利益所驱使[EB/OL].[2019-01-21].https://finance.sina.com.cn/chanjing/gsnews/2019-01-21/doc-ihqfskcn9149150.shtml.

[44]佘峥.传奇女企业家：我办学，不为钱[N].厦门日报，2020-12-17（A15）.

[45]卫琳.组建战时训练所 培训两万医务人员[N].厦门日报，2020-09-03（A11）.

[46]成都商报红星新闻.93岁卸任市长，退休8年后再进职场，101岁"女强人"出任加拿大机场主任[EB/OL].[2022-04-13].https://www.sohu.com/a/537674884_116237?editor=许晓娜%20UN990&scm=1104.0.0.0.

[47]杨叔子.管理事关高校大局[J].国家教育行政学院学报，2009（2）：3-5.

[48]郭文娟."我不是大师是老师，不是泰斗是老兵"[N].厦门日报，2020-12-23（A8）.

[49]北京日报.痛惜！我国财政学功勋人物邓子基教授去世[EB/OL].[2020-12-22].https://news.sina.com.cn/c/2020-12-22/doc-iiznezxs8353580.shtml?cre=tianyi&mod=pchp&loc=39&r=0&rfunc=57&tj=none&tr=12.

[50]中国科学院理化技术研究所."Game changers"：Nature mimic | 江雷研究员入选自然指数五强国家代表性科学家[EB/OL].[2022-03-23].http://www.ipc.cas.cn/xwzx/kyjz/202203/t20220323_6402615.html.

[51]中国化学会.访谈实录：四位院士共论中国化学的转型之道[EB/OL].[2020-06-29].https://www.chemsoc.org.cn/a3750.html.

[52]王河.中华家书[M].南昌：江西人民出版社，2012.

[53]马识途.在地下[M].北京：人民文学出版社，2005.

[54]中国新闻周刊.985大学生，也要被分流？[EB/OL].[2021-10-02].https://news.sina.com.cn/c/2021-10-02/doc-iktzqtyt9325945.shtml.

[55]中国纪检监察报.破解"卡脖子"技术难题 战略科学家：人才强国的"架构师"[EB/OL].[2021-10-17].http://www.chinanews.com/sh/2021/10-17/9588318.shtml.

[56]教育部.深入实施拔尖计划2.0 加快基础学科拔尖学生培养[EB/OL].[2021-02-05].http://www.moe.gov.cn/jyb_xwfb/s271/202102/t20210205_512643.html.

[57]杨叔子.是"育人"非"制器"——再谈人文教育的基础地位[J].高等教

育研究，2001，22（2）：7-10.

［58］西安交通大学钱学森学院．西安交大召开未来技术学院建设方案研讨会［EB/OL］．［2020-07-08］．http：//bjb.xjtu.edu.cn/info/1010/2144.htm.

［59］新浪基金栏目．中欧基金周蔚文：性格决定投资特点，养成系基金经理战队是怎样炼成的？［EB/OL］．［2021-12-14］．https://finance.sina.com.cn/money/fund/jjh/2021-12-14/doc-ikyamrmy8894070.shtml.

［60］环球人物杂志．不做"佛系青年"，她从清洁工逆袭成首席科学家［EB/OL］．［2017-12-17］．http：//news.sina.com.cn/o/2017-12-17/doc-ifypsvkp4118841.shtml.

［61］杨叔子．科学教育与人文教育交融是培养高级人才的必由之路［J］．中国大学教学，2002，（10）：11-14.

［62］操秀英．打造我国科学基金深化改革"试验田"［N］．科技日报，2020-11-30（01）．

［63］田姬熔，吕婷．【清华新思】破解跨界密钥，融聚"最强大脑"——清华大学面向未来打造新型跨学科交叉科研平台［EB/OL］．［2021-02-26］．https://news.tsinghua.edu.cn/info/1002/84951.htm.

［64］教育部办公厅．教育部办公厅关于公布首批未来技术学院名单的通知［EB/OL］．2021-05-26. http：//www.moe.gov.cn/srcsite/A08/moe_742/s3860/202105/t20210526_533701.html.

［65］教育部办公厅．教育部办公厅关于印发《未来技术学院建设指南（试行）》的通知［EB/OL］．2020-05-15. http：//www.moe.gov.cn/srcsite/A08/moe_742/s3860/202005/t20200520_456664.html.

［66］澎湃新闻．金华两名9岁孩子深夜偷开忘上锁越野车，途经7处红绿灯［EB/OL］．［2020-09-26］．https://news.sina.com.cn/s/2020-09-26/doc-iivhvpwy8990714.shtml?cre=tianyi&mod=pchp&loc=33&r=0&rfunc=60&tj=none&tr=12..

［67］雍黎．创新人才培养模式 重庆大学明月科创实验班开班［N］．科技日报，2020-12-11（06）

［68］清华大学．清华大学成立人工智能国际治理研究院［EB/OL］．［2020-06-25］．https://news.tsinghua.edu.cn/info/1003/80208.htm.

［69］北京青年报．互联网公司校招大幅增加入职名额［EB/OL］．［2021-10-20］．https://finance.sina.com.cn/chanjing/gsnews/2021-10-20/doc-iktzscyy0671596.shtml.

［70］江苏广电总台．中国公司研发机器狗超越世界纪录 或推出平价版［EB/OL］．［2021-03-19］．https://finance.sina.com.cn/tech/2021-03-19/doc-ikkntiam5617229.shtml?cre=tianyi&mod=pchp&loc=18&r=0&rfunc=91&tj=cxvertical_pc_hp&tr=12.

［71］第一财经．华为"天才少年"顶级薪酬值了！ 实现全球首个AutoML大规模商用［EB/OL］．［2021-11-28］．https://finance.sina.com.cn/roll/2021-11-29/doc-ikyakumx0816885.shtml.

［72］余蕊．人工智能大规模商用打破产业"天花板"［N］．经济参考报，2020-

12-17（A05）．

［73］新浪科技．三星哈佛大学发黑科技论文：拟用存储芯片"下载"复制人类大脑［EB/OL］．［2021-09-27］．https://finance.sina.com.cn/tech/2021-09-27/doc-iktzscyx6544965.shtml?cre=tianyi&mod=pchp&loc=37&r=0&rfunc=63&tj=cxvertical_pc_hp&tr=12.

［74］中国科学报．郑南宁院士：让人工智能领域的中国声音愈发响亮［EB/OL］．［2021-12-16］．https://paper.sciencenet.cn/htmlnews/2021/12/470908.shtm.

［75］第一财经．语音社交软件安全吗？腾讯小米字节快手等被约谈［EB/OL］．［2021-03-19］．https://finance.sina.com.cn/roll/2021-03-19/doc-ikkntiam5253421.shtml.

［76］新浪财经．朱民：低利率高债务不可能一直持续 未来金融危机或比2008年更严重［EB/OL］．［2021-03-20］．https://finance.sina.com.cn/meeting/2021-03-20/doc-ikknscsi9029971.shtml?cre=tianyi&mod=pchp&loc=8&r=0&rfunc=91&tj=cxvertical_pc_hp&tr=12.

［77］新浪财经．薛其坤：下一个颠覆性技术将是太阳能的高效和可持续循环利用［EB/OL］．［2021-03-20］．https://auto.sina.com.cn/zz/wb/2021-03-20/detail-ikknscsi8948334.shtml?cre=tianyi&mod=pchp&loc=27&r=0&rfunc=91&tj=cxvertical_pc_hp&tr=12.

［78］中新网．南极"末日冰川"融化速度惊人令人困惑 元凶是谁？［EB/OL］．［2020-09-13］．http://www.chinanews.com/gj/2020/09-13/9289781.shtml.

［79］新华社．专家谈气候变化的科学定论、2摄氏度阈值等问题［EB/OL］．［2009-12-13］．http://www.gov.cn/jrzg/2009-12/13/content_1486366.htm.

［80］张梦然．温室气体排放为零后 全球气温或仍上升［N］．科技日报，2020-12-02（02）．

［81］新浪财经．马斯克1亿美元奖励碳捕捉技术：第一名将获5000万［EB/OL］．［2021-02-09］．https://finance.sina.com.cn/stock/usstock/c/2021-02-09/doc-ikftpnny5960201.shtml..

［82］界面新闻．欧盟通过首部气候法案，对全球实现碳中和意味着什么？［EB/OL］．［2021-06-29］．https://www.sohu.com/a/474718105_313745?spm=smpc.home.picgroup.2.1624972059689OOMoA3i&_f=index_focus_4.

［83］新浪财经．白重恩：一场波澜壮阔全球绿色低碳转型大潮正在形成［EB/OL］．［2021-05-08］．https://finance.sina.com.cn/hy/hyjz/2021-05-08/doc-ikmxzfmm1254178.shtml.

［84］尚绪谦．联合国秘书长呼吁全球进入"气候紧急状态"［EB/OL］．［2020-12-13］．http://www.xinhuanet.com/world/2020-12/13/c_1126853732.htm.

［85］央视网，北京晚报．我国科学家证实人类是从鱼进化来的［EB/OL］．［2022-09-29］．https://www.sohu.com/a/588956962_121434717?edtsign=E284B30D0DEF7B9F-3D6A3777342AAEF0E0DCC893&edtcode=zXiNVNvXHhH4mGR7923P6Q%3D%3D&spm=smpc.home.top-news4.1.1664452944865TbHYGz4&_f=index_news_12.

［86］观察者网．美国国防部成立UFO目击事件特别调查组，副部长亲自主导

［EB/OL］.［2020-08-15］. http://news.sina.com.cn/w/2020-08-15/doc-iivhvpwy1205408.shtml.

［87］中新网. 加大调查力度？美国国防部宣布重组 UFO 跟踪小组［EB/OL］.［2021-11-24］. https://www.chinanews.com.cn/gj/2021/11-24/9615321.shtml4.

［88］陈孟统. 美情报机构公布"UFO 报告"：数据有限多数无解 存五大可能性［EB/OL］. 2021-06-26. http://www.chinanews.com/gj/2021/06-26/9507634.shtml.

［89］中新网. 美军拍到金字塔形 UFO？美国防部报告泄露 视频曝光［EB/OL］.［2021-04-13］. http://www.chinanews.com/gj/2021/04-13/9453518.shtml.

［90］北京青年报网. 俄宇航员拍摄南极光惊现 UFO 并排划过深邃宇宙［EB/OL］.［2020-08-21］. https://www.sohu.com/a/414246107_255783?spm=smpc.home.pic-group.2.1598023221460IWvL46k&_f=index_focus_4.

［91］环球网. 有 UFO 吗？奥巴马：我知道，但我不能告诉你［EB/OL］.［2020-12-02］. https://video.sina.com.cn/p/news/2020-12-02/detail-iiznctke4458987.d.html.

［92］中国日报. 美媒称天文科学家观察发现金星有生命存在可能，尚待证明［EB/OL］.［2020-09-15］. http://news.sina.com.cn/w/2020-09-15/doc-iivhvpwy6754650.shtml.

［93］南方都市报. 首次在小行星上发现水和有机物，很可能改写地球生命起源史［EB/OL］.［2021-03-05］. https://www.sohu.com/a/454204709_161795?scm=1002.580041.1b9033803920395.PC_ARTICLE_FOCUS&_f=index_pagefocus_5&spm=smpc.content.pic-group.2.1614943967305MCAMvaz.

［94］新华社. 银河系或存在 36 个外星智慧文明［N］. 北京日报，2020-06-18（10）.

［95］新华社. 运筹帷幄定基调 步调一致向前进——2021 年中央经济工作会议侧记［EB/OL］.［2021-12-11］. http://news.cnr.cn/native/gd/20211211/t20211211_525685230.shtml.

［96］林毅夫. 七十感言：我幸运地生活在一个充满希望和机遇的民族复兴时代［EB/OL］.［2022-09-26］. https://www.nse.pku.edu.cn/sylm/xwsd/526157.htm.

［97］杨敏. 台海大喇叭坚持了 38 年的"对话"［J］. 中国新闻周刊，2010，（30）：76-78.

［98］环球网. 为什么特朗普政府帮了中国［EB/OL］.［2020-06-10］. https://news.sina.com.cn/w/2020-06-10/doc-iirczymk6180247.shtml.

［99］中纪委国家监察委员会网. 观今宜鉴古 无古不成今［EB/OL］.［2018-08-25］. http://www.ccdi.gov.cn/toutiao/201808/t20180824_178430.html.

［100］中央纪委监察部网. 王岐山：忘记过去就意味着背叛［EB/OL］.［2013-11-24］. http://www.xinhuanet.com/politics/2013-11-24/c_118270161.htm.

［101］《光辉的历史文献》编写组. 光辉的历史文献：《周恩来选集》下卷学习讲话［M］. 北京：解放军出版社，1984.

［102］西安交通大学钱学森学院.西安交大召开"十四五"协同育人体制机制专项调研教师座谈会［EB/OL］.［2020-06-06］.http://bjb.xjtu.edu.cn/info/1010/2085.htm.

［103］新华社.习近平在中央人才工作会议上强调 深入实施新时代人才强国战略 加快建设世界重要人才中心和创新高地 李克强主持 栗战书汪洋赵乐际韩正出席 王沪宁讲话［EB/OL］.［2021-09-28］.http://www.news.cn/politics/leaders/2021-09/28/c_1127913654.htm.

［104］新智元.史上首次,45岁计算机大牛蒋濛当选普渡大学校长［EB/OL］.［2022-06-11］.https://www.sohu.com/a/556167728_473283?spm=smpc.topic_205.tpl-pc-top-feed.1.1654945904730141S6gT1_437265#comment_area.

［105］华商韬略.6年从华人首富到破产,这可能是史上最惨的接班案例［EB/OL］.［2021-03-28］.https://finance.sina.com.cn/china/2021-03-28/doc-ikknscsk2694658.shtml?cre=tianyi&mod=pchp&loc=21&r=0&rfunc=5&tj=cxvertical_pc_hp&tr=12.

［106］北京商报.马化腾对内讲话:留给某些业务的时间不多了!腾讯内部贪腐"触目惊心"［EB/OL］.2022-12-22.https://finance.sina.com.cn/chanjing/gsnews/2022-12-22/doc-imxxpzum1569164.shtml.

［107］卫琳.勤奋钻研好少年 科技音乐样样行［N］.厦门日报,2020-11-28（A04）.

［108］人民日报.大山里的女校长,让1600多名贫困女孩走进大学［EB/OL］.［2020-06-29］.https://www.sohu.com/a/404703419_260616?spm=smpc.home.top-news5.2.1593438044473f1n6U8m&_f=index_news_19.

［109］中国工程院.马伟明［EB/OL］.［2013-05-20］.https://www.cae.cn/cae/html/main/col276/2013-05/20/20130520161305716284045_1.html.

［110］新京报.新晋中央委员马伟明:"国宝级"专家［EB/OL］.2019-10-31.https://news.sina.com.cn/c/2019-10-31/doc-iicezuev6256080.shtml.

［111］观察者网.马伟明递补中央委员,被誉为"中国电磁弹射之父"［EB/OL］.2019-10-31.https://news.china.com/domestic/945/20191031/37330420.html.

［112］北京晚报北晚新视觉.坚持健身搞科研!这位84岁院士原来这么牛［EB/OL］.2021-06-28.https://www.sohu.com/a/474457085_612784?scm=1002.580041.338036803e5.PC_ARTICLE_FOCUS&_f=index_pagefocus_7&spm=smpc.content.pic-group.4.16249316884195qYygJ5.

第五章 创新思维

一、培养创新思维

创新被认为在中国现代化建设中具有核心的地位,创新驱动发展战略已成为中国重要的国家战略。国家提出,要将创新创业教育贯穿人才培养的全过程,建立以创新创业为导向的新型人才培养模式[1],强调要更加注重培养学生的创新精神[2],注重培养学生的创新意识和创新能力[3]。杨叔子指出,大学培养人才的两大目标之一,是让学生学会创新[4]。在大学本科阶段,大学生创新训练计划项目已成为教学的重要内容[5]。按刘爱伦等的主张,帮助学生具备较强的思维能力、更有效地解决问题的能力,历来是教育关注的重要事项[6]。深圳大学饶宗颐文化研究院副教授祝安顺指出,创新思维的培养是创新人才培养的关键[7]。因此,对各类人才而言,创新思维、创新能力非常重要。父母、长辈有必要更多地帮助孩子们培养创新思维。

逆向思维是激发创新思维的一种重要途径。曾有一位日本科学家研制二极管时,发现产品中存在不少杂质,影响了产品性能。他采用逆向思维来构建一种创新方法,用添加物质而不是去除杂质的方法来改进产品性能。日本某技术人员在处理圆珠笔笔头漏油的问题时,没有按常规去处理笔头笔珠耐用问题、油墨配合问题,而是让笔芯的油墨容量与现有笔珠的耐用程度相配合,缩短笔芯,让油墨在笔珠性能变差之前耗尽[6]。某地级市公安局负责人发现几位办案刑警违反不放假的要求,私自到风景区游玩时,没有采取常规的处罚措施,而是采用了逆向的激励措施。他上了刑警们娱乐的麻将桌,打了一会儿麻将,然后说请刑警们和在场的家属吃晚饭。吃晚饭前,他召集了案情分析会,与受到激励的刑警们在两小时内弄清了线索疑点,构想了侦查方向。案件没过多久就侦破了[8]。

要增加粮食产量,很多人考虑的是怎样在农田里播下好种子、施好肥。而一些研究者考虑的是"如何让一些现在不能耕作的土地变成产粮农田"。杨福等推广的耐盐碱水稻在含盐量千分之三左右的盐碱地上，年产量基本能达到亩产400多公斤[9]。2020年，袁隆平院士带领的青岛海水稻研发中心在全国示范种植海水稻10万亩，平均亩产稳定在400公斤以上[10]。袁隆平院士等曾提出，在8—10年间让全国种上1亿亩耐盐碱水稻，如能按预期平均亩产300公斤水稻，增加的水稻将能满足8千万人1年的主粮基本需求[11]。

运用逆向思维，还可以激发出突破国外科技、经济封锁的创新性思维。传统的大中型信息系统，如金融、电信企业的业务系统、生产系统，往往包含着数十到一百多个中央处理器芯片。这些依赖于高制程芯片制造工艺的中央处理器，成了某些发达国家封锁我国的利器。要突破这类封锁，一般的思路是加紧研发高制程芯片的制造技术、设备等。而有些科研人员则以逆向的思路来思考突破路径："能否用现存数量庞大的普通芯片来替代高制程芯片？"他们研发了新的软件系统，让几百、几千个普通芯片组合起来，呈现出与国外系统相当的计算能力。在某企业生产系统中，用由12个2014年产的旧因特尔（Intel）芯片组成的设备，替换了两台价值千万元的进口小型计算机，性能还有所提升。某企业的管理信息系统中，用32个40纳米的旧国产中央处理器替换了多组Intel服务器，并实现了长期稳定运行。而140个28纳米的国产中央处理器组成的系统，可满足电信、金融企业对国外高性能服务器的需求[12]。

发散性思考、开放性讨论的头脑风暴法等方法[6]，或应用类比、移植、"一题多解"等思维方式也能够激发创新思维[13]。也有学者提出，训练象思维、整体思维和变易思维（注重事物的运动变化规律），易于形成敏锐的思维[7]。

隔墙有耳，声音能一定程度地穿透物体。想隔墙观物，可光线往往不能穿透墙体。一些研究者却利用中介墙体来散射激光，然后接收激光、再现被遮挡的景物。潘建伟、窦贤康等学者采集了被多次漫反射的激光的光量子飞行时间信息，研发了低噪音的高效成像算法，解决了多次漫反射所导致的时空混合问题，实现了对1.43公里外、非视域场景的成像，并能实时跟踪隐藏的物体[14]。

二、掌握多领域、综合性知识

孩子们应适当拓宽知识面,掌握多领域、综合性的知识。创新思维所依托的知识,常常不是某个单一领域的,而是多领域、综合性的。适当掌握多领域、综合性的知识,还有利于通过推动多领域知识的相互作用、相互反应来激发创新思维。西南联合大学曾要求理工科学生要培养些艺术修养,认为这样更能激发创造性[15]。某知名大学为加强研究生的创新能力培养等,与一家医院合作设立了生物工程、生物医学工程、临床医学、转化医学、材料科学与工程相结合的跨学科联合培养平台[16]。承担国际一流创新人才培养计划的一所一流大学,在化学拔尖学生培养中,重点加强了综合性实验的培养模式[17]。华为公司,为改进创新成效,让多个部门的研发、创新信息在一定程度上相互开放,允许员工上班时间通过边喝咖啡边聊天的方式来沟通信息、碰撞思想、激发创新[18]。

中国工艺美术大师荣誉获得者漆线雕艺术家蔡水况在20世纪七十年代,将侧重佛像装饰的漆线雕工艺创造性地应用于蛋壳、瓷瓶、瓷盘后,广受欢迎,使漆线雕艺术焕发了生机[19]。他的漆线雕作品《波月洞悟空降妖》等被收藏于中国工艺美术珍宝馆(如图5-1),作品《哪吒试法》被收藏于国家博物馆(如图5-2)[20]。取得一系列艺术成就后,他仍主张要了解各种艺术门类的技艺,常常努力积累各种和漆艺有关的知识,以实现漆线雕艺术的创新发展[19]。

中国科学院院士、原国家纳米科学中心首席科学家江雷,长期从事有特殊浸润性的仿生多尺度界面材料的研究工作,提出了"纳米界面材料的二元协同效应"理论,实现了在单一或多重外场控制下材料表面浸润性的可逆变化。他和合作者的论文,曾30多次被选为国际重要期刊的封面论文。2013年,获得何梁何利基金科学与技术成就奖[21]。江雷院士谈道,自己在本科读的是物理专业,硕士研究生时转入化学专业。特殊的纳米界面结构的二元协同,涉及界面物理、界面化学、界面生物学等,物理专业的知识、思维方式,让自己与纯粹读化学的研究者大不一样,对后来的纳米界面材料研究工作起了很大的帮助作用[22]。

图 5-1　中国工艺美术珍宝馆藏的《波月洞悟空降妖》

图 5-2　国家博物馆藏的《哪吒试法》

三、勤于实践

杨叔子指出，创新之根在实践[23]。按奈飞（Netflix）公司联合创始人伦道夫的主张，当你有很多想法时，要找到适合的创新思路，那就经常要靠实践来探索、验证。Netflix公司成立1年半后，才决定开展DVD光盘租赁业务。可是，没想到顾客更愿意购买DVD光盘。Netflix公司曾经有99%的收入源于DVD光盘销售业务[24]。

也有研究者谈道，社会实践能够增加过程体验，培养问题意识[25]。党中央在延安时期，是中国革命力量、人民军队大发展的时期。研究者指出，这个时期，党的相关机构特意让大批干部、后备干部在多种工作岗位上接受多方面的实践锻炼[26]。多种工作岗位、多方面实践锻炼，对人创新思维的激发、实际问题解决能力的提升大有帮助。

实践过程中很可能遇到困难，经历失败。这时，父母、长辈不应简单地劝说孩子放弃或过度地批评。苛刻的批评，容易让孩子失去尝试与探索的勇气[27]，很可能削弱孩子创新的想法、创新思维。在某个大学生创新训练项目中，一些同学经历了不少人生中的"第一次"，第一次选购元器件，第一次焊接电路板，第一次设计完整电路，第一次编写项目代码，第一次写项目申请书，第一次写专利申请书；常常会因为一个问题而导致整体项目迟迟没有进展；项目完成后，也深刻地体会到"纸上得来终觉浅，绝知此事要躬行"[5]。

四、学习他人的创新经验

要形成恰当的创新思维，常常要多听，多虚心吸取他人的经验、意见、建议。美国GPS卫星导航系统指引着美军大批的飞机、导弹等以适合的路径发动有效进攻。1999年印巴冲突期间，美国关停了印巴战区的所有GPS服务，导致双方依赖GPS卫星导航的设备无法使用。由于卫星导航系统在军事、经济、社会领域都能起到重要作用，为加快卫星导航系统的发展进程，中国曾与欧盟达成协议，出资2亿欧元参与欧洲伽利略卫星导航系统的研制建设进程，而将自己发展的北斗导航系统定位为区域系统。但中国的积极参与，换来了欧盟的排挤。之后，中国用不到美国发展GPS系统所用时间的三分之一、所用经费的四分之一,在2004年建成了北斗一代卫星导航系统[28]。2020年,北斗三代卫星导航系统建成,开始提供全球导航服务[29]。北斗三代导航系统实现了卫星核心部件国产化率100%。北斗卫星导航系统相关产品已输出到120余个国家和地区[30]。北斗卫星导航系统授时同步精度达到纳秒级,比电缆连接方式中、电信号传输的延迟时间要小得多,为大桥、隧道等远距离工程中的协同操作提供了坚实保障[28]。

关于导航系统,陈芳允院士于1983年提出了双星导航系统的构想,与美国科学家奥尼尔教授同时期产生了把导航定位与数据通信相结合的设计理念。他们在1985年至1990年期间都分别进行了该系统的概念性研究。奥尼尔教授的研究计划后来因技术、资金等问题而终结了[31]。陈芳允院士等研制者则在国家的组织、支持下前仆后继,把创新思维形成的构想变成了宏伟的现实。创新者应该牢记、秉持这种勇于实践的精神。

学习他人的创新经验不是抄袭,而重在"学习、吸收、再创造"。在北斗卫星导航系统的发展实践中,研究者、建设者们在学习、借鉴他人知识、经验的同时,坚持不盲目照搬、自主创新、勇于创造。即便与欧洲的导航系统合作被中断,但中国仍早于欧洲、成为世界上第三个拥有自主卫星导航系统的政治实体,并建成了能提供多种独特服务的全球卫星导航系统。北斗导航系统采用了双星定位、混合星座的独特构想,用较少的卫星实现了较好的效果[29]。美国GPS导航系统是单向通信体制,只发信号[28];北斗卫星系统则能提供短报文通信服务,亚太区域每次可传输约1000个汉字,可传输语音和图片[29]。

五、借鉴历史经验

在灿烂、悠长的人类文明史中,有大量可以借鉴的事件、人物,我们应该适当多学历史,借助历史经验、教训启发创新思维。

约5千年前建造的中国良渚古城外围水利系统,由谷口高坝、平原低坝和山前长堤等11条人工坝体及天然山体、溢洪道构成,可以拦蓄13平方公里的水面,总库容量约4600万立方米,总库容量是杭州西湖的4倍,具有防洪、灌溉、运输等多种功能。良渚先民建设水坝时,先在谷底铺筑青膏泥以及杂草裹起的淤泥,接着在上面堆筑青粉土,然后在北侧迎水面堆筑"草裹黄土",形成斜坡,再用黄褐散土作护坡,最后在坝顶覆盖褐色土(如图5-3)。老虎岭等一些水坝已经历5000年而不倒,有的至今仍在蓄水[32]。良渚先民已经采用了复合结构、多种物质来构筑相当坚固的水利系统。

计算器是我们很多人都用过的便利工具,它的背后是现代的计算机技术。2000多年前的中国,有另外一种计算器,也相当简便,叫"算表"(如图5-4)。算表是21支简串编而成的计算表格,用编绳及朱丝栏分隔数字,采用十进位,能进行100以内任意两位数的乘除[33]。与算表同批的"简",经碳14年代测定,属于战国时期[34]。算表是中国已知最早的数学文献实物[35],它的功能远超九九乘法表,是已知当时全世界最先进的计算工具[33]。比如,计算81乘以72,就把80和1两个位置的丝带往下拉,70和2两个位置的丝带往左拉,形成四个交叉点,四个交叉点上的数字加起来,就是结果。以此类推,算表还能进行二分之一乘以二分之一的运算[36]。

图5-3 以"草裹泥"工艺堆垒加固的良渚古城外围水坝
(黑色细条为草碳化痕迹)

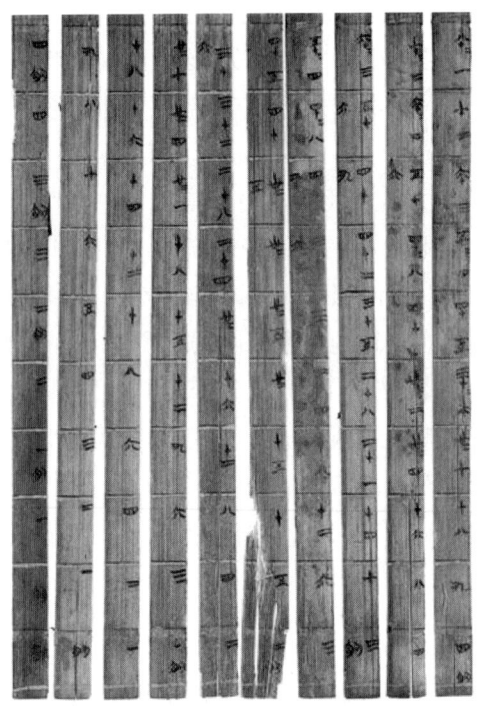

图 5-4 战国时期的算表

六、具备前瞻意识

微软公司的计算机操作系统曾经基本垄断了整个市场，微软公司的 IE 浏览器也"风光一时"。竞争者谷歌公司的浏览器多次对 IE 浏览器发起挑战。最终，谷歌抓住移动互联网、手机终端、移动通信技术快速兴起的机遇，实施了一些创新措施，大幅扩大了市场份额，最终超越了"霸主"IE 浏览器[37]。

要有对重要演变、危机的前瞻意识，要在分析演变、适应演变的过程中激发创新思维。计算机的发明与广泛应用，是人类社会发展史、科技发展史上的重要一刻。目前，一般计算机所用的一些部件已接近性能提升的极限，相应地，一般计算机要提升性能也越来越难[38]。2019年，谷歌公司研制的含 53 个量子比特的超导量子计算机，用 200 秒能处理 100 万次随机线路采样,而当时世界第一的超级经典计算机 Summit 则需要用一万年的时间[39]。2020 年,中国科学院院士潘建伟等研制成功 76 个光子的量子计算原型机"九章",用它求解 5000 万个样本的高斯玻色取样问题时只需 200 秒,而如果用当时世界上最快的超级经典计算机"富岳",则需 6 亿年。这种光量子计算机与其他类型的量子计算机相比,可以在室温下、空气中运行[40]。2021 年,潘建伟、朱晓波等研制成功超导量子计算机"祖冲之二号",中国成为世界上同时在超导量子计算机、光量子计算机领域实现了"量子计算优越性"目标的唯一国家[41]。

目前,我们多数人享受着和平、美好的生活。但与此同时,我们居住的地球正面临着严峻的气候变化危机。世界气象组织指出,2020 年,全球平均温度比工业化前水平高出约 1.2℃,2011—2020 年是有记录以来最暖的 10 年。2021 年,联合国政府间气候变化专门委员会发布的报告表明,1970 年以来的 50 年是过去两千年以来最暖的 50 年[42]。美国国家海洋和大气管理局的研究表明,全球气温每升高 1℃,海平面就会上升 2.3 米。有研究表明,如果全球气温上升 3℃,大量生物将灭绝,许多地区会不再适合人类居住,2.75 亿人的居住地将因海平面上升而面临洪涝灾害[43]。

按各国签署的《巴黎气候协定》,需要将全球平均气温上升幅度控制在 2℃以内,并努力控制在 1.5℃以内[43]。为了在 2030 年实现碳达峰目标,国家提出石油消费"十五五"时期要进入峰值平台期;2030 年,单位国内生产总值二氧化碳排放要比 2005 年下降 65%以上,非化石能源消费比重达到 25%左右,风电、太阳能发电总装机容量达到 12 亿千瓦以上[44]。中国将重点实施能源绿色低碳转型、节能降碳增效、工业领域碳达峰、交通运输绿色低碳、碳汇能力巩固提升、绿色低碳全民行动等"碳达峰十大行动"。国家鼓励高校加快新能源、储能、氢能、碳减排、碳汇等学科建设和人才培养;重点领域国有企业特别是中央企业,要制定实施企业碳达峰行动方案;相关上市公司和发债企业要定期公布企业碳排放信息;将绿色低碳技术创新成果纳入高校、科研单位、国有企业有关绩效考核[45]。2060 年,中国非化石能源消费比重预期达到 80%以上,实现碳中和目标[44]。

德国总理朔尔茨认为，为了应对气候变化危机，社会和民众需要做好迎接"百年来最大的产业和经济变革"的准备[46]。我们的创新思维，也应积极争取与气候变化应对措施相结合，在应对气候变化过程中寻求创新机遇。

七、宁静平和的心态

据一部纪实性作品，某地级市公安局政委组织案情分析时总是认真倾听。到他这一级，没一起案子是轻松的，他"每临大事有静气"[8]。人的大脑长期处于焦虑烦恼状态，会使得皮层下植物神经、内分泌系统出现功能紊乱[47]。在一项医学研究中，当受试者处在接近于高度宁静的"入静"状态时，人体中枢神经系统、大脑皮层的机能产生了相当程度的变化，其心理负荷明显降低，完成被试任务需要的心理资源量得以减少[48]。同时，有研究发现，接近于高度宁静的"入静"，对大脑的生理机能具有良性的调节作用，能使脑细胞的活动呈现一个有序化的程度，促使人体进入一个新的动态平衡状态[49]。

薛俊梅等强调，轻松、自信、和谐的心理状态有利于创新思维的形成[13]。刘爱伦等也提到，可以把要解决的问题先放一放，有时去散散步，变化一下环境，使大脑放松、不受压抑，这样比较有可能激发解决问题的灵感[6]。宁静平和的心态能帮助我们构建创新思维。

参 考 文 献

[1] 国务院办公厅. 国务院办公厅关于进一步支持大学生创新创业的指导意见[EB/OL]. [2021-10-12]. http://www.gov.cn/zhengce/content/2021/10/12/content_5642037.htm.

[2] 新华社. 中华人民共和国国民经济和社会发展第十四个五年规划和2035年远景目标纲要[EB/OL]. [2021-03-13]. http://www.gov.cn/xinwen/2021-03/13/content_5592681.htm.

[3] 新华社.（受权发布）习近平：在科学家座谈会上的讲话[EB/OL]. [2020-09-11]. http://www.xinhuanet.com/politics/leaders/2020-09/11/c_1126483997.htm.

[4] 杨叔子. 是"育人"非"制器"——再谈人文教育的基础地位[J]. 高等教育

研究，2001，22（2）：7-10.

[5] 覃明明，李建闽，李马杰，李双龙，刘义林. 大学生创新训练计划的实践与思考[J]. 创新创业理论研究与实践，2022，（5）：181-184.

[6] 刘爱伦，水仁德，等. 思维心理学[M]. 上海：上海教育出版社，2002.

[7] 祝安顺. 中华文化象思维助力创新人才教育初探[J]. 创新人才教育，2022，（2）：34-40.

[8] 朱孝才. 我的刑警往事[M]. 重庆：重庆出版社，2017.

[9] 央视财经频道. 海水稻正从试验田走向餐桌，要高产更要优质[EB/OL].[2019-05-09]. http://news.cri.cn/20190509/6198790f-22a8-aa67-996d-d21b780c6590.html.

[10] 罗江，陈凯姿. 目标1亿亩 袁隆平团队加速海水稻产业化[EB/OL].[2021-01-15]. http://www.xinhuanet.com/politics/2021-01/15/c_1126988248.htm.

[11] 王晓斌. 袁隆平谈"海水稻"：未来8到10年在中国发展到1亿亩[EB/OL].[2018-12-18]. http://www.chinanews.com/cj/2018/12-18/8705874.shtml.

[12] 环球时报. 专访中国工程院院士倪光南："中国体系"足以缓解芯片困局[EB/OL].[2020-09-15]. https://news.sina.com.cn/c/2020-09-15/doc-iivhvpwy6747134.shtml.

[13] 薛俊梅，吴俊明. 化学创新思维的养育训练与体制保证[J]. 化学教学，2022，（3）：3-7.

[14] 合肥微尺度物质科学国家研究中心，中科院量子信息与量子科技创新研究院，中国科技大学. 中国科大实现远距离非视域成像[EB/OL].[2021-03-05]. http://news.ustc.edu.cn/info/1055/74331.htm.

[15] 马识途. 在地下[M]. 北京：人民文学出版社，2005.

[16] 牟雪雁，王延安，任继勤，赵静. 交叉学科培养模式下博士研究生创新能力培养研究[J]. 高教学刊，2022，（6）：40-44.

[17] 韩杰，邱晓航，程鹏. 基于拔尖人才创新能力培养的基础化学实验教学改革研究[J]. 高等理科教育，2022，（1）：82-87.

[18] 蓝血研究. 任正非：如果用华为的管理模式，爱因斯坦一定被消灭掉，幸亏人类社会不像华为这么短视[EB/OL].[2020-07-12]. https://finance.sina.com.cn/chanjing/gsnews/2020-07-12/doc-iivhvpwx4909318.shtml.

[19] 龚小莞. 闽南绝活漆线雕 因他走向了世界[N]. 厦门晚报，2021-02-27（A10）.

[20] 郭睿. 闽南一绝"漆线雕"因他而得名[N]. 厦门日报，2021-02-27（A06）.

[21] 中国科学院理化技术研究所. 江雷[EB/OL].[2022-07-08]. http://www.ipc.cas.cn/sourcedb_ipc_cas/cn/lhsrck/201509/t20150901_4419133.html.

[22] 郑千里. 科学家的用"兵"之"道"——记中科院纳米专家江雷[J]. 神州学人，2003，（5）：32-35.

［23］杨叔子，张福润.创新之根在实践［J］.高等工程教育研究，2001，（2）：9-12.

［24］刘亚澜，李西茜，李婷婷.对话 Netflix 首任 CEO：这是罅隙中崛起的秘径［EB/OL］.［2020-12-12］.http：//finance.sina.com.cn/tech/csj/2020-12-12/doc-iiznezxs6579155.shtml?cre=tianyi&mod=pchp&loc=34&r=0&rfunc=42&tj=none&tr=12.

［25］王璐璐.创新思维对高校实践育人的促进机理及方法研究［J］.高校辅导员，2022，（1）：56-59.

［26］程龙.延安时期党的人才工作历史经验对新时代领导者的启示［J］.中共山西省委党校学报，2022，45（1）：56-59.

［27］姚娟.青年创新思维能力培育的内涵与方法［J］.人民论坛，2022，（2）：108-110.

［28］观察者网.伽利略挂了，再次肯定了"北斗人"当年的选择［EB/OL］.［2019-07-16］.https://www.guancha.cn/kegongliliang/2019_07_16_509588_2.shtml.

［29］袁于飞，章文.创新的光芒闪耀太空——新时代北斗精神述评［N］.光明日报，2021-12-10（05）.

［30］袁于飞，章文.创新的光芒闪耀太空——新时代北斗精神述评［N］.光明日报，2021-12-10（05）.

［31］国务院国资委.北斗无用？中国院士回应：北斗对国际平均贡献率在23%以上［EB/OL］.［2019-10-18］.https://news.sina.com.cn/c/2019-10-19/doc-iicezzrr3362145.shtml.

［32］新华社.去良渚，看5000年前的水坝［EB/OL］.［2022-07-08］.http://www.xinhuanet.com/local/2022-07/08/c_1128815558.htm.

［33］文汇报.惊世"清华简"［EB/OL］.［2016-10-09］.https://history.sohu.com/20161009/n469770063.shtml.

［34］光明日报.学者："清华简"呈现惊人发现 或将改写历史［EB/OL］.［2009-04-28］.https://www.chinanews.com.cn/cul/news/2009/04-28/1667028.shtml.

［35］新京报.组图：清华简发现国内最早算具《算表》［EB/OL］.［2014-01-08］.http://www.wenming.cn/book/srss/201401/t20140108_1680003.shtml.

［36］蒋肖斌.清华简："打假"千年历史，解密先秦中国［N］.中国青年报，2019-07-12（04）.

［37］太平洋电脑网.Win7寿终正寝！那些一并消逝的微软软件你知多少［EB/OL］.［2020-02-03］.https://tech.sina.com.cn/k/2020-02-03/doc-iimxyqvy9400615.shtml?cre=tianyi&mod=pchp&loc=25&r=0&rfunc=44&tj=none&tr=12.

［38］周洪双.我科学家首次发现并证实玻色子奇异金属［N］.光明日报，2022-01-14（08）.

［39］马亚宁.量子计算机"九章"厉害了［N］.新民晚报，2020-12-04（5）.

［40］常河.量子计算机"九章"［N］.光明日报，2021-12-18（01）.

[41] 中国科技大学. 中国科大成功实现超导体系"量子计算优越性"[EB/OL].[2021-10-26]. http://news.ustc.edu.cn/info/1055/77190.htm.

[42] 国务院新闻办公室.《中国应对气候变化的政策与行动》白皮书(全文)[EB/OL].[2021-10-27]. http://www.scio.gov.cn/zfbps/32832/Document/1715491/1715491.htm.

[43] 环球时报. 联合国环境规划署:全球气温2100年恐升高3℃[EB/OL].[2020-12-10]. https://www.sohu.com/a/437310864_162522/.

[44] 新华社. 中共中央 国务院关于完整准确全面贯彻新发展理念做好碳达峰碳中和工作的意见[EB/OL].[2021-10-25]. http://www.gov.cn/zhengce/2021-10/24/content_5644613.htm.

[45] 国务院. 国务院关于印发2030年前碳达峰行动方案的通知[EB/OL].[2021-10-26]. https://www.dl-by.com/play/65308-5-24.html.

[46] 北京日报. 德国新总理首谈对华政策,强调务实[EB/OL].[2021-12-16]. https://www.sohu.com/a/508859240_163278?editor=周平飞%20UN981&scm=1104.0.0.0&spm=smpc.home.top-news3.2.1639651519537A8DRE1X&_f=index_news_7.

[47] 叶少剑. 打坐健身机制新探[J]. 医学与哲学,2014,35(11B):75-77.

[48] 孔使,庄鼎,扬秀珍,王颖,尚红燕."入静"对"循经感传"及事件相关电位P300成分影响的研究[J]. 中国针灸,1998,(1):41-43.

[49] 张中豹,刘慧君. 气功锻炼中入静的几个问题[J]. 体育函授通讯,2000,(2):22-23.

第六章 挫折困难的应对

按研究者的观点,我们接受的"挫折教育"太少了。不少孩子,尤其是一路顺利的孩子,面对人生挫折时容易走向崩溃。面对家庭内部困扰时,一些孩子会采取"一哭二闹三上吊"的方式。而当孩子们面对外部困扰,尤其是独立面对时,会怎样呢?挫折好似我们人生中不得不面对的一道道考题,常常不期而遇。如何答好一道道考题,如何应对挫折困难,常常是令人苦恼的事。

一、大型组织的挫折困难

要找到这些苦恼的化解之道,不妨先放宽视野。挫折困难,不仅个人会经常遇到,大型企业、地区、国家也总要面对。

1. 大型企业的经营风波

2015年,万达集团、百度公司、腾讯公司共同出资成立的新飞凡电子商务有限公司成立。万达集团希望将新飞凡发展成全球最大的电商平台。2017年,万达集团负责人承认新飞凡公司经营失败。2020年,新飞凡公司进行债务清算,准备注销[1]。

新东方集团2020年的营业收入中,中小学业务收入占了约91%。按2021年5月31日的统计,新东方集团经营着122所学校、1547个培训中心,教师约5万4千名。而当国家因许多中小学生校外培训负担沉重等发布了校外培训限制措施时,新东方集团不得不安排在2021年8月底之前裁员4万人。新东方集团股价与近一年的最高点相比,曾下跌了约90%[2]。

北大方正集团是北京大学1986年创办的企业,业务涵盖了IT、医疗医药、地产、金融等领域,拥有6家上市公司。2020年,该公司却被法院裁定重整。截至2021年1月18日,债权人向北大方正集团管理人申报的债权金额高达2347亿元[3]。

海航集团从一家不引人注目的小型航空公司逐步发展为运营数百架客机的中国第四大航空企业,年运送旅客曾超过6千万人次,多年位居全球最佳航空公司之列。可是，海航集团却陷入了经营危机。2020年2月，海南省派出的联合工作组进驻海航集团。2021年1月，海航集团收到海南省高级人民法院的破产重整通知[4]。

2003年，华为公司被实力明显超出自己的美国思科公司起诉，华为公司负责人形容其为"泰山压顶"的官司，公司前途难料[5]。2018年7月，美国、澳大利亚、加拿大、新西兰和英国组成的所谓"五眼联盟"的情报机构负责人开会，一致将华为公司视为"安全威胁"[6]。年末，华为公司副董事长孟女士在加拿大机场被加拿大当局以违反美国法律为由扣押，有一段时期被关入阿诺特女子监狱[5]。华为公司多次成为美国限制中国发展、打击中国科技企业的靶标，一些产品被禁止销售，芯片等部件的供应被切断。

2. 一度蒙尘的"东方之珠"

1998—1999年，一些在英国皇家军事科学院进修的英国军官向该校教授希尔顿追问，香港是英国大量财政税收的来源，曾经有5万多英军驻扎，是英国在远东唯一的军事存在，怎么就让给中国人了？[7]一位香港资深警察的表述就是对这类问题的解答。香港警务处副处长郭荫庶接受美国媒体采访时表示，人们不会因为一个盗贼保护偷来的文物，就说他的本意是好的，英国统治下的香港尽管有过美好，但这不会改变事情的本质[12]。

虽然香港回归中国已20余年，但多年来，反中乱港势力公然鼓吹"港独"等主张，利用香港选举制度的明显漏洞和缺陷，试图夺取香港的管治权[9]。一些人操纵选举，窃取香港立法会、行政长官选举委员会、区议会等机构的席位，散播"港独"邪说、侮辱国家民族，极力瘫痪香港立法会运作、阻挠特区政府依法施政，鼓动、组织港独暴力活动[10]。一些外国势力、一些外国驻港领事机构、非政府组织等公然干预香港事务[9]。香港数年间，经历修例风波、社会暴乱[11]。以2019年10月1日为例，暴徒投掷了超过100枚汽油弹，在最少68处地点纵火，大肆破坏港铁、警署、政府建筑物和商店等[12]。

2020年6月，全国人大常委会通过了香港特别行政区维护国家安全法。2021年3月，全国人民代表大会做出了完善香港特别行政区选举制度的决定。新加坡总理李显龙认为，香港社会高度分化，很长时间都无法自行制定国家安全法规，一些人的示威活动越来越暴力，这样的情况不能无限期地存在[13]。

时任香港政务司司长的李家超指出，香港国安法制定、实施后，香港的安全和稳定回来了，"爱国者治港"原则使香港立法会不再是外国代理人瘫痪或颠覆政府的工具[12]。在香港国安法和完善特区选举制度的保障下，香港迎来了良好局面。

二、个人的挫折困难

个人可能会在不同领域遇到多种挫折困难。

1. 学业

2020年5月，陈春秀打算参加成人教育考试，在学信网填报信息时发现，自己被某女子冒名顶替。16年前，陈春秀是参加高考的山东冠县农家女孩，有人盗取了她的入学资格，冒名顶替上了大学。陈春秀后来成为普通务工者，而顶替者成为某街道办的公务员[14]。

有14所高校在2018—2019年的山东高等学历数据清查中，发现242人涉嫌以冒名顶替入学而取得学历。冒名顶替上大学的事件长期存在，北京师范大学教育学部学术委员会主席檀传宝强调，要杜绝冒名顶替入学，要完善考试制度、程序，要有法必依、执法必严。

不少学生因为学业困扰而没能调整好情绪，一时冲动采取错误的极端行为。2020年5月，中国传媒大学研究生黄某在家坠楼身亡。家人认为，出现此不幸事件是因为老师不同意将其毕业论文送审、黄某精神崩溃自杀[15]。当年7月，南京女大学生黄某因未能进行毕业论文答辩、毕业延迟等原因，精神压力大，自行离开学校后失踪，南京警方根据线索，前往青海格尔木搜寻[16]。此后，据青海省海西州蓝天应急救援中心理事长谢文淋介绍，该女生估计是抱着轻生的目的来到荒野，服用安眠药，昏迷后死亡，她的遗物没有血迹[17]。

北京师范大学心理学院教授许燕认为，青春期是一个人情绪不稳定的时期，老师应多尊重学生[18]。同时，孩子们也应积极地知是非、明事理，不能以狭隘的思维应对学习挫折。也有一些人面对程度远超出考试不利、论文未完成一类的严峻学业障碍、困难时，迎难而上、奋发拼搏。民国时期，50多岁的葛健豪女士与子女一起到法国留学。她勤学法文，达到了用法文对话、阅读法文报刊的水平，还安排时间制作、出售刺绣作品，支持全家的留学生活[19]。2019年，读高二的周某获得中国科技大学少年班的选拔机会，考前却被一辆失控渣土车碾过左腿，导致左小腿被截肢。但他手术后第二天，就在重症室躺着自学。高考时，他取得了全省第171名的成绩[20]。甘肃定西的魏某，因病下肢瘫痪，而且父亲早年离世。高考被清华大学理科实验班录取后，学校向他和母亲提供了单间无障碍寝室。本科毕业后，他又争取到了在中国科学院近代物理研究所读研究生的机会[21]。

2. 工作

钟南山1960年毕业于北京医科大学医疗系[22]。毕业后，他先后从事着烧锅炉、宣传等工作，35岁才重新回到医学专业领域[23]。刻苦钻研的他，后来成为国家呼吸疾病临床医学研究中心主任、中华医学会第23任会长[53]。在作为儿科医学家的父亲的影响下，他践行着治病救人的准则，往往至少要用30分钟才看完一个病人[24]。

宗庆后初中毕业以后，先在农场务工，后来又做过种茶叶、割水稻、烧窑等工作。33岁时，他到纸箱厂做销售员。42岁时，借款承包了亏损的某区校办企业经销部，蹬着三轮车出售汽水、棒冰、文具纸张等。在朱寿民教授的指导下，他的企业开发了娃哈哈儿童营养液。45岁时，他创办的企业销售收入突破1亿元。2003年，娃哈哈公司营业收入突破了100亿元[25]。

斯里尼瓦桑是一家美国知名广告企业的高级管理人员。但她对行业的前景有所忧虑，对工作有些厌倦，转而进入了研究领域。在论文中，她表示，脸书（Facebook）公司以提供免费服务的方式获得了大量的个人数据，但损害了用户作为消费者的利益；谷歌公司借助广告技术的垄断地位，进行了不当的自我交易和内部交易。后来，斯里尼瓦桑被聘请为耶鲁大学反垄断研究人员、美国德州总检察长办公室技术顾问，对美国面向互联网科技公司的反垄断举措产生了相当的影响[26]。

3. 健康

柯先生出差时在客房摔倒，导致全身瘫痪。2016年，他被诊断出胃癌,胃被切除。连续的重挫使他有过自杀的念头,但他坚持不懈地进行着康复锻炼。瘫痪3年后,他已经能够重新通过驾照考试,还写了两部文学作品,包括自传《扼住命运的咽喉》。现在,他已经能走路、能游泳,能够自理生活[27]。

2019年10月,赵先生看到一个孩子出现在仓库顶上,有只脚被卡在瓦缝里。他去救助小孩时,屋顶突然坍塌。孩子被他护住,平安无事,而赵先生头部重伤,变成了"植物人"。个矮的妻子,常常要抱起160多斤的赵先生去医院治疗,学着插胃管,为丈夫从头到脚地按摩、做康复治疗。经过1年多的努力,赵先生已经能坐、能站了[28]。

4. 精神、情感、家庭

一些人在遭遇了精神、情感挫折、家庭问题时,容易灰心丧气,甚至感到生活无望,有的甚至以伤害他人来发泄。罗女士很早就留学海外,母亲是女企业家。2014年,她在韩国设立了创业孵化平台TriBeluga。不料,她生了女儿之后精神抑郁,带着5个月大的女儿跳楼自杀[29]。

某年春节前夕,10岁的农家少年李某,父母生病,无法正常劳作。父亲有一天交待他挑炭去卖了,用换来的钱买点过年的肉。一天下来,无人买炭,李某又冷又饿。附近的一个男孩故意放狗来咬他,他被咬伤了。李某气恼不已,天黑时,从那男孩家偷了些猪肉。这次的行为,使他逐步走上了歪路,后来成了某市黑社会团伙的骨干分子[30]。

杭州师大附属医院青少年心理门诊主任骆宏指出,许多青少年与家人的矛盾非常严重。当代青少年获得了更好的生活条件,但心理脆弱,情绪管理问题突出,他们容易采取较极端的方式来应对困难,例如把死亡当成解决问题的方法。浙江省心理卫生协会理事长赵国秋认为,青少年心理问题包含与家长的关系、成长的烦恼、考试的焦虑、人际关系的处理等,一些社会问题是青少年心理问题日益严重的根源[31]。

5. 人身安全

华为公司多年位居中国民营企业500强第一名。2018年12月1日,常常作为贵宾的华为公司副董事长孟晚舟女士在温哥华转机时,被加拿大警方以美国政府司法互助为由逮捕[6]。2018年12月6日,时任美国总统国家安全事务顾问的博尔顿指出,他事先知道美方准备逮捕孟晚舟,这样的事经常发生。12月11日,美国总统特朗普表示,如果孟晚舟案涉及国家安全或中美之间的贸易谈判,他将进行干预[32]。这意味着美方有将扣押孟晚舟作为两国谈判筹码的意图。

2020年11月16日,加拿大不列颠哥伦比亚省高等法院举行孟晚舟案听证会,扣押孟晚舟时,把孟晚舟电子设备密码提供给美国联邦调查局的加拿大警官拒绝出庭作证。有观点认为,他这么做是因为在法庭上撒谎要被追究刑事责任[32]。很多加拿大媒体认为,扣押孟晚舟完全是出于政治和私利,而不是法律[33]。外交部发言人华春莹指出,被美方指认为"受害者"的汇丰银行也出具了证明孟晚舟清白的文件,对孟晚舟的所谓"欺诈"的指控纯属捏造[34]。复旦大学国际政治系教授沈逸强调,个人在海外的正当权益能否得到保障、个人在海外旅行时的人身安全,往往取决于国家的实力[32]。

1915年,沙皇俄国军队撤离某地时,把一个军需库炸了,但竟然忘了在炸军需库入口前通知隧道里站岗的一名士兵撤离。这名士兵呼叫求救,但毫无效果。所幸的是仓库里还有大量的食品、衣物。他每天借助通风道透入的微光,在墙壁上划记号、记录时间,每周换一套衣服。1924年,波兰军队发掘该仓库时,他终于等来了获救的一天[35]。

6. 财产

有人遭遇财产变故就一蹶不振,甚至抛弃生命。郑某与妻子投资所谓虚拟货币,遭受了2千多万元的损失。与妻子跳海自杀前,郑某用刀杀害了正熟睡的女儿,将女儿遗体抛入海中[36]。2021年5月,刘某因投资失败而驾驶轿车在大连某地故意闯红灯、冲撞通过斑马线的行人,造成5人死亡、8人受伤。之后,刘某被判处死刑[37]。

有些人则耐心地亡羊补牢,弥补损失。陈女士退休后,创办企业生产羽绒服,年销售额曾经超过千万元,个人资产也达到上千万。后来,企业经营遇到困难,无法如期偿还银行贷款。陈女士不愿申请破产,虽已是82岁高龄,但她宁可倾家荡产,也要严守信用、还清债务。她变卖企业资产、家产,从事个体经营,用约10年间还清了上千万元的贷款[38]。

三、挫折困难的应对之道

1. 坚定意志、主动作为

湖北男青年王某在 2013 年考入北京某大学,但因性格、专业偏好等原因,心思没放在学习上,荒废了学业,2017 年退学。之后,王某从事了多种工作,发现那些不要求本科学历的岗位不太能发挥自己的优势。他进行了反思,认识到应该珍惜在学校的学习机会,学习的辛苦和枯燥,与自己数年工作遇到的经历相比不算什么。2021 年,王某复读后重新参加高考,成绩不错,以自己的努力争取到了重新读大学的机会[39]。

张女士是甘肃甘南州人,自小患小儿麻痹症,初二时父亲遭遇车祸,她被迫辍学。2008 年,张女士在叔叔的资助下,自学考上了中专。毕业后,在超市做仓管员,搬运的工作对有些残疾的她来说相当吃力。张女士思考着要如何改变境况。她租用了村里 300 亩地,后来还筹建了合作社开展种植、牛羊养殖,既改变了自己的人生,还使包括 32 户残疾贫困家庭在内的 85 户贫困户增加了不少收入[40]。

2016 年,53 岁的贺某确诊为肺癌晚期。他进行了为期 9 个月、共 33 次的化疗,但病情没有好转。之后,他开始加强锻炼,行走、慢跑、爬山,参加长跑比赛,身体得以改善。到 2020 年 1 月 5 日,他已完成了 61 场马拉松长跑比赛。中国工程院院士、著名肿瘤外科专家汤钊猷谈道,自己接诊的一位患者在 2001 年确诊为肝癌,手术切除后多次复发,自己建议他坚持进行游泳锻炼,于是,患者在吃药的同时,每天游泳约半小时,2009 年,他的肝癌病情得到了有效控制[41]。

6 岁的彭超,因事故失去了双臂。初期,他自暴自弃,在房间里独处,不与人交流[42]。后来,他练习用脚夹鹅卵石,用脚完成日常动作,曾多次想放弃,但终能持之以恒[43]。刚开始,他用脚写一横要 10 多分钟,一天只能坚持约 20 分钟;常人一个普通的动作,他需要用脚练习上千次;用脚多了,夏天,臀部还会长褥疮、水泡[44,45]。熟能生巧,后来他逐渐能自己开展大量日常活动,甚至洗衣做饭[46]。他从小学三年级起,成绩基本是班级第一[43]。2015 年高考,他考入四川大学法学院。四川大学为彭超的爸爸提供了一份后勤工作[42]。当彭超第一次考研究生时,受限于用脚写字，在法学科目中只写了约5千字，没能答完[43]。后来，在同济大学法学院研究生入学考试中，他初试、笔试和面试的成绩都达到了分数线，终于被录取[47]。彭超还以超常的能力成为央视《中国诗词大会》第一期擂主，被评为"第六届全国自强模范"[43]（如图6-1）。

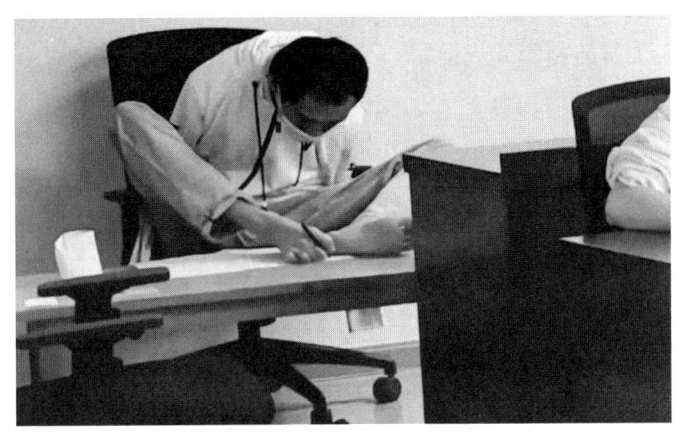

图6-1　童年遭电击失去双臂的彭超在参加同济大学研究生复试

有坚定的理想、追求，就更能形成坚强的意志、坚定的信念，更易于克服挫折困难。

有些是对回家、回到亲人身边的追求。李某4岁时被拐卖。他不知道家中的路名、地名，但为了早日回家，他一直坚持通过用棍子在地上画老家的样貌等方式，牢记家乡的信息。家中的院子放着锅和石磨，院子外有水塘、竹林，远处有梯田和公路。33年后，他将记忆中的家乡绘制成图，在网上发布寻亲。不久，他终于找到了家人，与母亲的基因比对成功了[48]。

有些是对学业、知识、贡献社会的追求。2017年，黄某完成了在中国科学院自动化研究所的博士生学习。他在博士论文致谢的一节写道：小时候，自己家境困难，经常因欠费而被老师约谈。12岁时，母亲离家，父亲也不常在家，当自己病得无法行走就医时，父亲留下刚够治病的钱就走了。夏天，光着脚走在滚烫的路上；冬天，穿着破衣服，打着寒颤。自己最开心的事之一，就是在煤油灯下写作业或读书。上高中前，常常靠抓黄鳝、钓鱼、养小猪、出租水牛来支持生活，还被狗与蛇攻击。有时，打算卖了用以交学费的黄鳝，被父亲去换了肉和酒。17岁时，父亲因交通事故去世，同住的婆婆病故。到城里上高中后，学校免了学杂费，胡叔叔一家帮助解决了生活费，上计算机课的老师和师母也经常照顾他。未来，如果能做出点让别人过得更美好的事，那这辈子就赚了。黄某后来成了一家大型企业的人工智能高级研究员[49]。

有些则是对国家富强、人民安居乐业的追求。在抗美援朝的长津湖战役中，中国人民志愿军第9兵团在极度低温的战场上埋伏了6天6夜，吃的是冻成了"冰疙瘩"的土豆。而美国军人每天的食物包含有肉类、蔬菜、糖果、咖啡、柠檬粉、饼干等，住着生着柴油炉子的保暖帐篷，穿的是鸭绒服。最终，美军败退长津湖。其中，美军陆战一师总减员约1万1千人。1996年12月，中国国防部长迟浩田访问美国，他在长津湖战役中是一位志愿军营级指挥员。接待他的美国海军陆战队司令克鲁拉克上将对他深表敬意，克鲁拉克的父亲维克托是长津湖战役时的美陆战一师副师长[50]。

20世纪80年代，为了培养国防科技人才，原工信部电子科技委副主任、电子工业部第38研究所所长王小谟经常出差，忙到晚上八九点后，前往中国科技大学与定向培养的7位研究生交流。也冒着相当的风险和阻力，在经常亲自参与的同时，任命硕士生毕业刚一年的陆军为某重要雷达项目的总设计师[51]。

1969年，王小谟在贵州山区和同事们创建第38研究所时，住在透风的油毡茅棚里，食物、饮水都相当困难[52]。此后，他在主持383雷达研制工作时，一度接连失败。后来，他的团队终于研制出高水平的383三坐标雷达系统[53]。研制尖端的预警机时，近70岁的王小谟经常爬上十几米高的预警机机罩，经常乘上试验飞机，在高温到40摄氏度、低温到零下30摄氏度的机舱里工作[51]。2006年，在主持预警机研制工作的关键时刻，他遭遇车祸，腿骨严重骨折，还被确诊患了淋巴癌。虽然化疗使得身体虚弱，但他依然坚持在医院里与同事开展研制工作。病情有好转时，他就重新回到研制现场。最终，不到10年时间，就实现了西方国家预警机几十年的发展历程。当时他主持研制的空警2000、空警200两种预警机，是世界上看得最远、功能最多、系统集成最复杂的机载信息化武器装备之一[54]。王小谟强调,人总要活出一些价值,"我们这一代人有一个信念、根深蒂固",就是想着要报效祖国[55],人生在世,应明白一些道理,"吃过真正的苦后,懂得什么是甜","一辈子做自己喜欢的事,(与)为党和国家作贡献相连,就是莫大的幸福"[56](如图6-2、6-3)。

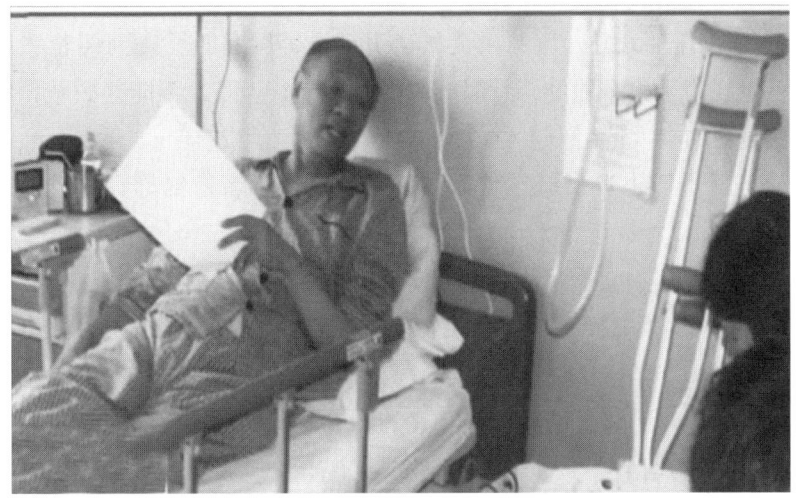

图6-2 车祸导致腿骨严重骨折、还接受淋巴癌化疗的王小谟,在医院里开展研制工作

图6-3 骨折、接受淋巴癌化疗的王小谟,病情好转、但腿脚不利时,重返研制工作

"世事未必如人意"是央视主持人康辉在自己高考遭遇中的一个深切体会[57]。而"谋事在人",也是对挫折困难予以主动应对的一个精炼写照。按马识途先生的观点,有了坚定的信念,就容易迸发出智慧,有了拼搏的决心,便容易激发出勇气,从而就容易克服挫折与困难[58]。个人如此,企业、地区、国家也是如此。

2. 宽广大度的心态

时任中国驻美国大使的崔天凯谈道,在美国有时会碰到怀着恶意的人,不生气是不太可能的,有时候也想吵一架,但是,不能这么做,做事不能让自己的个人情绪来主导[59]。

彭玉麟是清末近代海军创始人,被晚清大学者俞樾称为"咸丰、同治以来诸勋臣中始终服人心之唯一一人"[60]。他曾言,"欲除烦恼须无我"[61]。当我们面对挫折困难时,主动调整相关事物对自己的重要性是相当有益的。宽广大度的心态,是克服挫折困难的关键"法宝"之一。

情绪紧张、精神压力大,不仅容易让人心情低落、烦恼,不易克服挫折困难,还会对身体各系统产生不良的影响。例如,在文学作品中,常有"一夜白头"的情节。"一夜白头"并非传说。美国哈佛大学等进行的研究表明,"一夜白头"是有可能的,当人的精神压力过大时,深入到皮肤毛囊的交感神经系统所释放的"去甲肾上腺素"物质,容易使毛囊中负责色素再生的干细胞出现永久性损耗,导致色素枯竭、毛发变白[62]。而按佘振苏等人体复杂系统研究者的观点,较大的精神压力会增加基因变异的数量,削弱人体的自我修复功能[63]。

3. 争取他人的理解、支持

中央广电总台主持人康辉当年参加高考时,河北省有3名考生通过了北京广播学院的专业考试,3名考生中,康辉的专业考试成绩最好,高考成绩也过了重点分数线。出乎意料的是,他收到的是天津商学院酒店管理专业的录取通知书。康辉的父亲赶紧联系了北京广播学院招生办,招生办答复,河北报来的高考成绩只有两名考生的,没有康辉的。康辉的父亲托朋友核对了河北报送的相关电报稿,确实没有康辉的信息。原来,其中一名考生的父亲利用职权让人删去了康辉的信息。康辉的父亲要求河北相关工作人员予以纠正,还在一旁看着电报稿发走。之后,北京广播学院打算

录取康辉，但康辉的档案已被天津商学院调走。康辉的父亲恳求北京广播学院再等几天。他赶到天津后，恳求之下，天津商学院同意退回档案。康辉的父亲又陆续赶到河北省高招办、北京广播学院，看着档案送达北京广播学院招生办。康辉在自传中谈道，"如果没有父亲的奔走，我的人生必定要被改写"[57]。

黄宇和小时候在香港生活，全家吃的是混杂着小石子、老鼠屎、蟑螂屎的碎米。而买这种碎米，家里也常常要赊账。当他考上某高水平的书院时，大多数同学是司机开车接送，而他穿着用报纸挡住鞋底破洞的布鞋上学。热心的江老师资助了他家的房租费。中学高年级时，刘老师则免费指导他学古文。黄宇和完成博士生学业后，逐渐成长为历史学家，当选为英国皇家历史学院院士[64]。

个人遇到挫折、困难，有时也需要得到政府部门等组织的帮助、支持。在国家长期努力之下，2021年9月24日，被加拿大按美国要求扣押的孟晚舟女士乘坐中国政府包机离开加拿大，返回祖国[34]。孟晚舟表示，过去的1028天，自己一次次闯入暗夜，山重水复，不知归途在何处。风浪，唯有直面才能扬帆远航，正是绚丽的中国红，燃起了心中的信念之火，照亮了人生的至暗时刻，引领着回家的漫长路途[65]。

学生在学习方面遇到困难，包括与授课老师、导师的关系出现障碍时，应积极争取家长的理解，请他们协调处理。如果家长缺少相关能力或意愿，学生可以向教育部门、共青团组织、社区等寻求帮助。

潍坊市某小学部分班级，三分之一的学生有父母离异的情况。武汉市江岸区某小学部分班级，将近一半学生来自单亲家庭，有些学生生病时没有家人照顾，只能靠老师帮助。厦门市城区某小学基本每个班级都有几个父母离异的学生，多的有十几个。厦门市城区某初中一个50人的班级，有十几个学生父母离异[66]。据浙江省高校心理危机干预与研究中心副主任傅素芬介绍，2020年4月，受疫情等影响，两条心理热线接了457人次的求助电话[31]。对青少年、儿童遇到的重大挫折、困难，政府、社区、学校、共青团、妇联等组织都应该给予积极的、物质及精神的帮助与支持。

4. 积极争取扭转困难局面的机会

程某从话务兵到神射手，只用了3个月。她高中毕业时参军，成为话务兵，较快就掌握了相关技能。随着年龄的增长，她思索着"是否就这样了，自己能有成长的空间吗？"她感到了迷茫。2019年4月，听说陆军"百名枪王"比武有女兵名额时，她决定给自己一个挑战——参加射手比武。她从最基础的动作做起，每天据枪8小时。射击心得记录本，一个月就写满两本，肘部被磨得血肉模糊，负重50斤跑5公里，脚部起了血泡。为了克服基础差的状况，她一吃完饭就回训练场加练，晚上练到深夜12点。3个月后，她以集团军女兵组第一名的成绩闯入陆军"狙击精英-2019"集训，在定点狙杀和转移阵地射击两个科目中获得满分[67]。

佟培基在高中毕业后参军，成了一名汽车兵。每月不多的津贴大都被他用来买学习书籍了。退役后，他从事汽车驾驶员工作，与一般的驾驶员不同，他往往是见缝插针地读书、学习，在驾驶室坐垫下、工具箱里放了不少的书籍。在某大学从事驾驶员工作时，他常向其接送的学者认真请教。他打算报考中国社科院文学研究所，而他所在的某大学已发现他的学术才能，于是破格将他从驾驶员的岗位调到唐诗研究所讲师岗位。佟培基后来成为该校文学院教授，国家重点规划项目《全唐五代诗》主编，一名少有的、只有高中学历的博士生导师[68]。

金一南在部队当战士时，挤时间在连队库房里学习了党史、军史、中国历史、世界通史，做了60多万字的笔记和卡片。后来，他成了部队的无线电技师，退役后在军队高校图书馆从事馆员工作。做馆员的十几年间，他学习、研究了大量资料。某国国防大学校长访华前，他就该校长的经历、主要观点向校领导、相关负责人做了介绍。由此，46岁的金一南得以展现出突出的才干，被学校调到国际关系教研室任教。他曾受邀到中共中央政治局授课，他的课也被中央党校评为"最受欢迎的课程"[69,70]。

5. 丰富生活内容，增加兴趣爱好

人遇到挫折、困难时，适当丰富自己的生活内容，增加个人兴趣爱好，能起到相当大的疏解心理、改善情绪作用，有时还能拓展出另一番天地。

蔡伟上小学时对学习繁体字很有兴趣，经常捧着字典来回查，语文成

绩也不错。高中时,他理科成绩较差,没考上大学。他先在橡胶厂上班,3年后下岗,骑着三轮车,在商场门口摆摊。10多年间,收入微薄,还交不起冬季的取暖费[71]。虽然没考上大学,但他较早就开始自学古文字知识,试着辨识那些难懂的古文字。24岁时的蔡伟,逐步与复旦大学教授裘锡圭等学者交流着古文字知识。蔡伟努力钻研,渐渐地达到了较高的古文字辨识水平。北京大学考古文博学院董珊教授称他引用辞例能信手拈来。裘锡圭教授评价蔡伟,"不计功利,刻苦潜修,十分钦佩"。董珊教授知道蔡伟生活困难后,请复旦大学刘钊教授帮他争取些工作机会。2008年,复旦大学出土文献与古文字研究中心聘请蔡伟参与编写书籍《马王堆汉墓简帛集成》,蔡伟的能力得到了进一步体现。裘锡圭教授想招他为博士生。可蔡伟只有高中学历。裘锡圭等3位著名学者为蔡伟报考博士生写了推荐信,复旦大学研究生院就蔡伟报考之事向教育部提交了申请。蔡伟入学后,补本科生、硕士生的课程、钻研学术,前后读了6年的时间。毕业后,蔡伟成为某学院的老师,教古代汉语、文字学和书法,编写馆藏古籍书志[71]。

6. 总结经验,争取防患于未然

彭玉麟谈道,"历尽艰难好作人"[61]。傅雷对成为钢琴家的儿子谈道,经历一次磨折,就要在思想上提高一步,作风上改善一步[72]。按梁启超的观点,有些人走错了,会回头另走,而这也需要他有足够的"修养工夫"[73]。遇到挫折,好比摔了一跤,不能一摔就爬不起来,不能一摔就一蹶不振。要爬起来,接着走。遇到挫折、困难,要吃一堑、长一智,争取减少挫折,或减轻受挫的程度。

参 考 文 献

[1] 钛媒体.万达旗下"新飞凡"计划注销,王健林的"电商梦"破灭[EB/OL].[2020-06-09].https://finance.sina.com.cn/chanjing/gsnews/2020-06-09/doc-iirczymk6144383.shtml.

[2] 中国基金报.暴跌超90%!计划裁员4万人、宣布关停最赚钱业务后,60岁的俞敏洪露面:回归大学生业务[EB/OL].[2021-09-27].https://finance.sina.com.cn/chanjing/gsnews/2021-09-27/doc-iktzqtyt8295456.shtml.

［3］时代周报.北大方正重整落定：债权规模2347亿，珠海华发、中国平安等联合体为重整投资者［EB/OL］.［2021-01-29］.http://finance.sina.com.cn/stock/relnews/cn/2021-01-29/doc-ikftssap1777654.shtml.

［4］证券时报券商中国.独家回应！海航缘何破产重整？负债7000亿"自救"无果！对债权人、员工、企业有何影响？权威人士七问七答［EB/OL］.［2021-01-30］.https://finance.sina.com.cn/chanjing/gsnews/2021-01-30/doc-ikftssap1831154.shtml.

［5］新浪财经.任正非：宁愿关闭公司 也不会被利益所驱使［EB/OL］.［2019-01-21］.https://finance.sina.com.cn/chanjing/gsnews/2019-01-21/doc-ihqfskcn9149150.shtml.

［6］深圳卫视直新闻特约主笔潇湘散人.孟晚舟乘坐中国政府包机回国传递的意义［EB/OL］.［2021-09-25］.https://www.sohu.com/a/492015973_120094090?scm=1007.70.228002-238002.0.0&spm=smpc.content.fd-link.3.1632573350836e0i3Bwi.

［7］张维为，金一南.张维为《这就是中国》第60期：捍卫和平的力量［EB/OL］.［2020-06-27］.https://www.guancha.cn/ZhangWeiWei/2020_06_27_555471_s.shtml.

［8］中国日报网.港警机智回应美媒"挖坑式"提问："作为中国人，我的忠诚从未改变"［EB/OL］.［2021-04-10］.https://www.sohu.com/a/459997803_429139?scm=1002.590044.0.10421-1195?_f=index_select_2&spm=smpc.home.choice.3.1618043476041h305pss.

［9］新华社.（两会受权发布）关于《全国人民代表大会关于完善香港特别行政区选举制度的决定（草案）》的说明［EB/OL］.［2021-03-05］.http://www.xinhuanet.com/politics/2021lh/2021-03/05/c_1127172464.htm.

［10］新华社.新华时评：完善香港选举制度合法必要势在必行［EB/OL］.［2021-03-05］.http://www.xinhuanet.com/politics/2021lh/2021-03/05/c_1127169820.htm.

［11］深圳卫视直新闻.林郑月娥数度哽咽，任上最后一份《施政报告》究竟说了些什么？［EB/OL］.［2021-10-06］.https://www.163.com/dy/article/GLL3F9240514FGV8.html?f=post2020_dy_recommends.

［12］环球网.它们从香港政总门前消失，意义重大［EB/OL］.［2021-10-03］.https://www.sohu.com/a/493339576_162522?spm=smpc.home.top-news2.5.16332494328252Q3Mqpl&_f=index_news_4.

［13］人民日报海外版侠客岛.［解局］在香港问题上，新加坡总理说了一番公道话［EB/OL］.［2020-07-31］.https://news.sina.com.cn/c/2020-07-30/doc-iivhuipn5977127.shtml.

［14］中国新闻周刊.两年242人涉冒名顶替入学，被偷走的人生如何重来？［EB/OL］.［2020-06-24］.https://www.sohu.com/a/403864876_220095?spm=smpc.home.top-news2.2.15929872246251Dx4Plx&_f=index_news_1.

［15］环球网.中传回应研究生疑因被导师卡住论文坠亡：将核实家属所说情况［EB/OL］.［2020-05-10］.https://www.sohu.com/a/394194820_162522?spm=smpc.home.top-news4.3.1589111836940C0Id3Wv&_f=index_news_14.

［16］新京报.南京某大学女生格尔木旅游失联19天 警方前往可可西里进行搜

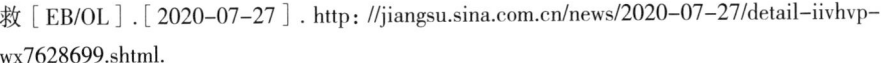

救［EB/OL］．［2020-07-27］．http：//jiangsu.sina.com.cn/news/2020-07-27/detail-iivhvp-wx7628699.shtml．

［17］光明网．搜救画面曝光！青海失联女大学生死亡原因令人心痛［EB/OL］．［2020-08-02］．https：//www.sohu.com/a/411020143_162758?spm=smpc.home.top-news2.2.1596366698837IsdnYVI&_f=index_news_1．

［18］封面新闻．安徽"遭老师质疑后溺亡女生"遗书曝光：我真的扛不住了［EB/OL］．［2021-01-09］．https：//www.sohu.com/a/443407191_120952561?spm=smpc.home.top-news5.5.16101873707629BZGmgo&_f=index_news_22．

［19］澎湃新闻．李富春蔡畅之女李特特逝世，享年97岁［EB/OL］．［2021-02-18］．https：//www.sohu.com/a/451239465_260616?spm=smpc.home.top-news4.5.161364293760920AncbD&_f=index_news_16．

［20］北京青年报．车祸截肢少年高考684分全省171名 老师称清华已打电话［EB/OL］．2021-06-23．https：//www.sohu.com/a/473658370_120094087?spm=smpc.home.top-news2.6.1624441395566HZyMgjh&_f=index_news_5．

［21］北京青年报．"人生实苦，但足够相信"的清华学生魏祥本科毕业了！将回家乡直博［EB/OL］．2021-06-27．https：//www.sohu.com/a/474322730_260616?spm=smpc.home.top-news5.4.1624770052017U6brTOX&_f=index_news_21．

［22］中国工程院．钟南山［EB/OL］．［2021-04-09］．http：//www.cae.cn/cae/html/main/colys/71145511.html．

［23］佘峥．钟南山：我系诶蒙郎［N］．厦门日报，2021-04-07（A04）．

［24］中纪委国家监委网．钟南山：医生父亲的言传身教［EB/OL］．［2021-02-25］．http：//www.chinatax.gov.cn/chinatax/n810219/n810744/c101733/c101740/c5161810/content.html．

［25］投资界．39岁女儿接班：宗庆后去做创投了［EB/OL］．［2021-12-11］．https：//finance.sina.com.cn/money/roll/2021-12-11/doc-ikyamrmy8319175.shtml．

［26］新浪科技．"恶龙"变身"屠龙者"?逃离科技行业的她成了一名反垄断研究员［EB/OL］．［2020-12-22］．https：//finance.sina.com.cn/tech/2020-12-22/doc-iizncтke7936364.shtml?cre=tianyi&mod=pchp&loc=32&r=0&rfunc=57&tj=none&tr=12．

［27］新浪网广东．从高位截瘫到癌症 华裔作家三次面对死神又重新站起［EB/OL］．［2020-08-23］．http：//gd.sina.com.cn/news/zhuazhan/2020-08-23/detail-iivhvp-wy2641808.shtml?cre=tianyi&mod=pchp&loc=31&r=0&rfunc=70&tj=none&tr=12．

［28］东方今报．丈夫说了三个字 她哭成泪人 男子见义勇为摔成植物人，妻子不离不弃悉心照料创造医学奇迹［EB/OL］．［2021-04-29］．http：//henan.sina.com.cn/news/2021-04-29/detail-ikmxzfmk9612544.shtml．

［29］封面新闻．突发！34岁知名女企业家携幼女坠楼身亡［EB/OL］．［2021-01-08］．https：//www.sohu.com/a/443266052_120640988?spm=smpc.home.top-news5.1.1610102167473u1KgPt2&_f=index_news_18．

［30］朱孝才.我的刑警往事［M］.重庆：重庆出版社，2017.

［31］中国新闻周刊.现实版"隐藏的角落"：疫情下，那些选择极端的孩子［EB/OL］.［2020-06-26］.https：//www.sohu.com/a/404196595_220095?spm=smpc.home.top-news4.3.1593156869653RCuj3zB&_f=index_news_14.

［32］沈逸.系统复盘：孟晚舟事件的四个要点［EB/OL］.［2021-09-26］.https：//www.163.com/news/article/GKRTAQJF00019B3E.html.

［33］外交部.2021年9月27日外交部发言人华春莹主持例行记者会［EB/OL］.［2021-09-27］.https：//www.fmprc.gov.cn/web/fyrbt_673021/t1910167.shtml.

［34］新华社.孟晚舟即将回到祖国 外交部发言人应询表态［EB/OL］.［2021-09-25］.http：//www.news.cn/world/2021/09/25/c_1127901116.htm.

［35］博达.一班岗站了九年的哨兵［J］.少年文艺，2008（Z1）：173-177.

［36］南方都市报.大连夫妻投资失败，杀女儿抛尸后跳海妻子死亡！丈夫被公诉［EB/OL］.［2020-12-16］.https：//www.sohu.com/a/438644566_161795?scm=1002.3c0039.19501ca.PC_24H_HOME&spm=smpc.home.list.2.16081352586590x0obr0.

［37］界面新闻.5死8伤！大连"5·22"轿车撞人逃逸案一审宣判，被告人被判死刑［EB/OL］.［2021-10-29］.https：//www.sohu.com/a/497933731_313745?spm=smpc.home.top-news4.1.1635479272823muwYeR3&_f=index_news_12.

［38］中央广电总台央广网.为诚信点赞！90岁奶奶10年还款2077万元［EB/OL］.［2021-02-07］.http：//china.cnr.cn/xwwgf/20210207/t20210207_525409838.shtml.

［39］新京报.外卖小哥高考623分继续送外卖，自称为挣学费，后悔四年前退学［EB/OL］.2021-06-28.https：//www.sohu.com/a/474516567_114988?spm=smpc.home.top-news4.1.1624875925559fytjgDR&_f=index_news_12#comment_area.

［40］国务院新闻办公室.国新办举行"残疾人脱贫攻坚中的奋进力量"中外记者见面会［EB/OL］.［2020-12-11］.http：//www.scio.gov.cn/xwfbh/xwbfbh/wqfbh/42311/44441/index.htm.

［41］健康时报.运动抗癌是真的！最新研究发现：可以在身体内创造"抑癌环境"［EB/OL］.［2021-12-14］.https://finance.sina.com.cn/tech/2021-12-14/doc-ikyakumx4018842.shtml.

［42］封面新闻.四川攀枝花无臂男孩彭超同济大学报到：我和其他同学一样 不需要特殊照顾［EB/OL］.［2021-08-30］.https：//www.sohu.com/a/486537618_120952561?spm=smpc.home.top-news5.3.1630304458968mr7yVwE&_f=index_news_20.

［43］陈静，贺劭清.用脚书写人生答卷的四川"无臂考生"：付出不怕没收获［EB/OL］.［2021-07-15］.http：//www.chinanews.com/sh/2021/07-15/9520431.shtml.

［44］新浪网.四川"百张笑脸"彭超：用脚执笔 书写灿烂的自强人生［EB/OL］.［2018-12-11］.http：//sc.sina.com.cn/news/2018-12-11/detail-ihmutuec7894600.shtml.

［45］中国青年报.彭超：无臂学子的自强路［N］.中国青年报，2018-05-28(05).

［46］中国青年报.考场用脚写字，无臂考生考上985研究生！同济大学的操作太

暖了［EB/OL］.［2021-04-06］.http：//www.thepaper.cn/newsDetail_forward_12066019.

［47］华西都市报，央视，中国青年报，等."我没有双臂，需要用脚写字"［N］.厦门晚报，2021-04-07（A15）.

［48］澎湃新闻.对话丨男子4岁被拐33年后手绘地图找到妈妈：想回家是一种本能［EB/OL］.［2021-12-30］.https：//www.sohu.com/a/513086230_260616?editor=陈 曦%20UN984&scm=1104.0.0.0&spm=smpc.home.top-news4.6.1640854657478EhURYLC&_f=index_news_17.

［49］南方都市报."把书念下去，然后走出去，不枉活一世"，中科院一博士论文爆红刷屏！［EB/OL］.［2021-04-19］.https：//www.sohu.com/a/461580011_161795.

［50］新华社解放军分社.电影《长津湖》之幕后：一段鲜为人知的故事［EB/OL］.［2021-10-05］.http：//www.news.cn/mil/2021/10/05/c_1211392907.htm.

［51］国家国防科技工业局.王小谟：报效国家，我的信念根深蒂固［EB/OL］.2019-09-30.http：//www.sastind.gov.cn/n152/n6760142/n6760144/c6807702/content.html.

［52］中国电子科技集团."中国预警机之父"王小谟院士逝世，享年84岁［EB/OL］.2023-03-06.https：//www.guancha.cn/economy/2023_03_06_682856.shtml.

［53］中央纪委国家监委网.采访札记："成功在于再坚持一下"［EB/OL］.2018-05-31.https：//www.ccdi.gov.cn/yaowen/201805/t20180529_172748.html.

［54］央视新闻.王小谟：打造世界最好的预警机［EB/OL］.2013-01-18.https：//news.cctv.com/2013/01/18/VIDE1358481247397601.shtml.

［55］张蕾，李苑.报效国家，我的信念根深蒂固－访"预警机之父"王小谟［N］.光明日报，2019-02-11（03）.

［56］光明日报社，中国工程院，中国科学院，中国科协.【百名院士的红色情缘】王小谟：献身预警机事业的"红色国防工程师"［EB/OL］.2021-06-10.https：//kepu.gmw.cn/2021-06/10/content_34915182.htm.

［57］搜狐网.一波三折！央视主持康辉自传曾曝当年高考也差点被"顶替"［EB/OL］.［2020-06-17］.https：//www.sohu.com/a/402426213_114941?spm=smpc.home.top-news5.2.1592392308403lebq5Do&_f=index_news_19.

［58］马识途."你的信仰安在？"［N］.光明日报，2020-09-17（10）.

［59］观察者网.有人说中美关系回不去了，我看也没必要回去［EB/OL］.［2020-05-12］.https：//www.sohu.com/a/394535318_115479?spm=smpc.home.top-news3.1.1589281957714WFXsase&_f=index_news_6.

［60］郦波.郦波评说曾国藩家训（上）［M］.北京：中国国际电视总公司，2011.

［61］天人，杨飞，等.中国历代名人家书：永恒的处世哲学［M］.呼和浩特：内蒙古人民出版社，2003.

［62］新华社.新研究揭示压力导致"一夜白头"的机制［EB/OL］.［2020-02-02］.http：//www.xinhuanet.com/tech/2020-02/02/c_1125522218.htm.

［63］佘振苏，倪志勇.人体复杂系统科学探索［M］.北京：科学出版社，2012.

［64］澎湃新闻.黄宇和：从贫民窟走出来的院士［EB/OL］.2016-12-21.https：//www.thepaper.cn/newsDetail_forward_1566767.

［65］环球网.孟晚舟在中国政府包机上的感言：一抹靓丽中国红燃起我心中的光明［EB/OL］.［2021-09-25］.https://www.sohu.com/a/491970303_162522?scm=0.0.0.0&spm=smpc.subject.column-2.3.1632573092011ftG1uwd.

［66］郭文娟，林珊.50人的班级 十几个学生属单亲家庭［N］.厦门晚报，2019-06-04（B2）.

［67］戴懿，朱万福.她射击他投篮 两人都"瞄准"了！［N］.厦门晚报，2020-06-07（A3）.

［68］澎湃新闻.唐诗研究名家佟培基逝世，从司机逆袭到教授成就传奇［EB/OL］.［2021-09-17］.https://news.sina.com.cn/c/2021-09-17/doc-iktzscyx4831085.shtml.

［69］解放军报.人物特写：国防大学教授金一南纪事（上篇）［EB/OL］.［2006-01-16］.http://mil.news.sina.com.cn/2006-01-16/0904344643.html.

［70］北京青年报政知圈.这位从图书馆员起步的将军 因为特朗普"走红")［EB/OL］.［2017-02-11］.https://news.china.com/domestic/945/20170211/30246856_all.html#page_3.

［71］王景烁.三轮车夫被破格录取博士前后［N］.中国青年报，2020-10-28(07).

［72］雅瑟，王辉.成功的中国家教大全集［M］.北京：新世界出版社，

［73］梁启超.梁启超家书［M］.北京：中国言实出版社，2017.

第七章 典籍推荐

一、《西方人看周恩来》

作为一位少有的兼具勇气与智慧、能言与善思、驾驭全局与明察细节、善于灵活协调与坚守原则等综合特质与能力的政治家、思想家、军事家、组织管理大师，周恩来总理身上有许多值得我们在个人成长中学习、借鉴的特质。中国学者、中国作者对周总理所做的描绘、论述，已有许许多多。如果从西方人的视角来观察、分析周总理，则很可能会获得一些独特的体验与收获。《西方人看周恩来》一书收录了作者精心整理的大量西方知名人士的相关论述，值得我们仔细品读。

许多西方人士对周恩来总理怀有深切的敬佩与尊敬之情。美国哈佛大学教授、著名汉学家费正清指出，周恩来是世界上伟大的政府总理之一。杜鲁门总统时期的美国国务卿艾奇逊称，"周恩来是世界上最有才华的外交家"。美国前国务卿、著名政治家基辛格评价周恩来为"我们这个时代最伟大的政治家"。世界知名期刊美国《新闻周刊》认为，周恩来是一个具有超人魅力的领袖人才。美国前参议院民主党领袖曼斯菲尔德谈道，自己十分尊敬周恩来总理，钦佩他的智慧和政治品质。曾获得普利策奖、埃美奖的美国著名记者、作家怀特称，即便知道周恩来可能会为了事业，在说服不了的情况下使自己的个人利益受损，他也依然对周恩来怀有一种压制不住的深厚情感。美国前总统尼克松指出，周恩来为了实现一个平等社会的希望，在革命中出生入死，他留下的影响在当代中国将与日俱增。著名期刊美国《时代》周刊，从1951年到周恩来去世，有六期以其为"封面人物特写"的主题刊物[1]。

不少西方人士认为，周恩来具有独特魅力、令人仰慕的原因在于，周恩来的才智，以及周恩来在言行中将共产主义理想信念与中国优秀的传统思想文化进行了较好的融合，等等。美国前总统尼克松指出，周恩来具有让许多人为之倾倒的智慧和才能，他既带着由热忱思想信仰而来的道义正确感，又对历史有长远的洞察力，他是一个忠诚的共产党人，也是一个实事求是的中国人。原伦敦大学《中国季刊》主编威尔逊强调，周恩来忠于自己的信仰，同他忠于自己的国家和信守人情之道，并无二致，他做什么都是清清楚楚地为了党的利益，而不是为了任何一个集团或个人，一位中国政治人物说过，"说周恩来的坏话，没人相信"[1]。

周恩来在与各类人士、群体的交往中，秉持着与人为善、求同存异、体谅宽厚、豁达坦荡等信念，从而实现了灵活协调与坚守原则的有机统一。美国著名记者、作家怀特回忆道：一次，周恩来等请他吃饭，怀特发现误上了一道自己不宜吃的、可口的烤乳猪。周恩来说，"你看它像猪，但是，在中国，这不是猪而是鸭啊"。怀特不由得纵声大笑，把烤猪肉往嘴里一塞，从此之后，怀特就吃起猪肉来了。前苏联外交部长莫洛托夫提醒过美方，"如果嫌我们交涉难，等你们与周恩来打交道，就知道滋味了"。周恩来在外交中并非寸步不让，他既能始终不渝，又能权衡利害，善得人心，这也源于其深邃的思想。而且，周恩来成熟自信，与人交往时善于进行巧妙的自我批评，即便"手上拿了好牌"，也是温文尔雅。谢伟思是抗战时期一位美国驻华的外交官，他谈道，周恩来靠冷静的说理、清晰温和的措词、广博的历史知识、深入掌握的事实，来使我们趋向认同他的看法。费正清指出，作为一位领导者，周恩来从不靠操纵而靠说服。威尔逊主张，凡是与周恩来见过面的人，一定会感到将来与中国在国际社会合作的信心增强了[1]。

按一些西方人士的观点，周恩来取得非凡的成就源于他目标远大、刚柔相济、富有智慧、品德高尚。怀特指出，周恩来之所以不同于别人，是因为他更有抱负，又能屈能伸。美国外交官员、远东问题专家克勒伯强调，周恩来是一位连马基雅维里也会钦佩的谋略家。美国《时代》周刊称，很大程度上由于周恩来的调解与管理才能，周恩来去世时的中国已处于进入一个新纪元的边缘。蒙哥马利是二战时战功显赫的英军将领、英军元帅、英国勋爵，他会见周恩来后谈道，周恩来是一位敏捷的思想家。世界著名通讯社之一的美国合众通讯社指出，周恩来能够把革命的热情、高明的手段、坚强意志和求实精神相互结合起来。凡是与周恩来见面的人，那怕时间很短，几乎都会被他的才能、机智所倾倒，在现代，极少有人

能像周恩来那样经历过那么多政治风暴、并能得到朋友和敌人们同样的尊重。美国哈佛大学副教授特里尔认为,周恩来做事动机纯正,进而无所畏惧。美国《纽约时报》记者吴德施称,周恩来是那个时代最经久不衰、最能屈能伸的政治人物[7]。

二、《朱镕基讲话实录》系列书籍

朱镕基于1998年出任国务院总理。在全国人民代表大会会议上,时任国家主席江泽民提名朱镕基为国务院总理,广大代表当即鼓起掌来,当大会宣布"朱镕基被批准为国务院总理"时,掌声经久不息。人民大会堂2楼的记者席上,记者、工作人员纷纷起立鼓掌。一名记者说,"从来没有看到过这样热烈的场面"。另一名记者谈道,"我看到过,那是在周恩来时代"[2]。

朱镕基的讲话、演讲,有时风趣,有时严厉,常常"入木三分",常常充满着对祖国、人民的深情,充满着实事求是的精神。朱镕基在德国出访、演讲时,听众中,著名政治家、原德意志帝国总理俾斯麦的一位后人感叹道,"像这样有生气又有实质性的轻松谈话,我们已经久违了"[2]。

2009年起,《朱镕基讲话实录》《朱镕基上海讲话实录》《朱镕基答记者问》等系列书籍陆续出版,合计3套、6本书,每套书的销量都超过百万册[3]。其中,《朱镕基答记者问》累计销售约127万册,韩文版也卖出了一万多册[4]。《朱镕基讲话实录》上市3个月,发行数量已经达到135万套,创造了当代出版史上的一个奇迹[5]。原中共中央文献研究室主任逄先知谈道,"读他的书,常常被他发自肺腑的语言打动,有时候都会流泪"[6]。这些书籍的畅销给朱镕基带来了巨额的版税收入,但他将全部4000多万元的版税捐给了实事助学基金会[3]。

《朱镕基讲话实录》等系列书籍中,朱镕基所说的许多内容,反映了社会演化的复杂规律,蕴含着丰富的人生智慧、处事策略,对子女成长、人才培育、人生规划等很有益处。例如:

- "管理学的一个基本原则是信任不能代替监督。"[7]
- "要把精力集中到研究处理重大问题上来,特别是下基层调查研究,了解真实情况;下去,事先不要打招呼,就来不及弄虚作假,否则看不到真实情况，制定的政策也不符合实际。"[8]
- "我们听不听群众的意见、帮不帮他们办事、为不为他们服务，这是一个根本的问题。"[7]
- "一些人没有读懂西方经济学，又没有市场经济的实践，却要拿教科书上的东西来指导中国经济的实践，鼓吹盲目、自发的市场力量。"[9]
- "从亚洲金融危机，可以总结几点经验教训：第一，经济结构必须合理，经济虚假繁荣，经不起考验；第二，必须有一个健康的金融监管体系；第三，国家必须有储备。"[7]

关于政府机构、公务员队伍，朱镕基强调，"第一，要牢记自己是人民公仆，全心全意为人民服务，不能搞特殊化，想不到，很多人还是我的老朋友，这么无法无天；第二，要恪尽职守，敢于说真话，如果本届政府都是好好先生，就对不起人民，虽然我气量不大，但是我从不整人，从不记仇；第三，要从严治政，不怕得罪人；第四，要清正廉洁，惩治腐败；第五，要勤奋学习，刻苦工作"。[8]

他谈到工作成效，"到国务院工作八个年头了，深刻感到，出个主意是非常容易的，定个政策也不是很难，但是要落实就难得很；文件发下去以后，你不下去跟着检查，没有多少人理你"[7]。"没有党风建设，政策总是贯彻不下去，甚至出现很大的偏差"[7]。

关于勤政，朱镕基谈道，各驻外大使馆发来的100多份亚洲金融危机相关电报，自己都看了，境外报纸分析亚洲金融危机的部分也看了，一天至少看3份香港报纸的经济版。"我一年批出去的文件包括人民来信，接近1万件。"[10] "（民众）写信的时候，往往是匿名信，讲的就是他心里话；也许不一定都那么符合事实，（但）也是一个很好的、了解情况的渠道啊。"[7] "好多事情，一级到一级，一个筛子比一个筛子细，过滤到你这里也就不多了。"[7] "既要有一个较高的经济增长速度，又能保持财政的基本平衡，通货膨胀保持在老百姓可以承受的程度以内，这才是真本事；关键是依靠科学技术。"[7] "搞了半天，经济发展'轰轰烈烈'，但财政很困难，还得向中央要钱，这算什么政绩。" "领导干部特别是主要领导干部，不懂财政是不行的；大手大脚花钱，是对人民的犯罪。" "了解数字是如何

统计、如何形成的,这对一个经济工作者是非常重要的。""我们要创造机制,使各种人才都能够有所成就"。[11]"我每天工作12小时以上,睡觉的时间不充足,平时就在院子里散步;近两年,与夫人散步时,一起背诵念过的中国古诗。"[10]

关于为人民服务,朱镕基指出,一定要关心群众疾苦,看了(人民来信)才知道,有许多事情荒谬(得)不得了,人民来信可能现在自己批的是最多的。"[8]"我对司机讲,遇到(拦车举报)情况,你就停车,没有什么可害怕的;警卫车过来,把告状信接下,我再走。"[8]"领导同志不深入基层,不跟群众同甘共苦,不全心全意为人民服务,一切都是空话。"[9]"领导同志,你们最重要的任务是,根据'三个代表'重要思想的要求,关心人民群众的冷暖,关心人民群众的疾苦。""要关心群众的生活,这才是真正的拉动(消费)。""工作重点要放在城市基础设施建设上,解决老百姓的住房问题是重点,不是去盖那些高楼大厦。"[11]"基本养老保险的标准,要使职工在退休后能维持中等生活水平。""对于(央视节目)《焦点访谈》,我有四句话:'舆论监督,群众喉舌,政府镜鉴,改革尖兵'。"[8]

关于金融,朱镕基谈道,期货市场是风险性最大的市场[7]。"亚洲金融危机的原因,一是经济结构不合理,二是乱借外债,三是政府腐败。"[8]"千万不能搞泡沫经济;金融机构的发展规模必须与金融监管能力相适应;金融市场的开放程度要从本国实际情况出发,不能贸然行事。""亚洲金融危机的教训告诉我们,金融市场开放得快、没有什么好处,金融市场的全面开放必须循序渐进,必须条件成熟,必须监管水平跟得上才行。"[7]"股票市场,不同于一般的商品市场的供求规律,带有极大的投机性。"[9]"1991年房改的形势非常好,但房地产热一来,就把房改冲掉了,都去搞高级房地产了,群众的住房问题解决不了。"[9]"很多房地产商是'空手道',房地产价格一旦崩溃,这些钱是不可能还上的;我们在1993年已经有过教训;(盲目盖楼)对国民经济有什么好处?难道中国人只会盖房子呀?"[11]

关于国有企业改革,朱镕基强调,"办好企业的关键在领导班子;不搞好现代企业管理,什么企业也办不好;派出的稽查特派员,一查,就发现问题一大堆,不单是经营管理上的问题,(还有)贪污、受贿、浪费、特权等问题;目前企业的经营管理还不如七、八十年代,甚至也不如五十年代。"[8]"工厂的领导干部,要抓党风,讲廉政,要讲与群众同甘共苦;不然,加强内部管理还是一句空话。"[9]"现在有些效益好的企业,不是靠科学的管理制度和严格的劳动纪律,而是靠政府、靠银行、靠关系、靠广告效应、靠短期行为;我认为单靠这些,企业不可能真正办好。"[7]

关于产品质量,朱镕基提出,"假冒伪劣商品泛滥,许多商品不能让人放心;市场经济没有秩序,那经济能发展吗?不打假就是打真,不打劣就是打优"。"如果人民群众(对产品)没有安全感,还有什么消费意愿?"[11]"我们在上海规定,不重视产品质量的人,不能当厂长;我在上海免掉了几个厂长,很多人要跟我辩论,辩论以后,大家感到,不从严要求,不行。"[10]

三、《我的一个世纪》

1997年3月8日,中央电视台《东方时空》栏目播出了记者对一位女士的专访。半年多后,中央电视台《读书时间》栏目又播放了对她的专访[12]。这位女士是谁,她为什么受到如此的关注?

她是社会活动家董竹君女士。她生于1900年,1935年在上海创办了锦江餐馆,初期规模不大,但客人川流不息,即便国民政府要人、上海军政人物、杜月笙、黄金荣等有实力人士,常常也得在店等候入座。二战结束时,在上海的美军最先指定就餐的两家中国餐馆是锦江、新雅。该餐馆及后来开办的锦江茶室,1951年合并迁移成为著名的上海锦江饭店[12]。包括锦江饭店在内的锦江酒店集团现已成为全球知名的酒店集团。

董竹君不仅是餐厅投资者,在女性发展环境较差的当时,她还是少有的具备较强经营管理能力的女企业家。二战结束时,中国共产党创始人之一董必武先生等邀请董竹君到美国纽约开设分店,美国驻中国大使馆商务参赞也曾邀请她去纽约开分店。民国时期的上海权势人物杜月笙,不仅常去锦江餐馆就餐,还打算请董竹君负责筹建管理其准备出资建立的远东一流娱乐场所。1957年,上海市曾决议拟任命她为市服务局局长[12]。解放前曾任中共上海局帮会工作委员会书记田云樵，称董竹君女士为女中豪杰[13]。

董竹君在近百岁时将约一个世纪的经历写成了回忆录《我的一个世纪》。董竹君女士在《我的一个世纪》中对许多事情的回忆非常清晰、翔实，向我们展现了一幅难得的反映当时社会万象的生动画卷。中华民国时期是中国整体上推行资本主义制度的唯一时期。《我的一个世纪》让我们有了一个直观了解这一时期社会景象的"万花筒"，有了一部观察社会制度差异的"显微镜"。

关注企业管理的读者，也可以从《我的一个世纪》中获得不少经营管理的知识。董竹君在二十世纪二十年代创办了黄包车公司。她想方设法提高公司的竞争力，增强员工的工作积极性。对黄包车夫设定了较低的黄包车租费，车夫付不出车租，可以分期缴纳甚至免付；黄包车的维修费、车夫制服费由公司出，公司承担车夫伤病的医药费。创办锦江餐馆时，董竹君针对上海其他餐馆存在的经营保守、菜肴墨守成规、设施陈旧、卫生不佳等问题，采取了一系列有效的竞争策略。例如，开设兼有上下午茶点服务的锦江茶室，填补了市场空缺；餐馆的装修在继承中国传统的同时，吸收日本、西方国家在装饰、装修方面的优点，雅致而具有文化气息；在上海推出香酥鸡、香酥鸭、纸包鸡等新菜肴；在国内率先采用一次性筷子。她注重培训工作，向员工传授营销技能，如根据顾客的阶层推荐菜肴，向工薪阶层多推荐价廉的荤菜，向富贵者则多推荐清淡、时新的素菜。她注重质量管理工作，经常察看各方面的服务质量、员工的工作表现，根据发现的优点与不足，及时调整经营工作。董竹君还着力培育人力资源优势，关爱员工，增强员工的凝聚力。锦江餐馆的员工待遇比一般餐馆高得多，且避免了一般餐馆不按时发放薪资的问题，17日必发薪，满十天必分配客人的小费，有时为了按时发放薪资，以致于典当了朋友的手表。夏天，生意较少，小费少，则额外发放员工津贴；员工有疾病及其他困难，尽可能地提供帮助。1948年，国民政府推行新货币金圆券，董竹君综合分析了政治、经济态势，做出了即便推行金圆券、通货膨胀、物资短缺依旧难免的战略判断，实施了冒险采购大量原材料的战略决策，使锦江餐馆、茶室度过了艰难的动荡时期[12]。

《我的一个世纪》也可以看作是一部人才成长史、一部女性创业史。董竹君的父亲长期以拉黄包车为生，幼时，父母再苦也重视她的读书问题，把六岁的她送到举人刘老先生的私塾里念书。约15岁时，被迫卖唱多年的她，为了扭转被压迫的人生，鼓起勇气，即便被禁闭，也拒绝卖唱，施计麻痹看守者后出逃。在日本求学时，她白天上课、处理家务，晚上常常读书看报直到深夜，以至眼睛经常红肿。以不到四年的时间，在家庭教师的教导下董竹君念完了相当于东京女子高等师范学校理科的全部课程。和富有的丈夫离婚时，她只有随身衣服和几件普通首饰，一时的生活就靠卖东西、典当。1930年，她卖了珍珠项链等首饰，加上友人入股的资金，创办了群益纱管厂，除了工人、账房的工作外，其他工作几乎都由董竹君承担。群益纱管厂逐渐有了效益，却在1932年被侵略上海的日军炸毁，她本人也被关入监狱。1935年，在进步人士李嵩高两千元的资助下，董竹君创办锦江餐馆，树立了业内皆知的服务标准高、规章制度严、员工待遇优的企业形象，乃至于上海新雅粤菜馆董事会决定出售这一知名餐馆时，创办人蔡建卿只愿出售给锦江餐馆。创办锦江餐馆的初期，为了集中精力经营好企业，对朋友的聚餐、旅游邀请，董竹君一概谢绝。1940年，她被迫到菲律宾避难，但日军不久攻占菲律宾，董竹君又陷入危难之中。1945年，她想乘坐日本红十字会难民船返回上海，没想难民们被送到日本软禁，她在险境中毫不放弃，想办法说服了日本军警，放她经朝鲜回国。历经艰难，回到上海，却发现委托负责经营的代理人贪脏舞弊，锦江餐馆、锦江茶室虽然顾客盈门，但已经营困难。董竹君对锦江餐馆、锦江茶室进行了整顿调整，并抓住时机，买入大量经营物资，使企业度过了极端通货膨胀、物资紧缺的经济动荡和战乱时期[12]。

四、《道德经》

《道德经》由春秋时期的老子所著，是道家思想的起始之作、经典之作，同时，也广受各类思想家的推崇。老子及其《道德经》，即便在独尊儒家思想的漫长历史时期，也未受到冷落[14]。唐朝时，唐太宗就安排成玄英、蔡晃与懂梵文的玄奘法师负责翻译《道德经》，供阿萨姆邦国王（阿萨姆邦现位于印度境内）等阅读。明代四大高僧之一的憨山大师研读《道德经》长达15年[15]。截止到明代，《道德经》已有103种版本，3000多种校订本。《道德经》不仅有通行本，还有在重要考古活动中发现的、两千多年前的湖北郭店楚国墓葬竹简本、长沙马王堆汉墓帛书甲乙本[31]，也有或许是口口相传的版本[16]。现代研究者指出，在众多的中国古代经典著作中，《道德经》的注解最多、研究成果也最丰富[17]。

在海外，尼采、康德、黑格尔等德国哲学家、美国哲学家杜兰，对《道德经》也给予了高度评价[18]。德裔文学大师黑塞认为《道德经》等一些中国书籍富含着让自己振奋精神的美好事物[19]。俄国著名文学家托尔斯泰谈道，阅读老子的《道德经》给自己带来了良好的精神状态[20]，他也把《道德经》作为人类普遍智慧的代表之一[18]，将作者老子尊为圣人[18]。法国学者塞格尔（Segalen）认为，《道德经》能让人"透过沉重和繁杂，看到事物的正反面，在表象中妙不可言地品美"[21]。联合国前秘书长、韩国政治家潘基文把《道德经》中的"上善若水"奉为智慧、生命、灵活性的至善表现[18]。

《道德经》的影响力不仅限于许多人所认为的文化、哲学范畴，还扩展到物理、数学、医学等广大领域。比利时物理学家普利高津、美国物理学家卡普拉、丹麦物理学家玻尔等都表示，自己的思想受到《道德经》的积极影响[18]。德国著名数学家莱布尼茨，结合《道德经》中的阴阳学说，提出了二进制思想[21]。中国科学院院士、著名机械工程专家杨叔子强调，1999年起，自己将能背诵《道德经》作为对博士生的基本要求之一[22]。中国科学院院士、著名的纳米技术专家江雷曾想到《道德经》中"万物负阴抱阳，冲气以为和"的理念，进而构建出具有亲水又亲油、或疏水又疏油等特性的纳米界面材料[23]。中国中医科学院广安门医院医学博士师帅等认为，《道德经》在恬淡无为、重视平和、以拙驭巧等方面对中医治疗均有指导意义[24]。

《道德经》是世界上翻译得最多、影响最大的文献之一[25]。据2019年美国学者塔德（Tadd）发表的研究结果，现在世界上已有73种语言、

1576种《道德经》译本[21]，其数量超过了儒家经典《论语》。近40年来的新闻报刊、新闻网络上，有超过2万条涵盖美、英、日、澳等30余国的关于《道德经》作者老子的思想、形象的报道[18]。

《道德经》全文仅五千多字，而研究者认为，这短短五千多字论述了宇宙的形成、万物本源、自然的规律、人生智慧和治国方略。北京大学高等人文研究院执行院长王中江指出，《道德经》阐述了极高明的宇宙观和世界观、高明的政治理念。南开大学全球老学研究中心主任邰谧侠认为，《道德经》蕴含着深刻的哲理和辩证思维，能帮助人们解决各种人生困扰[18]。教育部指出，高中历史课程中，要学习《道德经》等一些重要古代典籍的主要观点[26]。

按著名哲学家李存山的观点，《道德经》中的思想构成了儒家、道家思想共有的、"推天道以明人事"的普遍架构，儒家、道家思想对"气（阴阳）—天地—万物"的宇宙形成模式是一致认同的。《道德经》《易传》包含的辩证法思想为中华民族提供了刚柔相济、能屈能伸、生生不息的精神动力。《道德经》中，没有"神"的位置，老子可谓中国古代第一位倡导无神论的思想家[27]。道家崇尚"自然""无为"，儒家崇尚道德伦理，这些价值观念的相互结合，使中华民族形成了重视自然与社会的和谐、个体与群体的和谐、物质生活与精神生活的和谐、崇尚和平、柔韧持久、自强不息的民族性格[25]。

参 考 文 献

［1］方钜成，姜桂侬.西方人看周恩来［M］.北京：中国和平出版社，1989.

［2］人民日报海外网.内参记者首曝朱镕基上台幕后 不为人知政坛秘闻［EB/OL］.2017-03-20. http://m.haiwainet.cn/middle/345439/2017/0320/content_30803731_2.html.

［3］环球人物杂志.朱镕基：时代的背影［C］// 阅读悦成长.长沙：湖南教育出版社，2019.

［4］易萱.人人都爱《朱镕基》［J］.领导文萃，2013，（22）：66-70.

［5］韩阳.人民社举行《朱镕基讲话实录》发行表彰会［J］.出版参考，2012，（Z1）：21.

［6］环球人物杂志.90岁的朱镕基又刷屏了！他就是一个时代的背影［EB/OL］.2018-10-19.http：//finance.sina.com.cn/china/2018-10-19-doc-ihmrasqs6309726.shtml.

［7］《朱镕基讲话实录》编辑组.朱镕基讲话实录（第二卷）［M］.北京：人民出版社，2011.

［8］《朱镕基讲话实录》编辑组.朱镕基讲话实录（第三卷）［M］.北京：人民出版社，2011.

［9］《朱镕基讲话实录》编辑组.朱镕基讲话实录（第一卷）［M］.北京：人民出版社，2011.

［10］《朱镕基答记者问》编辑组.朱镕基答记者问［M］.北京：人民出版社，2009.

［11］《朱镕基讲话实录》编辑组.朱镕基讲话实录（第四卷）［M］.北京：人民出版社，2011.

［12］董竹君.我的一个世纪（增订版）［M］.北京：三联书店，2013.

［13］叶永烈.历史的绝笔［M］.成都：四川人民出版社，2016.

［14］邓谷泉.郭店楚简《老子》释读［M］.长沙：湖南人民出版社，2005.

［15］钟永圣.原本《道德经》认定略说［J］.大连海事大学学报（社会科学版），2018，17（5）：85-90.

［16］老子.《姬氏道德经》珍藏版［M］.姬英明，译注.北京：朝华出版社，2019.

［17］张泽华，杜申庆.寻找老子的领导智慧——《老子》可以这样读［M］.广州：世界图书出版广东有限公司，2013.

［18］卫思谕.汲取《道德经》海外传播的有益经验［N］.中国社会科学报，2022-08-19（002）.

［19］马剑.中学西渐，指向未来——百年来德国接受《道德经》之启示［J］.群言，2022，（2）：45-48.

［20］李明滨.托尔斯泰是个"老子迷"［N］.文摘报，2019-05-04（07）.

［21］武志勇，刘子潇.《道德经》在西方世界传播的历史［J］.湖南大学学报（社会科学版），2020，34（5）：15-22.

［22］新华社．一院士收博士生要会背《道德经》［EB/OL］．［2005-09-03］．https://news.sina.com.cn/c/2005-09-03/04326852554s.shtml.

［23］郑千里．科学家的用"兵"之"道"——记中科院纳米专家江雷［J］．神州学人，2003，（5）：32-35.

［24］师帅，纪鑫毓，胡元会，曹戬，王丹丹，余飞．《道德经》对中医诊疗思维形成的影响［J］．天津中医药，2020，37（10）：1147-1149.

［25］老子．老子［M］．李存山，注译．郑州：中州古籍出版社，2008.

［26］教育部．教育部关于印发《革命传统进中小学课程教材指南》《中华优秀传统文化进中小学课程教材指南》的通知［EB/OL］．［2021-02-05］．http://www.moe.gov.cn/srcsite/A26/s8001/202102/t20210203_512359.html.

［27］李存山．老子哲学与中华精神［J］．江西社会科学，2013，（1）：17-22.

第二部分　你的传世家书

第八章　致子女

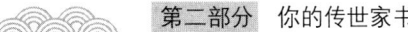

第九章　致其他后人

第十章　自己和先辈的简况

第二部分 你的传世家书

第十一章　得失经验

 第二部分 你的传世家书

第十二章　值得纪念的事件

第一部分　参考与建议

第十三章 其它事项

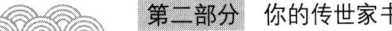